国家级线上线下混合式一流本科课程配套教材

江西省普通高等学校优秀教材本科教育类二等奖

现代旅行社经营与管理

（第二版）

李志强 ◎ 编著

中国旅游出版社

再版前言

《现代旅行社经营与管理》自 2019 年首次出版后，被国内数十所高校选用，这是对我们工作的充分肯定，也对我们工作提出了更高的要求。为更好地帮助读者掌握旅行社经营与管理的理论与实践知识，在中国旅游出版社的精心组织下，特再版此教材。

本教材以党的二十大精神为引领，紧密围绕旅游本科专业培养"厚基础、宽口径、重应用"的专业人才目标，结合本专业综合性、实践性、创新性等特点，对标国家一流课程建设要求，做到全面对接行业、理论融入实践，内容持续更新，在原版教材的基础上，本书特色与创新如下。

一是行业标准融入教材，体现教材特色性与前沿性。 "旅行社经营管理"课程具有极强的行业属性，在全面梳理我国近十年来出台的 30 余项旅游行业标准基础上，将最新行业标准有针对性地融入教材，并将行业标准蕴含的企业管理理论、服务管理理论等元素融入教材当中，以达到教材紧密对接行业，体现教材特色性与前沿性。

二是行业案例进教材，体现教材操作性与实用性。 依托校企合作平台以及课程行业导师资源，通过企业调研、行业导师研讨等形式与学生共同归纳凝练了一系列行业实践及相关理论问题，并以问题为基础精心编制了一批基于真实企业情景的教学案例，部分案例直接放进教材，部分案例以视频形式在 MOOC 平台展示，以实现课程紧跟行业发展，体现教材操作性与实用性。

三是思政元素进教材，体现教材适应性与育人效果。 本教材新增了绪论，力求将从党的二十大精神中提取出来的关键思政元素贯穿始终，将培养新时代大学生的爱党爱国情怀，加强大学生的理想信念教育，引导其树立正确的生态文明观念，在守正创新中传承中华优秀传统文化，增强文化自信等思政内容融入教材，做到润物无声。同时，以

立德树人为核心，贯彻"全员全方位全过程育人"理念，根据课程建设目标，将习近平总书记近年来关于文化和旅游工作重要论述中所蕴含的丰富思政内涵进行归纳，提炼出"职业自信、行业认同、文明诚信、理实一体、团体精神"等思政元素，并全部融入教材的各个知识点当中，将课程思政与专业知识培养有机融合，突出课程适应性，达成课程思政育人效果。

四是教材资源数字化，体现新文科建设理念与时代性。以国家一流课程建设为抓手，在中国大学 MOOC "旅行社经营管理"平台建设了与纸质版教材配套的数字化资源：涵盖教材 11 章 38 个知识点的视频、50 余个教学 PPT，11 个教学案例、300 多道测验题等，帮助高校学生或旅行社员工实现处处可学、时时可学，体现新文科建设理念与教材时代性。

此外，在编写过程中，本教材充分考虑了教学的可操作性和实践性。对每章的学习目标进行了优化升级，并针对教学重点和难点增加了相应的导入案例，以便学习者更好地掌握旅行社经营与管理的实际操作技能。同时，为了满足不同层次读者的需求，本教材在难度适宜的基础上，适当增加了理论深度，为读者提供了更多的学习选择。这些创新举措旨在帮助学习者更好地理解行业背景，提高学习效果，使他们更好地适应行业发展的需求。

本教材获得了江西科技师范大学教材出版基金资助，是在第一版的基础上修订的，在此我们对第一版的作者——江西工业贸易职业技术学院的李玲老师表示诚挚的谢意。本版教材由江西科技师范大学李志强教授编著，重庆应用技术职业学院唐映雪老师与景德镇艺术职业大学李佩佳老师参与了部分章节的编校工作。

本教材是国家一流本科课程《旅行社经营管理》的配套教材。本教材主要适用于本科旅游管理专业学生，也可以作为其他层次旅游专业学生的教学用书以及旅行社从业人员的培训教材。本教材在编写过程中，得到了中国旅游出版社的支持和指导，得到了江西旅游行业资深专家严国辉等业内专家的指导和帮助，江西科技师范大学崔淇、彭琳童、杨子怡、范蕊、周佳琳、汤瑀瑄、熊雨萌、林姗姗等同学也在本教材编写过程中参与了相关校对工作，并参考和借鉴了旅游界诸多同行和专家的研究成果，无法一一列名，在此一并表示感谢。尽管我们在编写过程中做出了极大的努力，但由于时间、能力有限，可能仍有许多不足之处，还期盼旅游教育界和旅游行业专家、学者、教师和学习者在使用本教材时，能提出宝贵意见和建议，我们将认真对待并吸纳合理意见和建议，以便再次修订时完善。

《现代旅行社经营与管理》教材的修订和升级，是对我国旅游业发展的新形势、新任务的积极响应。在这个信息化、智能化的新时代，期待本教材能助力我国旅行社行业的转型升级，推动旅游教育的发展，为培养一批优秀的旅游专业人才贡献力量！

编者

2023 年 11 月

前　言

　　改革开放 40 年来，我国旅游业取得了空前的发展。新时期、新阶段，我国旅游业又迎来了新的发展机遇。在这一时代背景下，作为现代旅游业"三大支柱"之一的旅行社行业得到不断发展，产业规模持续扩大、产业形态逐渐更新，其对旅游业的贡献也显著增强。为更好地帮助读者掌握旅行社经营与管理的理论与实践知识，在中国旅游出版社的精心组织下，特编写《现代旅行社经营与管理》教材。

　　本书广泛借鉴和吸收了国内外有关旅行社经营管理研究的最新成果，并结合作者多年来从事旅行社管理、研究与教学的经验，力图体现以下几个特征：

　　（1）新。第一，体例新。本书以"旅行社""经营""管理"为关键词来设定旅行社概述、旅行社经营、旅行社管理三大篇内容，在此基础上分为十一章，并设置了【导入语】【学习目标】【建议学时】【相关资料】【案例分析】【项目实训】等内容，在正文部分，还加入了大量的图、表，做到图文并茂。第二，理论体系创新。在概述篇，本书介绍了旅行社经营管理的相关理论；在经营篇，本书介绍了旅行社的市场营销理论；在管理篇，本书介绍了旅行社的计划、组织、领导、控制以及创新等基本理论。

　　（2）实。针对旅游教材实践性较强这一特点，本书力图体现"实际、实践、实用"等特征。在编写过程中，本书作者努力处理好理论与实践的关系，遵循"理论知识够用为度，操作技能全面提高"的原则，尽可能以实际发生的案例为分析对象，强调教学内容的实践性，突出教材的实用性。

　　（3）精。旅行社经营与管理涉及的内容十分宽泛，在一本教材中不可能面面俱到，因此，本教材将精心挑选重点问题，如在旅行社管理篇，涉及旅行社控制的内容非常多，考虑到互联网时代信息重要性凸显，风险管理、质量管理必然更加重要，因此在这

一部分就只对这三个问题进行了阐述。

本书获得江西科技师范大学教材出版基金资助。本书由江西科技师范大学副教授李志强博士和江西工业贸易职业技术学院李玲老师共同编著。

本书主要适应于本科旅游管理专业学生，也可以作为旅行社从业人员的基础培训教材及其他层次旅游专业学生的教学用书。本书在编写过程中，得到了中国旅游出版社的支持和指导，并参考和借鉴了旅游界诸多同行和专家的研究成果，无法一一列名，在此一并表示感谢。尽管我们在编写过程中做出了极大的努力，但由于时间、能力有限，可能仍有许多不足之处，还期盼旅游教育界和旅游行业专家、学者、教师和学习者在使用本教材时，能提出宝贵意见和建议，我们将认真对待并吸纳合理意见和建议，以便修订时完善。

编者

2019 年 5 月

目　录

绪　论 ……………………………………………………………………………………………… 1

第一篇　概述篇

第一章　旅行社企业概述 …………………………………………………………… 9
　第一节　旅行社行业的演变 ……………………………………………………… 11
　第二节　旅行社的界定 …………………………………………………………… 20

第二章　旅行社经营管理概述 …………………………………………………… 30
　第一节　旅行社经营管理的相关概念 …………………………………………… 32
　第二节　旅行社经营管理涉及的主要理论 ……………………………………… 38
　第三节　旅行社的经营思想与管理理念 ………………………………………… 44

第二篇　经营篇

第三章　旅行社业务 ………………………………………………………………… 55
　第一节　旅行社咨询与计调业务 ………………………………………………… 57
　第二节　旅行社组团与接待业务 ………………………………………………… 67

第四章　旅行社市场营销 ·· 77
　　第一节　旅行社市场细分与定位 ······························· 80
　　第二节　旅行社产品策略 ······································ 84
　　第三节　旅行社价格策略 ······································ 95
　　第四节　旅行社渠道策略 ······································ 102
　　第五节　旅行社促销策略 ······································ 109
　　第六节　旅行社品牌策略 ······································ 119
　　第七节　旅行社售后服务 ······································ 127

第三篇　管理篇

第五章　旅行社战略和经营计划管理 ···························· 137
　　第一节　旅行社战略管理 ······································ 139
　　第二节　旅行社经营计划管理 ·································· 156

第六章　旅行社组织管理 ·· 165
　　第一节　组织管理概述 ·· 167
　　第二节　旅行社组织的创建 ···································· 170
　　第三节　旅行社的组织机构与产权形态 ······················ 179
　　第四节　旅行社的企业文化建设 ······························ 183

第七章　旅行社人力资源管理 ···································· 188
　　第一节　旅行社人力资源管理概述 ···························· 190
　　第二节　旅行社员工的管理 ···································· 198

第八章　旅行社服务质量管理 ···································· 212
　　第一节　旅行社服务质量的内涵 ······························ 214
　　第二节　旅行社服务质量管理的实施与方法 ·················· 219

第九章　旅行社财务管理 ·· 230
　　第一节　旅行社资产管理 ······································ 232
　　第二节　旅行社成本费用管理 ·································· 238

第三节　旅行社营业收入、利润及结算管理 ································ 241

第四节　旅行社财务分析 ·· 247

第十章　旅行社风险管理 ·· 257

第一节　旅行社风险概述 ·· 259

第二节　旅行社风险管理 ·· 263

第十一章　旅行社信息管理 ·· 270

第一节　信息技术应用对旅行社的影响 ··· 272

第二节　信息管理系统与旅行社管理 ··· 277

第三节　旅行社电子商务 ·· 283

参考文献 ·· 292

绪 论

　　党的二十大报告提出，坚持以文塑旅、以旅彰文，推进文化和旅游深度融合发展。这充分体现了以习近平同志为核心的党中央对文化建设和旅游发展的高度重视。诞生于19世纪40年代的旅行社作为一类典型的旅游企业，依然是我国旅游业发展的重要市场主体，是连接旅游供给和需求的重要纽带，在畅通旅游市场循环、扩大旅游消费、促进人文交流和社会文明等方面发挥着重要作用。然而，旅行社行业在发展过程中面临经营手段滞后、诚信规范不够、行业信心不足等问题，急需转型升级、创新发展。

一、我们对旅行社行业的发展应充满信心

（一）信心来自于对政策的判断

　　我国旅游业发展目前仍处于政府主导型阶段，政府对行业的引导与支持是行业发展的根本。2013年颁布的《旅游法》，在很多同行眼里，只是一部专门针对旅行社行业的法律，这个认识很不全面甚至偏颇，实际上这是由于旅游主管部门的职责所决定的，旅游主管部门能够直接行使管理权限的企业只有旅行社。其实，对旅行社规范的同时，该法也赋予了旅行社一项特殊的权利，就是包价旅游业务，这对旅行社而言无疑是一个极为重要的优势，很多同行没有意识到。

　　2020年1月30日因疫情停止经营旅游业务，2020年2月5日文化和旅游部就出台政策"暂退80%的质量保证金"支持旅行社发展，2月27日出台稳定导游队伍的政策文件。2021年6月2日又出台支持旅行社发展的意见，并明确旅行社的地位和作用："旅行社依然是旅游业发展的重要市场主体，是连接旅游供给和需求的重要纽带，在畅通旅游市场循环、扩大旅游消费、促进人文交流和社会文明等方面发挥着重要作用"。2021年6月7日出台支持《加强导游队伍建设和管理工作行动方案（2021—2023年）》。当

前，我们还在试行对旅行社以保险替代质量保证金的制度，还在计划通过修订《旅游法》来完善对旅行社行业的管理。无论是从政策的数量还是举措来看，国家对旅行社行业均非常重视，这足以让我们感到温暖。

（二）信心来自于行业的价值

旅行社会消失吗？2019 年托马斯·库克旅行社破产，2020 年福州国庆期间接待的游客为 502 万，通过旅行社接待的仅为 10 万左右，不足 2%，再加上当时疫情情况极不稳定，所以很多学界和业界的人士又开始唱衰旅行社。这已经不是第一次了，早在1996 年，全国 3000 多家旅行社，由于收质量保证金，一下吊销了 1500 多家旅行社经营许可证，当时大家都认为旅行社有消失的风险；第二次是 2000 年左右，我国加入世界贸易组织，专家学者们撰文"狼"来了，我国国内旅行社被设计了"死亡计时表"，但实际上安然无恙；第三次是 2003 年"非典"之后，OTA 模式诞生，推出"机＋酒"，传统旅行社业务大多被蚕食，但实际上"机＋酒"这些企业并非异族，它们仍然是旅行社，只不过是线上旅行社而已。

我们认为旅行社不会消失，这是因为旅行社依然有其行业价值。它的行业价值有：社会价值，就是满足人们社交的需要，团体出行一定是并将长期是人们外出的一种主要旅行方式，比如团建活动、研学活动；信息价值，虽然当前旅行社与游客之间不再像过去那样信息不对称，但信息的过度泛滥带来了新的信息不对称，游客无法完全辨识，旅行社有这种信息资源优势；货币价值，这是满足人们低成本出游的需求，传统的以观光型为主导的旅游线路，游客基本上可以实现低成本出游，但休闲类的、定制类的产品，旅行社依然具有成本控制优势，此外还有功能价值、情感价值等，在这里不再赘述。旅行社只要能够发挥资源整合、信息整合、市场整合、服务整合的优势，旅行社的价值依然很大。

（三）信心来自于市场的需求

我国旅游发展到底处于哪一个阶段？2021 年 9 月《中国的全面小康白皮书》明确：中国正在进入大众旅游时代。这是一个非常精准和科学的定位，给我们旅游人极大的信心。这个大众旅游时代，是越来越多的人有"钱"有"闲"的时代，是旅游扮靓人们幸福生活的时代。

有旅行需求，旅行社就一定能够生存了。订"机＋酒"，是在平台上订的，请大家不要忘记，这些平台本身就是旅行社。不是它们颠覆了旅行社，而是它们本身就是新型的旅行社。

我们传统思维中的线路产品需求，当下有几个群体值得关注，一是老年人市场，现在老年人市场是在传统旅游模式下成长起来的，对选择旅行社有一种天然的寄托和情感，只要旅行社的服务足够优质，这个群体的规模会非常大，但我们要做好准备，这个群体的盈利空间是非常有限的。二是研学旅行团体，这个市场规模非常大，但我们现在对它的理解太狭隘了，仅仅盯住了学生群体，而对一些以探究为目的的专题研学活动主体基本视而不见，大量的研学市场潜力没有得到挖掘。三是越来越多的单位集体出行活动，越来越多的高端商务旅行、政府旅游接待、健康疗养等，也是值得重点关注的。

二、旅行社行业发展的必由路径

（一）旅行社必须转型

文化和旅游部《"十四五"文化和旅游发展规划》明确指出旅行社要做好转型升级工作。我们认为这里的转型至少包括三个方面：一是观念的转变，改变旅行社就是做线路产品，没有团队线路旅行社就活不下去的传统观念，改变完全以低价竞争来赢得市场的观念；二是经营模式的转变，旅行社一定要探索线上线下相结合的发展模式，也就是旅行社的服务适合在线上做的，全部线上化，适合在线下做的，全部线下化，线上线下有效组合达到效益最大化；三是产品的转变，当前旅行社可以开发特色团队旅游产品，如健康养生游产品、乡村研学游产品、文化主题游产品，探索小型定制旅游产品，如家庭亲子定制游、特色美食定制游、生态体验定制游等；创新单项服务组合产品、如开发"自驾＋"组合产品、"门票＋"组合产品、"住宿＋"组合产品。

（二）旅行社必须规范经营

无论旅行社业态如何演变，旅行社的本质都是服务，做好旅行社工作必须规范经营。一是真的懂法。在与行业同人的接触过程中，当问到大家是否读过《旅游法》《旅行社条例》以及地方的旅游法规时，很多同人都表示略知一二，实际上很多法律法规都对旅行社经营做出了明确的规范，以江西省的一部法规《江西省旅游者权益保护条例》为例，这部法规当中有许多新的亮点和规定，比如经营老年人旅游业务，旅行社委派的导游必须有 3 年以上的导游从业经验，俱乐部经营自驾游业务必须取得旅行社资质。

二是要有标准意识。当前，国家出台了旅行社等级评定标准，各地推出了有地方特色的旅行社星级标准，这是规范经营的最好抓手，也是落实"旅行社的本质就是服务"的最好抓手。但很遗憾的是，很多星级旅行社估计没有"真信标准""真做标准"。但我们要说明的是，旅行社实施品牌化、标准化是国家的要求，是各地文化和旅游高质量发展的要求。如果再从《国家标准化发展纲要》和《标准化法》的角度来说，作为一类

典型旅游服务业，旅行社更应该高标准严要求做好经营管理。我国旅行社在旅游线路编排、服务项目提供等方面还需要进一步规范经营。

（三）旅行社必须了解需求

旅行社作为一类中介型企业，一是要了解旅游供应商的需求，比如一些农村土特产品商店有营销的需求，旅行社可以代理做电商；二是了解旅游者的需求，特别是新生代旅游者追求体验、参与、互动、定制等方面的需求。这两个问题，我们的旅行社行业做了很多有益的探索，也形成了一些经验。总之，如果要问旅行社的未来到底谁说了算？旅行社不是要听专家的，更要听市场的、听游客的。

三、课程学习应注意的几个问题

（一）树立职业自信

党的二十大报告中强调，我们要坚守中华文化立场，提炼展示中华文明的精神标识和文化精髓，加快构建中国话语和中国叙事体系，讲好中国故事、传播好中国声音，展现可信、可爱、可敬的中国形象。新时代我国旅游业取得了伟大成就，旅行社行业的国际话语权不断增加，旅行社从业人员用自身的职业能力向中外友人展现了中国魅力，不仅如此，旅行社行业在历次灾难面前还显示了巨大的担当，即使在新冠疫情背景下，我们的旅行社行业同人百折不挠，主动响应国家号召、积极参与抗疫，表现了旅行社行业人对待灾难的决心和勇气。

（二）坚定行业认同

党的二十大报告中指出，我们要铸牢中华民族共同体意识。铸牢中华民族共同体意识，必须强化对伟大祖国、中华民族、中华文化、中国共产党、中国特色社会主义的高度认同。对旅行社行业而言，它在满足人民美好旅行生活需要方面所做的工作是了不起的，是有重大贡献的；同时，旅行社行业在信息技术运用方面取得的成绩也是有目共睹的，这凸显了我国旅行社行业快速适应变革时代的能力，我们也一定要坚定对旅行社行业的价值认同和情感认同。

（三）坚持文明诚信

党的二十大报告中指出，我们要弘扬中华传统美德，加强家庭家教家风建设，加强和改进未成年人思想道德建设，推动明大德、守公德、严私德，提高人民道德水准和文明素养。而传播文明是旅行社的重要使命，旅行社必须在文明旅游宣传、文明旅游引导方面多下功夫。我们要广泛践行社会主义核心价值观，弘扬以伟大建党精神为源头的中国共产党人精神谱系，用好红色资源，深入开展社会主义核心价值观宣传教育，深化爱国主义、集体主义、社会主义教育，着力培养担当民族复兴大任的时代新人。而诚信是企业经营管理的根基，旅行社必须诚信待客，诚信经营，做到以诚化人。我们在日常学习过程中，也要树立文明生活习惯，做人做事确保诚信底线，自觉弘扬中华传统美德，自觉践行社会主义核心价值观。

（四）坚持理实一体

本课程作为一门实践性较强的课程，必然要求理论与实践紧密结合。我们要将"理实一体"理念贯彻到我国旅行社行业具体实践当中，贯彻到日常学习当中。在实践教学过程中，我们会安排"与旅行社优秀员工对话""对旅行社经理访谈"等相关内容，强化理实一体化学习理念。

（五）建立团队精神

党的二十大报告中指出，团结奋斗是中国共产党和中国人民的精神标识。团结就是力量，团结才能胜利。旅行社经营管理是一项集体性工作，无论是组团、计调，还是地接业务都不是一个人可以完成的，同样需要团队共同努力，需要团结奋斗；一个旅行社的企业文化实际是团队合作的文化。在后面的教学过程中会安排一些研讨式教学环节，会安排一些小组学习内容，以此来强化大家的团队精神。

第一篇　概述篇

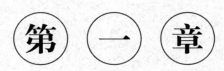

旅行社企业概述

【导入语】

旅行社是为人们提供旅行及其相关服务的专门机构，是旅游业的三大支柱之一，被誉为旅游业的前锋。学习现代旅行社经营与管理知识，首先要对旅行社企业有一个整体的认识，本章将分析旅行社行业的演变，并通过界定旅行社及其相关职能，阐述旅行社的分工体系。

本章知识结构图如下：

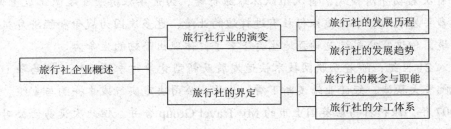

【学习目标】

1. 识记旅行社的定义；

2. 概括旅行社的性质与职能、分工体系；

3. 判断旅行社行业存在的问题及发展趋势，并为旅行社发展提出一些合理化的建议；

4. 坚定对我国旅行社行业发展的自信，树立行业认同感。

【课程思政元素】

行业认同感、职业自信、家国情怀、爱岗敬业。

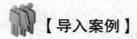

【学习重难点】

1. 学习重点：旅行社的性质与职能介绍；
2. 学习难点：旅行社发展趋势分析。

【建议学时】

3 学时

【导入案例】

世界上第一家旅行社破产

托马斯·库克旅行社是世界上最早的旅行社，有 170 多年的历史，曾经是英国最大的旅游集团，世界旅游业的巨头，开创了旅游行业的多个"第一"，如首次印制旅游说明书，首次启动导游模式，首次组织环球旅行等，为世界旅游业发展做出过重大贡献。在一百多年发展历程中，该旅行社有过辉煌的业绩，也多次因为战争和经济危机陷入发展的困境，但这家公司还是顽强地生存下来了，体现出坚韧的生命力。

进入 21 世纪，随着互联网技术快速发展及新型竞争对手的崛起，托马斯·库克旅行社面临重大挑战，经营业绩不断下滑，为此，公司决定实行战略并购与重组。

2007 年，旅行社与在英国上市的 My Travel Group 合并，但此次交易使公司背负了 17 亿英镑的债务。2008 年公司并购了加拿大、法国等多个国家的旅游公司，以扩大自由行市场，但兼并效果一般。2015 年，公司被中国复星集团收购其 5% 股份，之后又与复星在上海成立合资公司，但此举并没有改变业绩下滑的趋势，公司始终在盈亏线上挣扎。

2018 年公司亏损高达 1.63 亿英镑。2019 年上半年，旅行社的经营压力更是一路陡增，出现了近 15 亿英镑的巨额亏损。同期，该公司的资产负债率已达 126.76%，资不抵债问题凸显。受此影响，托马斯·库克旅行社的股价也走入低谷。花旗银行在 2019 年 5 月下旬将该公司股票下调至"卖出"评级，甚至将其目标价格降至零。

2019 年 9 月 23 日，托马斯·库克旅行社最终宣告破产。这家世界上最古老的旅游运营商的没落，不仅让欧美的旅游市场"地震"，也引发了外界对于传统旅行社行业的担忧。有旅游业内人士直言，这家企业走向破产，在一定程度上意味着旅游业一个时代的结束。

请问：

1. 托马斯·库克旅行社破产的原因是什么？

2. 业界人士认为的一个时代的结束，这到底是一个什么样的时代？

3. 国内外旅行社将如何演变？

第一节　旅行社行业的演变

一、旅行社的发展历程

（一）国外旅行社的发展历程

1. 国外旅行社的产生

人类有意识的旅行活动早在原始社会末期就已经出现，但为人类提供旅行服务的机构并不是与人们的旅行活动同时产生的，旅行社是经济、科技和社会分工发展的直接结果和必然产物。世界上首家旅行社产生于19世纪40年代的资本主义发达国家——英国，这主要得益于首先爆发于此的工业革命。

（1）工业革命的成功极大地提高了生产力，进而为旅行社的产生奠定了物质基础。18世纪中叶，始于英国并迅速扩展到欧洲大陆及北美的工业革命，极大地提高了社会生产力，改变了当时世界的经济结构和社会面貌。一方面，工业革命带动了交通的发展：随着铁路的兴建与发展，极大地节省了旅行费用和旅途时间。另一方面，工业革命促进了旅游要素的丰富：当时在铁路沿线出现了不少供过往行人食宿的客栈、旅馆、餐馆等服务企业。这客观上为旅行社赖以生存与发展的旅游服务供给网络的形成奠定了产业基础。

（2）工业革命促进旅游需求普遍化，进而为旅行社的产生提供了现实可能性。首先，物质财富增长，经济条件优化。工业革命促使社会财富急剧增长，这些社会财富不再只流向贵族和土地所有者，同时也流向新兴的工业资产阶级和金融食利阶层，因此，有产阶级规模日益扩大，他们具备了旅行的经济条件。其次，带薪假日出现，休闲时间增多。工人阶级出现后，他们通过不懈的斗争，不断地争取到一些带薪假日，使他们也有了外出旅游的时间。最后，生活节奏加快，旅游动机出现。人们生活方式的改变、生活节奏的加快，促进了人们产生旅游的动机，旅游需求因此逐渐呈现普遍化的特征。这些人试着自行外出旅游，而他们外出旅游却存在着种种困难，需要专门有人为他们提供相应的服务，以解除旅行后顾之忧，这为旅行社的产生提供了现实的可能性。

（3）工业革命促进市场经济的发展，进而为旅行社的产生创造了必要的社会条件。工业革命的推进，深刻地改革了社会的交换方式，推动了市场经济的发展。伴随着各类有形贸易的往来，出现了以服务为主体的无形产品的交易活动，尤其是人们对以消遣为主要目的的旅游产品的需求急剧上升，旅游市场由此逐渐形成，进而又加速了旅行社的问世。因此，市场经济的发展既是旅行社产生的基础，也是旅行社产生的必要社会条件，甚至可以说是诱因。

正是基于以上背景，世界上第一家旅行社——托马斯·库克旅行社于1845年诞生，该旅行社集旅游活动的组织、安排和联络工作于一身，有偿地为旅游者提供旅行中所需要的相关服务。托马斯·库克（Thomas Cook）本人也因此成为世界上第一位专职的旅行代理商。该旅行社的产生对人类旅行活动的影响是极其深远的，主要表现为：第一，从根本上赋予了旅游活动营利性质，使旅游活动进入产品化时代；第二，独特的包价旅游经营方式的推广，加快了旅游大众化、社会化的发展进程；第三，使原先的分散性销售变成集中性销售，使旅游产品的购销方式发生质变。因此，旅行社的产生是人类旅游活动发展史上的一次重大变革，标志着近代旅游业的开始。

【相关资料】

旅游业的鼻祖——托马斯·库克

托马斯·库克（图1-1）于1808年11月22日出生在英国英格兰，自幼家境贫寒，10岁便辍学打工，先后做过帮工、诵经人和木匠等。由于宗教信仰的原因，库克极力主张禁酒。1841年7月5日，托马斯·库克创造性地利用包租火车的方式，载运540人从他所居住的莱斯特前往拉夫伯勒参加一次禁酒大会，全程11英里，每人收费1先令。这次活动被后人公认为首次具有商业性质的包价旅游，也是历史上第一次团体火车旅行。随后，在1845年，托马斯·库克又组织了一个观光旅游团前往英国利物浦，这是托马斯·库克第一次有意识开展的旅游商业活动。托马斯·库克亲自安排旅游线路，并全程陪同旅游团。同时，他还雇用了地方导游。这是一次包含了旅游线路考察、旅游产品组织、旅游广告宣传、旅游团队组织和陪

图1-1 托马斯·库克

同及导游等多项内容的旅行社业务活动，也大致体现了当今旅行社的基本业务，从而确立了现代旅行社业务的基本模式。此外，他还整理出版了世界上第一本旅游指南《利物

浦之行指南》。这些都使托马斯·库克名声大振，也增强了他在这个领域继续开拓的信心。也正是在这一年，托马斯·库克在莱斯特正式成立了托马斯·库克旅行社，专门从事旅行代理业务。1845—1855年，他又成功组织了欧洲大陆的团体旅行，并发明了包价旅游形式。1865年，托马斯·库克父子公司（Thomas Cook & Son Ltd.）正式成立。1872年，托马斯·库克亲任导游，带着10人，历时70天，完成了人类历史上第一次环球旅行。托马斯·库克及他的旅行社从此声名远扬，享誉欧美大陆。1939年，托马斯·库克父子公司在世界各地设立了50余家分社。托马斯·库克对于旅游业发展的贡献，不仅在于他开创了旅行社经营模式的先河，诸如规模化组团出行、随团陪同照顾、提供导游服务、设立各地分社等，还表现在他面向大众，薄利多销，推动了旅游的社会化，促进了旅游业的迅速发展。因此，托马斯·库克被称为旅行社的创始人和近代旅游业的鼻祖。

资料来源：潘燕，李志强.旅行社经营管理实务［M］.北京：中国邮电出版社，2010.

2. 国外旅行社的发展

（1）初创阶段（1845年至第二次世界大战）。从1845年世界上第一家旅行社产生到第一次世界大战时期，旅行社主要经营以轮船、火车为主要交通工具的国内旅行和短途国际旅行业务。这一阶段成立的旅行社除英国托马斯·库克旅行社以外还有1850年成立的美国运通、1890年在法国、德国分别成立的观光俱乐部、1893年日本成立的"喜宾会"等。第一次世界大战结束到第二次世界大战开始，旅行社推出的旅游产品内容有了一定的更新，除观光旅游外，还有探险旅游等新产品，人们不仅可以选择火车、轮船旅行，还可以乘坐大型汽车出行，出行范围也有所扩大。整体而言，这一时期旅行社的特点表现为数量很少、规模较小、产品种类少等，因此该时期旅行社行业还处于初步创立阶段。

（2）成长阶段（第二次世界大战至20世纪90年代初期）。第二次世界大战结束后，特别是进入20世纪60年代以后，社会化大众旅游需求在世界各国迅速扩大，为旅行社提供了大量的客源，喷气式飞机开始用于民航，这也缩短了人们的旅行时间；生产力的发展使人们进一步从繁重的体力劳动中解脱出来，并不同程度地享受带薪假期。一直到20世纪90年代初期，旅行社数量依旧持续不断地增加，1979年，全世界旅行社突破3万家；20世纪80年代，旅行社数量已超过5万家；20世纪90年代初旅行社的数量甚至超过6万家，这些旅行社80%以上分布在旅游业最为发达的欧美地区。此外，旅行社为了适应旅游者的需求，不断增加旅游产品的供给，除观光旅游产品外，还推出休闲度假、探险等各种特色产品。整体而言，这一时期旅行社处于迅速成长阶段。

（3）成熟阶段（20世纪90年代中期以后）。进入20世纪90年代中期以后，以欧美经济发达国家为代表的地区旅行社的数量增速明显放缓，但大型旅行社数量增长很

快。以美国为例，1991 年该国旅行社为 32006 家，1995 年达到了 33593 家，1999 年为 32238 家，2010 年至今旅行社数量基本保持在 3 万家左右，基本上停留在每万人拥有一家旅行社或旅行社营业点的饱和水平，与此同时，美国的旅行社集团化趋势更加明显，大规模旅行社数量增加且营业收入暴增，如 2009 年美国营业收入最多的旅行社 Expedia group 的营收为 218 亿美元，2018 年营收达到 880 亿美元，增长近 3 倍。此外，由于旅游需求的分散化趋势不断演进，旅行社推出旅游产品的类型较成长阶段更加多样化，特别是针对自助游散客的旅游产品迅速增加，同时，旅行社线上线下融合趋势更加明显，管理技术更加先进，旅行社行业因此进入成熟阶段。

（二）我国旅行社的发展历程

1. 我国旅行社的产生

相比国外旅行社，中国旅行社产生的时间较晚，产生的背景也与西方国家不同。西方国家的旅行社是在社会经济发展到一定条件自然产生的，我国旅行社是在受到外来经济和文化入侵的影响下产生的。1923 年年初，中国爱国民族资本家陈光甫先生与其同人商议，决定在上海商业储蓄银行下创办旅行部，并向当时的北洋政府提出申请。当年 8 月，北洋政府正式批准设立旅行部，这是中国历史上最早的一家由国人开设的旅行社。1927 年，旅行部从上海商业储蓄银行中独立出来，更名为中国旅行社（现为香港中国旅行社股份有限公司）。

归纳起来，中国第一家旅行社产生的原因如下：第一，此前在中国设立的一些国外旅游机构（如通济隆公司及运通公司等）主要是为外国人服务，对中国人不仅收费高昂，而且态度傲慢，陈光甫想创办自己的旅行社来更好地为国人服务。第二，此前国外一些旅游机构对中国名胜很不了解，陈光甫想通过自己的旅行社来发扬国光，阐扬名胜。第三，辅助当时工商业的发展，便利工商业人士的旅行。第四，通过旅行社的影响带动自己银行的发展。

此后一直到 1949 年，中国又相继出现了一些旅行社及类似的旅游组织，如铁路游历经理处、公路旅游服务社、浙江名胜导游团、中国汽车旅行社、国际旅游协会、友声旅行团、精武体育会旅行部、萍踪旅行团、现代旅行社等。它们均是中国旅行社行业处于萌芽期的产物，承担了近代中国人旅游活动的组织工作。

总体而言，受制于当时的社会文化背景和产业环境，1949 年以前的旅行社并没有与同时期的国外旅行社那样按市场经济内在的规律发展起来，还谈不上产业化。以发展进程的角度来看，它仅仅具有诞生的历史意义。

2. 我国旅行社的发展

（1）开创时期（1949—1983 年）。中华人民共和国成立不久，为接待归国华侨和宣传中华人民共和国的建设成就，旅行社业的发展就被提上了议事日程，1949 年 11 月 19 日，厦门华侨服务社（现名厦门中国旅行社）成立，这是中华人民共和国第一家旅行社。1954年4月15日，中国国际旅行社总社（CITS）在北京正式成立，并很快在各省会城市和主要开放地区及口岸城市设立了网络化的分社和支社。1957年，华侨旅行服务社总社在北京成立。1980年，中国青年旅行社在北京成立，其相关分支社随后纷纷在各省建立。

这一时期旅行社发展的主要特征有：第一，旅游经营活动长期作为外事工作的一部分存在，旅行社属行政事业单位，其工作性质主要是政治效果；第二，旅行社产业地位尚未确立，旅行社发展尚处于导入时期；第三，旅游经营的业务范围比较单一，入境旅游占绝对优势。计划经济时代的这些旅行社，不仅开创了中国旅行社的经营模式的先河，也为中国旅行社的迅速发展奠定了一定的基础。

（2）迅速发展时期（1984—1994年）。1984年后，随着经济体制改革的深入，旅行社的管理体制也在发生变化：一是打破垄断，放开经营，下放外联权，允许更多的旅行社经营国际旅游业务，旅行社作为一个相对独立的经济行业开始形成一定的规模；二是1985年国务院颁布的中国旅游行业第一部管理法规——《旅行社管理暂行条例》，对旅行社的企业性质做出了明确规定，旅行社的业务由发展初期的单一入境旅游业务发展成为入境旅游业务与国内旅游业务并举，如1988年，中国国内旅游已超过3亿人次，旅游支出达187亿元人民币。自此，中国旅行社得到了很大的发展，旅行社数量猛增至1573家，从此彻底打破了中国旅行社三家（国、中、青）垄断的局面。1989年，由于国内政治风波的影响，海外来华客源大幅度下降，导致许多旅行社关门、转型，旅行社数量出现一定程度的下降，旅行社市场也呈现出乱象。

1992年，邓小平同志发表了"南方谈话"，党的"十四大"召开，此后，我国掀起了改革开放的新高潮，当年来华客源和旅游创汇均以超过30%的速度高速增长。这一时期，许多事情的发生为中国旅行社的发展积累了足够的动力：一是1992年首次举办的以"中国观光年"为主题的活动，使国内旅游市场迅速活跃起来；二是1992年中国政府开始允许本国公民出国探亲和旅游，从此出境旅游市场开始形成，这提高了中国旅行社在国际合作中的地位和影响。由此，中国旅行社市场化进程不断加快，并迈入探索建立现代企业制度的过程。

（3）调整时期（1995年至今）。我国旅行社业在迅速发展的同时，也出现了不少的问题：旅行社经营不诚信（如在游客付钱后旅行社关门走人现象频发）、旅行社之间恶性竞争、旅行社服务质量下降等。这导致一些旅游中间商和部分旅游者的抱怨，投诉因此不断，对中国旅行社业在国际国内旅游市场上的声誉造成了不良影响。

为尽量减少上述问题的产生，我国采取了许多措施，也颁布了一系列旅游法规、规章，从宏观上对旅行社行业进行调整。例如，1995年颁布的《旅行社质量保证金暂行规定》，对于调整我国旅行社的数量和结构产生了重要而深远的影响，一批不诚信、服务差的旅行社首先被淘汰出局。1996年10月，国务院颁布了《旅行社管理条例》，对《旅行社管理暂行条例》进行了调整，对旅行社的性质、业务范围进行了更为科学的界

定，成为影响我国旅行社发展的一部重要法律规范。进入 21 世纪之后，旅游法制建设不断推进，《旅游法》及《旅行社条例》的颁布，更是标志着我国旅行社进入法制化时代。

这一时期我国旅行社分工体系、产权结构也在不断调整，一批像中青旅集团，国旅集团在内的大型旅行社集团通过改制后成为旅游批发商。外资旅行社自 1998 年出现在我国之后，数量也在不断增加。在这一阶段，我国旅行社为了适应旅游市场以及信息技术的变化，也在不断调整经营手段和内部管理方式，旅行社行业不断朝着经营管理更加规范的方向发展。网络技术推动了 OTA 快速发展，从 21 世纪初到现在，先后出现多家大型的在线旅游企业，如携程网、艺龙网、同程旅游网、去哪儿网、马蜂窝旅游网、途牛旅游网、驴妈妈旅游网、遨游网、悠游旅行网等。在线旅游已成为消费者获得旅游服务的一个重要渠道。

二、旅行社的发展趋势

随着信息技术的发展，整个社会去中介化的趋势不断演进，旅行社这类具有一定中介属性的企业面临着不少生存与发展的问题。然而，旅行社以往为游客提供的货币价值、安全价值、信息价值、体验价值将呈现新的内容并将依然存在，由于各国国情不同，旅行社发展阶段不同，发展趋势必然存在差异。由于篇幅所限，我们在此只讨论中国旅行社业的发展趋势。

（一）多元化

这里的多元化主要指的是旅行社市场主体多元化。国有旅行社资产的改制，以及境外和民间资本对我国旅游产业更大范围的介入，使得中国旅行社行业的市场主体进一步多元化，市场化程度进一步提高。

1. 国有旅行社将继续完成改制

从现有国有旅行社的发展方向来看，它们将要通过股份制或其他相关途径完成公司制改造，建立现代企业制度，并在此基础上进行战略重组工作。例如，中国青年旅行社已改制成中青旅控股股份有限公司并早在 1997 年成功在上海证券交易所上市，成为我国旅行社行业首家 A 股上市公司。到目前为止，我国绝大多数国有旅行社完成了公司制改造，剩余的国有旅行社将在今后一段时间内继续完成改制。

2. 境外旅行社进入将更加便利

从跨国公司的动向来看，境外旅行社资本主要集中在北京、上海、广州等地的情况必然发生战略转向，从而指向全国（目前中国已有 20 多个省份有外资旅行社或其子公司）。而且随着中国市场的进一步开放，将从根本上打破跨国公司在中国旅行社产业中的运作与发展壁垒，早在 2009 年实施的《旅行社条例》就提出中外旅行社设立不再实行差别化，可以预见，境外旅行社资本必然发生战略转向并指向全国。

3. 民营旅行社成为市场主体

近年来，旅行社设立门槛条件不断降低，给我国民营资金大举进入旅行社领域创造了极佳的条件。目前，我国民营旅行社占全国旅行社整数的一半以上。民营旅行社不仅数量众多，而且规模也在不断增长，效益及影响也在不断增加。仅浙江一省，在旅游业投入超过 10 亿元的民营企业集团不下百个，著名的中国民营企业浙江开元集团开办的杭州开元公司近年来多次被评为全国百强旅行社，经济效益、社会效益俱佳。此外，近年来以做出境批发商见长的民营旅行社——众信国旅，在 2014 年已成为民营企业第一家上市旅行社企业。

（二）合作化

旅行服务要素的多样性及经营的复杂性，决定了旅行社必然与旅游供应商及相关企业开展广泛合作，包括与交通部门、旅游景区、金融机构的合作等。旅行社与航空公司之间紧密的利益关系，使得旅行社与航空公司多年来一直保持合作，航空公司因此成为旅行社合作对象中最为典型的一类。

1. 民航企业介入旅行社业务

即民航企业创办旅行社，如中国航空集团创设中国航空国际旅行社，南方航空集团创设南航商旅服务旅行社有限公司等。随着民航客源中旅游者比例的上升，此类旅行社的重要性日渐增强。旅行社正在从一个主业的辅助机构，向旅游市场上独立运行的产业主体转化。由于有航空集团的大力支持，它们已实现了超常的增长。例如，南方航空集团所属的南航商旅服务旅行社有限公司，通过强势的产权联合及非产权的战略联盟，已在珠江三角洲商务旅游市场上占有重要地位。

2. 旅行社介入民航业务

即旅行社开办民航企业，这是对传统包机业务内涵的一种延展。在民航业不断延伸其在旅行代理和旅游服务产业链条的同时，一些大型旅行社也将逐渐向航空业渗透，以使其在产业关系中争取更有利的谈判地位，最大限度地降低自己的运营成本。例如，上海春秋国际旅行社以"拒绝给航空公司打工""与火车卧铺竞争"为名，介入航空市场，并早在 2005 年就正式挂牌成立了中国首个民营资本独资经营的低成本航空公司"春秋航空"。

3. 民航企业与旅行社合作

这是介于上述两种合作方式之间的一种中间形态，即民航企业与旅行社开展深度合作。例如，南方航空公司与多家旅行社合作，联手推出"机票＋签证＋旅行服务"线路，大大降低了线路的价格，旅行社与航空公司均从中受益。由东方航空公司票务代理业务整体注入的东航东美旅游公司，由于有民航的支持，使其一跃而成为中国最大的旅游代理商之一。随着民航领域改制重组进程的加剧，以及传统旅行社自身规模的扩大和降低成本的冲动，双方在产业关系中的融合将更加明显化。

此外，随着近年来各类资本对我国旅行社行业的不断渗透，旅行社行业与金融业的

合作也正在逐步加强。世界上最早将旅行社与金融业进行融合的是美国运通公司。我国较早与金融业融合的旅行社是携程旅行网，早在 2004 年 9 月，由携程旅行网和招商银行专门针对商务旅游市场联手打造的"携程旅行信用卡"正式问世，开启了携程与银行正式合作的进程。当前这种旅行社与银行业等异业的融合已成为旅行社行业的一种普遍现象。

（三）集团化

旅行社集团是以旅行社为主体，通过产权关系融合和生产经营协作等多种方式，由众多的企事业法人组织共同组成的经济联合体。旅行社的集团化就是指单体的小型、分散、粗放、低效的旅行社组建成大型、联合、精细、高效的旅行社集团，进行集团化经营的动态过程。旅行社的集团化是社会生产力推动生产关系变革的必然现象。现阶段的旅行社集团化发展，资本已经成为核心驱动要素之一，以资本运作为手段的旅游产业资源的重组整合已经成为旅游新业态和产业融合的加速器。各种新的业态交织在一起，向着大集群、大企业生产方式转化，组成新的旅行社集团。

1. 中小型旅行社组建联盟

面对激烈的市场竞争，许多中小型旅行社将寻求组建联盟，并吸纳加盟成员，进而形成统一管理的相对松散的旅行社集团。我国现有的许多专线联盟、供应商联盟就是属于这种类型。

2. 传统大型旅行社组建集团

一些大型旅行社为了整合各类资源，更好地参与产业链竞争，因此组建大型集团。当前比较代表性的有：中国国际旅行社总社与中国免税品（集团）总公司合并重组为中国国旅集团公司，中国港中旅集团公司与中国国旅集团有限公司实施战略重组组建中国旅游集团公司，中国旅行社集团与中国旅游商贸公司合并组建成新的中旅集团。在我国大众化旅游市场日趋成熟的背景下，互联网技术的飞速发展催生了新的旅游商业模式，如携程、同程等新的旅游集团飞速成长起来，大有后来者居上之势。

（四）品牌化

营销学者劳瑞莱特（Larry Light）曾指出，"未来营销是品牌的战争"。品牌经营成为企业新的竞争力与生存战略，是市场经济发展与企业竞争日趋激烈的必然产物。对旅行社而言，在竞争全球化、知识经济化以及生产消费需求个性化和感性化的市场环境下，旅行社品牌必将成为国内旅行社形成自身竞争优势的不可或缺的内容。

1. 旅行社企业品牌化

随着旅游者的消费需求水平的提高，旅行社所奉行的低价战略已经不再像过去那样奏效了，必须采用新的竞争战略，以应对新形势下严峻的市场竞争。所以，名牌旅行社瓜分市场必将成为我国旅游市场走势的一个必然趋势。中国的旅行社必须大力实施名牌战略，否则将会在日趋激烈的市场竞争中落败。当然，我国旅行社业的一些有识之士已经开始注重建立中国的旅行社品牌，努力争取得到旅游者的认同，产生对其服务的亲近感和信任感，以便在市场上立于不败之地。目前中国较有名的旅行社企业品牌主要有：港中旅、中国国旅集团、中青旅控股、广之旅、上海春秋等。

2. 旅行社产品品牌化

虽然旅行社经营的产品在很大程度上是信息性产品，对旅游线路的开发很难形成专利，因而难以形成特定的产品品牌，但并不能说明旅行社产品无法实现品牌化。国外旅行社行业除了具有一批知名的旅行社企业品牌之外，还有不少旅行社产品品牌。在文旅融合背景下，各种文创产品基于新一代信息技术不断创造了各类旅游IP。在未来的品牌建设推广过程中，我国旅行社必然抓住这一时代机遇，创建一批高品质的旅游产品，树立旅游产品品牌，甚至创造旅行社产品IP。相对而言，旅行社产品品牌打造比旅游企业品牌打造更难，但是从长期来看，品牌打造更有利于企业的发展。

（五）网络化

中国的旅行社行业实行网络化，不仅是完全必要的，而且是十分可行的，信息技术的普及和互联网的发展，为旅行社的网络化经营奠定了坚实的技术基础；旅行社通过内部改造或增设经营网点，则为旅行社的网络化经营提供了组织基础。因此，旅行社的网络化，必将成为中国旅行社行业的一个发展趋势。

1. 场所的网络化

这是由旅游需求的特点所决定的。随着社会经济的发展和人们受教育水平的提高，旅游需求必将日益普及，导致旅游需求可能在任何一个地方产生。为了便于消费者的购买，旅行社的营业场所必须广泛设立于消费者便于购买的地方，即所谓的网络化布局。

2. 技术的网络化

这是旅游产业合作化、高效化发展的需要。在全民创新的时代，任何产业的发展都必须以高科技为依托。旅行社要迅猛发展也就必须使用现代科技作为相互沟通的新工具，全面实行网络化运作，提高工作效率，为客户及合作商提供准确、及时的信息。从2009年到2019年，在线旅游业的产业规模每年都保持在两位数以上的增长，在整个旅游行业中具有越来越重要的影响。各类网络技术在旅行社领域的应用将更加普及。

当然，我们在注重网络化经营的同时，也不能忘了回归到最基本的服务上。因为任何运作方式只是争取客源的基本手段，而提供优质服务永远具有恒久的魅力。

（六）专业化

随着我国经济的发展，个人收入的增加，人们对旅游有了新的认识，人们更希望通过旅游随心所欲地放飞心灵、陶冶情操，彻底达到休闲目的。因此，未来的旅行社将呈现专业化趋势，不仅出现专业化的旅行社企业，也会出现专业化的产品。

1. 旅行社企业的专业化

未来的旅行社将呈现出大的更大，小的更小，中型的更专业的局面，并逐渐形成"批零"结合的垂直分工体系。专业化经营将主要出现在中国的中型旅行社，这些旅行社为了避开在经营标准化产品方面的比较劣势，在大型与小型旅行社夹缝中生长，集成本优势与产品专业化优势于一身，从而增强企业的竞争力。

2. 旅行社产品的专业化

过去很长一段时间，在旅行社市场中，全包价旅游具有价格便宜的优势。而未来的发展中，不受束缚的自助式旅游将成为一种必然趋势，随之而生的小包价专项服务也必将受到青睐，如由旅行社专项代订车票、代订客房、代买旅游景点门票等。旅行社的作用将是充分发挥对外联络、有效信息收集、价格较低等专业优势，最大限度地满足特定细分市场旅游者的需求，适当调整其经营方向，针对某些细分市场，对某些产品进行深度开发，形成特色产品或特色服务。

（七）平台化

移动通信技术的发展，改变着旅游者的消费习惯和内在需求，也影响着企业的营销思维和行业的管理模式。越来越多的在线旅游企业实施了平台化发展的竞争策略。例如，途牛旅游网推出分销平台，打通旅游行业分销商、供应商、消费者间的上下游环节，实现供需信息的交互和对称服务，在线旅游企业携程率先全面推出"平台化"战略，开放其旅游 B2C 服务体系，向业界提供包括技术支持、产品代理、客户服务、营销推广等在内的一站式旅游电子商务开放性平台，改变了传统的业务以自研、自营、在线直销为主的发展模式。"飞猪旅行"升级为全新独立品牌"去啊"，其四大发展战略是创新、服务、无线、平台，提供包括酒店预订、度假产品销售、签证、机票销售等各种便利服务。所以，我国的旅游服务行业平台化将成为未来发展趋势。

第二节　旅行社的界定

一、旅行社的概念与职能

（一）旅行社的概念

1. 旅行社的定义

自世界上第一家旅行社产生至今已经有 170 多年的历史，但世界各国对于旅行社的解释和阐述却大不相同，对旅行社的概念的说明也存在差异。

（1）国际官方旅游组织联盟的定义。国际官方旅游组织联盟（IUOTO）分别对西方两大类旅行社——旅游经营商（Tour Operator）和旅游代理商（Travel Agent）进行定义。其中，旅游经营商被定义为一种销售企业。此类企业在旅游消费者提出各种要求之前就已经事先为消费者制订好旅游活动计划，组织旅行交流，预订旅游目的地的酒店，安排多种多样的游览以及娱乐活动，提供包价旅游，并事先确定好旅游产品价格以及出发和回归时间。即准备好旅游产品，由自己属下的销售部门，或者是旅行代理商将此产品销售给团体或个人。旅行代理商则被界定为服务性企业。旅行代理商只起中间人作用，通过向旅游者提供有关旅行、住宿信息、服务项目，销售其旅游产品，并受旅行相关行业如航空公司、饭店、餐馆及供应商的委托，以协议价格向旅游者出售他们的产品，接受它所代表的供应商的酬劳，按出售旅游产品总额的一定比例提取佣金。

（2）我国对旅行社的定义。《旅行社条例》规定，"旅行社是指从事招徕、组织、接待旅游者等活动，为旅游者提供相关旅游服务，开展国内旅游业务、入境旅游业务或者出境旅游业务的企业法人。相关旅游服务主要包括：安排交通服务，安排住宿服务，安排餐饮服务，安排观光游览、休闲度假等服务，导游、领队服务，旅游咨询、旅游活动设计服务。旅行社还可以接受委托，提供下列旅游服务：接受旅游者的委托，代订交通客票、代订住宿和代办出境、入境、签证手续（出境、签证手续等服务应当由具备出境旅游业务经营权的旅行社代办）等；接受机关、事业单位和社会团体的委托，为其差旅、考察、会议、展览等公务活动代办交通、住宿、餐饮、会务等事务；接受企业委托，为其各类商务活动、奖励旅游等代办交通、住宿、餐饮、会务、观光游览、休闲度假等事务。例如，散布于全国各地的火车票代售点的代售票服务基本上是由当地的旅行社提供的。

此外，我国台湾地区将旅行社称作"旅行业"。按其《发展观光条例》第2条第8项中规定，旅行业是指为旅客代办出国及签证手续，或安排观光旅客旅游、食宿，提供有关服务而收取报酬的事业。

【相关资料】

旅行社分社与服务网点

旅行社根据业务经营和发展的需要，可以设立分社和服务网点（也称门市部营业部）等分支机构。旅行社分社，是指旅行社设立的不具备独立法人资格、以设立社的名义从事《旅行社条例》规定的经营活动，其经营活动的责任和后果，由设立社承担。旅行社分社的设立不受地域限制，如北京的旅行社可以在杭州设立分社。旅行社分社的经营范围不得超出其设立社的经营范围。旅行社服务网点，是指旅行社设立的不具备独立法人资格，为设立社招揽游客并提供咨询、宣传等服务的收客网点。根据《国家旅游局关于放宽旅行社设立服务网点政策有关事项的通知》（2015年），国家允许设立社在所在地的省（市、区）行政区划内及其分社所在地的设区的市的行政区划内设立服务网点，不受数量限制。

2. 旅行社的分类

（1）我国旅行社的分类。根据《旅行社条例》的有关规定，旅行社主要分为两大类：第一，非出境旅行社。是指可以经营国内旅游业务、入境旅游业务，但不可以经营出境旅游业务的旅行社。第二，出境旅行社。是指可以经营国内旅游业务、入境旅游业务及出境旅游业务的旅行社，此类旅行社必须经过国家旅游主管部门的审批。旅行社取得经营许可满两年，且未因侵害旅游者合法权益受到行政机关罚款以上处罚的，方可以申请经营出境旅游业务，未经文化和旅游部批准，任何旅行社不得经营中国境内居民出境旅游业务和边境旅游业务。国内旅游业务，是指旅行社招徕、组织和接待中国内地居民在境内旅游的业务。入境旅游业务，是指旅行社招徕、组织、接待外国旅游者来我国旅游，香港特别行政区、澳门特别行政区旅游者来内地旅游，台湾地区居民来大陆旅游，以及招徕、组织、接待在中国内地的外国人，在内地的香港特别行政区、澳门特别行政区居民和在大陆的台湾地区居民在境内旅游的业务。出境旅游业务，是指旅行社招徕、组织、接待中国内地居民出国旅游，赴香港特别行政区、澳门特别行政区和台湾地区旅游，以及招徕、组织、接待在中国内地的外国人、在内地的香港特别行政区、澳门特别行政区居民和在大陆的台湾地区居民出境旅游的业务。

（2）欧美地区旅行社的类型。欧美地区的旅行社一般分为旅游批发商、旅游经营商、旅游零售商。旅游批发商是指从事旅游产品的生产、组织、宣传业务的旅行社组织；旅游经营商是指以编排、组合旅游产品为主，也兼营一部分零售业务的旅行社；旅游零售商也称"旅游代理商""旅行代理商"，是指直接向个人或社会团体宣传和推销旅游产品，具体招揽旅游者，有的也负责当地接待的旅行社（有关这三类旅行社的情况，将在"二、旅行社的分工体系"部分详细阐述）。

（3）日本旅行社的类型。日本旅行社分为第Ⅰ种旅行业、第Ⅱ种旅行业、第Ⅲ种旅行业三种。第Ⅰ种旅行业可以实施海外和国内主催旅行业务；第Ⅱ种旅行业只能实施国内主催旅行业务；第Ⅲ种旅行业不可实施主催旅行业务，只能做代理。所谓的主催旅行业务相当于中国的包价旅游。

（4）韩国旅行社的类型。韩国旅行社主要分为三种类型，即一般旅行社、国外旅行社、国内旅行社。其中一般旅行社以在国内旅行和出境旅游韩国游客和外国游客为服务对象，国外旅行社的服务对象是到国外旅行的韩国游客，国内旅行社则以在国内旅行的韩国游客及外国游客为服务对象。

（二）旅行社的性质

旅行社是为人们旅行提供服务的专门机构，它在不同国家和地区虽然具有不尽相同的界定，但作为一类服务性组织，其性质是基本相似的，旅行社的性质基本上可以概括如下：

1. 服务性

从行业性质来说，旅行社属于服务业，其主要业务是为旅游者提供包括旅游六大要素的各项服务。旅行社可以为旅游者提供单项服务，也可以将各项服务组合成包价旅游产品提供给旅游者。旅行社的服务性是经济效益和社会效益的双重体现，是一个国家、一个地区形象的代表之一。因而，旅行社在一定意义上来说，它是一个国家、一个地区的"形象工程"。可见，我们要将提高旅行社的服务质量作为重点工作。

2. 中介性

一个人外出旅游，需要购买各种服务，无论是预订机票、客房，还是观光游览，这些产品都可从旅行社预购，但这些由旅行社提供的产品是由相关的旅游生产者生产的，旅行社只是预售这些服务和服务组合，这些服务也可由生产者直接出售，但通过旅行社出售一般是一种更为方便的选择。因此，旅行社实际上扮演着中间商的角色，具有一定的中介属性。

3. 营利性

旅行社是一类企业，必然以营利为目的，才能维持其生存与发展。旅行社通过设计加工旅游线路、组合旅游产品，为旅游者提供旅行服务而获取利润。旅行社的利润一方面来自作为中间环节的批零差价（即提供代理服务的佣金），另一方面来自作为旅行服务商提供旅游服务的收入。

（三）旅行社的职能

旅行社的基本职能是设法满足旅游者在旅行和游览方面的各种需要，同时协助交通、饭店、餐馆、游览景点、娱乐场所和商店等旅游服务供应部门和企业将其旅游服务产品销售给旅游者。具体地讲，旅行社的职能可分为以下五个方面（表1–1）。

表1–1 旅行社基本职能与主要表现形式

旅行社基本职能	主要表现形式
生产职能	设计和开发包价旅游产品和组合旅游产品
销售职能	销售包价旅游产品和组合旅游产品，代销单项旅游服务产品
组织协调职能	组织各种旅游活动，协调与各有关部门（企业）的关系
分配职能	分配旅游客源和旅游收入
提供信息职能	向有关部门（企业）提供旅游市场信息，向游客提供出游信息及景区等部门变动情况，向旅游生产者提供客源市场需求变动信息

1. 生产职能

旅行社的生产职能是指旅行社按旅游业务要求对部分产品进行设计、组合，制订出整体的旅游计划，落实路线、交通工具、食宿、游览节目等一系列服务，又称为组装职能（图1-2）。这是旅行社的首要职能，因为：第一，对旅游者而言，只有旅馆而没有车辆，有了车辆而没有线路，有了路线而没有导游，都不能实现较理想的旅游。在整个食、住、行、游、购、娱的过程中，旅行社把那些单独分散的劳务和商品整合、加工，使之变成为旅游者所需的产品，即产生交换价值和商品价值。第二，这种职能减少了旅游者直接与旅游生产者交易的成本，减轻了旅游者的负担，这也是旅行社企业能够生存的最为重要的原因。

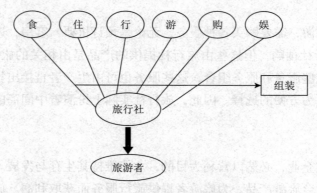

图1-2　旅行社组装要素

如图1-3所示：左边为没有旅行社参与，旅游者单独与旅游生产者交易，所需的总体交易费用为$T1=N×M$；右边为旅游者通过旅行社组织旅游所需的总体交易费用为$T2=N+M$，假设每次交易的成本费用均相同的情况下，由此可以节约费用$△T=T1-T2=N×M-（N+M）$。

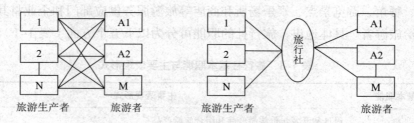

图1-3　旅行社参与交易与不参与交易对比

2. 销售职能

旅行社是销售者，一方面，旅行社招徕旅游者，促进了单项旅游产品生产企业的销售，另一方面，作为旅游产品的销售渠道，旅行社又代客预订各种单项旅游产品，便于旅游者进行统一购买，大大简化了旅游过程中的交换关系。这种旅游产品的无形性和生产与消费的同一性，使得旅游产品的销售较物质产品更为复杂，同时也使得旅游产品的销售对销售渠道的依赖变得更强。

3. 组织协调职能

旅行社将旅游产品，如旅游票出售给旅游者后，绝不意味着工作的结束；相反，是意味着许多组织协调工作的开始。旅游全过程的交通、食宿、游览、娱乐、购物，都要旅行社仔细地周密地组织协调，才能保证旅游者顺利地、安全地、舒适地享受外出游览的乐趣。这是由旅行社产品的综合性及流水线式的旅游生产方式决定的，若产品的某个环节出现问题，将出现 100-1=0 的不良后果。

4. 分配职能

旅行社是分配者，旅游者旅游活动过程中的消费是多种多样的，特别是在包价旅游的情况下，旅游者通常为其各种旅游活动一次性预付全部或部分费用。这意味着旅行社不仅要根据旅游者的要求，在不同的旅游服务项目之间合理分配旅游者的支出，最大限度地满足旅游者的需要，而且要在旅游活动结束后，根据接待过程中各相关部门提供服务的数量和质量合理分配旅游收入。

5. 提供信息职能

任何旅游企业都具有向旅游者提供产品信息的职能。旅行社作为旅游产业中的一种特殊企业，其提供信息的职能与其他类型的旅游企业不尽相同。一方面，旅行社对旅游者的爱好、要求和意见等有较全面的了解，这些信息需要旅行社及时全面地提供给各相关部门，以便指导相关企业的经营管理，而相关企业经营的改善和服务质量的提高无疑也有利于旅行社自身的发展；另一方面，旅行社作为旅游业重要的销售渠道，应及时、准确、全面地将旅游目的地各相关部门最新的发展和变化情况传递到旅游市场去，以便于促使旅游者购买产品。

（四）旅行社的行业特点

1. 劳动密集型

劳动密集型产业是指为生产一定产量所必须投入的生产要素中，劳动投入的比例高于其他生产要素比例的产业。旅行社是劳动密集型企业，占用资金少，只需要一些必要的办公设备，无须太多的固定资产，而且旅行社采取的是先收费后提供服务的经营模式，不需要大量的流动资金进行周转。因此，旅行社主要收入来源是人的劳务，主要成本是人员的工资支出，这是典型的劳动密集型企业的特点。

2. 知识密集型

旅游的本质是一种社会休闲活动，具有明显的文化属性，旅游者外出旅行的主要目的之一是感受旅游目的地的文化。因此这就要求旅行社的工作人员要掌握大量的文化知识，一方面要为旅游者提供优质的咨询服务，另一方面，在旅游者旅游过程中能够为其提供文化含量高的导游服务。因此旅行社也是知识密集型企业，其工作人员需要具备广博的文化知识，工作过程中的主要投入是知识投入，而不是单纯的体力劳动投入。

3. 产品依附性

旅行社在旅游产业中的主要作用是连接旅游者和其他旅游企业，是两者之间的桥梁，其本身并不直接生产旅游产品，除导游服务外，旅行社也不直接提供满足旅游者旅

游需求的服务，其经营活动的依附性很强。旅行社提供给游客的产品和服务需要依赖其他行业和企业，主要表现在两个方面：一方面，旅行社依赖大量旅游服务商在海外客源市场上帮助其宣传推销产品；另一方面，旅行社依赖本国、本地区大量的旅游服务供应商，如旅游酒店、旅游景区、旅游交通、旅游娱乐、旅游商店等为其组织的游客提供产品和服务。因此，旅行社需要与这些行业的经营者精诚合作，构建协作网络，从而保证其旅游产品的供应。

4. 经营季节性

旅游业的季节性特点决定了旅行社经营的季节性。一方面，由于旅游客源具有季节性，除了商务客人以外，游客大多选择在节假日出行，呈现出旅游淡旺季之分，旺季游客爆满，淡季游客较少；另一方面，旅游吸引物本身也具有明显的季节性。这些季节性影响因素都导致旅行社的经营具有季节性特点。

5. 行业敏感性

从经济学上划分，旅游并不属于生活必需品，所以旅游产品的需求弹性较大，受政治环境、经济发展、社会治安、物价变化、天气情况等多方面的影响。旅行社行业作为旅游产品的组合者，也因为这些因素而呈现出敏感性的特点，无论哪个因素向不利的方面发生变化，都有可能导致旅行社行业陷入经营的困境。

6. 工作繁杂性

旅游活动由食、住、行、游、购、娱六个基本环节构成，因此旅游者在整个旅游过程中的需求是多种多样的，而且旅游者来自不同国家不同地区，生活习惯和民俗风情千差万别，旅行社要提供能够满足甚至超越游客需要的旅游产品和服务，就必须进行大量的工作，同时要求旅行社工作人员在繁杂的工作中保持细致和耐心，合理组合旅游产品，协调旅游者与旅游产品生产商的关系，这样才能满足游客的旅游需求。

7. 服务感受直接性

旅游产品具有生产与消费同步进行的特点，旅行社为旅游者提供旅游服务的过程就是旅游者消费的过程，因此旅游者彼时即能感知服务质量的优劣。这与一般产品的生产消费过程是完全不同的，一般商品是先生产后消费，因此在产品上市之前，生产商可以通过质量检查、产品试用等多种方式对产品的质量进行把关，即使产品销售出去后，顾客不满意，也可以退货。但旅游产品一经消费便无法退货，一旦产生质量问题就会造成无法挽回的损失，所以旅行社要严格把关产品和服务的质量，这对工作人员的素质提出了更高的要求。

二、旅行社的分工体系

旅行社分工体系是指不同类别的旅行社在各个市场区域和旅游产品流通环节中所扮演的角色及其相互之间的关系。由于不同国家和地区经济体制环境和旅游发展阶段存在差异，旅行社分工体系既可以由市场经济体制的内在力量所驱动，并自发演进而成，也可以在政府行政管理部门主导下分割而成。而在经济、社会制度的转型过程中，旅行社的分工体系又会呈现出混合变迁的格局。

（一）垂直分工体系

在多数市场经济体制发挥主导作用的西方国家，旅行社的分类是以旅行社在向旅游者提供旅游服务的流程中所起作用为划分依据的。由于这种分工是在市场经济社会依据旅游者的消费流程自然形成的，并呈"相关旅游企业—经营—批发—零售—旅游者"的垂直状态，所以称为"垂直分工体系"或"自然分工体系"，各类旅行社在经营中互相配合，互为补充。

以欧美国家为代表的旅行社多采用垂直分工体系。常见划分法有三分法和二分法：三分法是按业务范围将旅行社划分为旅游批发商、旅游经营商和旅游零售商；二分法则是将旅行社划分为旅游批发经营商和旅游零售商两类，忽略了旅游经营商和旅游批发商之间的差别。从查尔斯·麦特尔卡所著《旅游词典》可知，旅游批发商和旅游经营商是同一概念，二者可互换使用。

1. 旅游批发商

旅游批发商是指从事旅游产品的生产、组织、宣传和推销旅行团业务的旅行社组织。他们与旅游目的地、航空公司等交通部门以及饭店、餐厅等旅游服务部门签订合同，并根据旅游者的实际需求，设计、组合出若干不同日程、不同项目和不同包价等级的包价旅游线路或包价度假集合产品，并将其刊印在宣传册上，然后交给旅游零售商去推销。他们一般不直接向公众出售旅游产品。这类旅行社一般实力雄厚，有着广泛的社会联系。

2. 旅游经营商

旅游经营商是指以编排、组合旅游产品为主，也兼营一部分零售业务的旅行社。他们的旅游产品大部分由零售商出售，有时也提供给其他旅游经营商。在西方国家从事旅游业的人士中，旅游批发商与旅游经营商常常被当作同义词，其实，如果严格区分，二者还是有一定的区别。二者虽然都从事旅游产品的生产，但是重要区别在于是否直接经营零售业务。旅游经营商有自己的零售网点，直接向公众出售部分自己的旅游产品；而旅游批发商则没有自己的零售网点，不直接向公众出售产品。旅游经营商通过设计、组合新包价旅游产品并提供自己的服务，旅游批发商一般不从事实地接待业务。

3. 旅游零售商

旅游零售商也称"旅游代理商"或"旅行代理商"，是指直接向个人或社会团体宣传和推销旅游产品，具体招徕旅游者，有的也负责当地接待的旅行社。旅游零售商是联系旅游批发商和旅游经营商与旅游者之间的桥梁和纽带。数量众多的旅游零售商直接面对旅游者销售旅游产品，也可代理旅游者直接向旅游服务供应部门预订零散服务项目，还可代理旅游批发商或旅游经营商的包价旅游产品。值得一提的是旅游代理商的收入全部来自其销售佣金。

（二）水平分工体系

在政府行业管理力量的干预下，旅行社被分为若干等级和类别，原本统一的旅游服务市场也被分为入境旅游、国内旅游和出境旅游等若干子市场，每一类别或等级的旅行社对应经营相应的子市场。这些旅行社处于同一操作层次、执行相同职能。这种分工体系即为旅行社业的水平分工体系。中国、日本、韩国以及一些发展中国家在发展旅游业的初期都曾采用了这一分工体系来进行行业管理。但是在旅游市场机制的自发作用下，水平分工体系正在向混合分工体系演进。

以中国旅行社目前采用的水平分工体系为例，根据 2009 年国务院颁布的《旅行社条例》，中国旅行社按照经营的业务范围划分为出境旅行社和非出境旅行社两种类型。这是自 1996 年《旅行社管理条例》将旅行社分为国际社和国内社的基础上，进一步对业务范围分工所进行的调整，这也是为今后旅行社取消业务范围经营，从而实现垂直分工迈出的关键一步。有关旅行社业务范围在本节"我国旅行社的分类"部分已做介绍，在此不做赘述。

目前，中国的一些大型旅行社已经意识到建立垂直分工体系的重要意义，并开始在旅行社批发、零售业务分工方面开展积极探索。例如，上海春秋国际旅行社走在行业的前面，通过其设计的网络加盟模式，成为国内连锁经营、最多全资子公司、最具规模的旅游批发商和包机批发商之一，并最终实现"批零"的垂直分工模式。

（三）混合分工体系

所谓混合分工体系是指在制度变迁或经济体制转型过程中，旅行社业特有的处于政府主导下的水平分工体系和自然的垂直分工体系之间的过渡分工状态。在这种状态下，各类旅行社仍然被划分为不同等级，并相应地从事批发经营、零售及代理等业务，并被规定了各自的市场经营范围（图1-4）。但是不同类别的旅行社之间开始出现自然分工的萌芽，如出境旅行社针对不同的市场区域，通过企业内部分工，有选择地构建批发经营、零售和代理体系。非出境旅行社也有可能通过与出境旅行社的非正式联盟进入国际旅游市场。这种混合的分工体系可能会出现一定程度上的重复建设以及"大而全""小而全"的内部组织结构，但这是制度变迁进程中必须付出的代价。

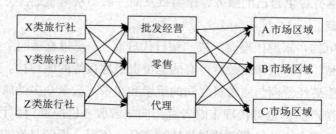

图1-4　旅行社混合分工体系

【本章习题与技能训练】

在线旅游（OTA）
发展历程

一、名词解释

1. 旅行社

2. 旅行社生产职能

3. 水平分工体系

4. 混合分工体系

二、简答题

1. 就世界范围而言，旅行社产生的背景是什么？

2. 旅行社的性质是什么？

3. 旅行社有哪些基本职能？

4. 旅行社在现代旅游业发展中有何重要作用？

三、案例分析

案例

旅行社组成联合体

2023年某市18家中小型旅行社在完全自发组织的基础上，组成了联合体，以统一的品牌，统一的价格，统一的服务，统一的承诺在旅游市场刮起散客旅游新风，并向在国内旅游中一直处于"霸主"地位的大型旅行社发出挑战。其特点和做法是：18家成员都是小旅行社，分布于该市的角角落落，符合"旅游超市"方便旅客就近买票，不与市中心大旅行社抢客源的原则。18家旅行社每家都根据自己的特长，拿出一两条过硬的旅游线路（一共30条）在18家旅行社统一挂牌销售，任何散客只要到这18家中的任何一家，都可以随意选择30条线路中的任何一条。各家旅行社同一线路、价格，内容上又大有不同：坚持优势互补，共同发展的原则，为防止利益不均，"旅游超市"提出了一家举旗十八家卖，在利益分配上采取四六分账，即代卖票拿六，组团社拿四的原则。

请分析：

1 上述案例反映了我国旅行社行业的何种现状？

2. 案例中的旅行社成功之处在哪里？

四、实训项目

在实习教师的带领下，参观一家较早成立的旅行社（如当地的国、中、青等旅行社），了解其发展历程，并根据所访谈调查到的情况，撰写实训报告。

五、网络学习

1. 请在网络上查找国内外头部旅行社的相关资料，并分析其发展现状；

2. 请在网络上查找一家自己感兴趣的国内大型旅行社，并分析其发展历程。

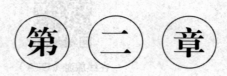

第 二 章

旅行社经营管理概述

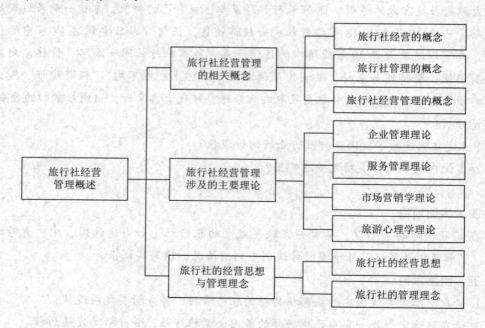

【导入语】

在掌握旅行社企业相关知识的基础上，需要进一步加强对旅行社经营与管理知识的学习。本章将系统介绍旅行社经营与管理的相关概念，阐述旅行社经营管理所涉及的理论，并分析旅行社的经营思想与管理理念，以深化人们对旅行社经营管理理论及内在规律的认识。

本章知识结构图如下：

```
                                            ┌──────────────────┐
                                      ┌─────┤  旅行社经营的概念  │
                    ┌──────────────┐  │     └──────────────────┘
                    │ 旅行社经营管理 ├──┤     ┌──────────────────┐
                    │   的相关概念   │  ├─────┤  旅行社管理的概念  │
                    └──────────────┘  │     └──────────────────┘
                                      │     ┌──────────────────┐
                                      └─────┤ 旅行社经营管理的概念│
                                            └──────────────────┘
                                            ┌──────────────────┐
                                      ┌─────┤   企业管理理论     │
  ┌──────────┐      ┌──────────────┐  │     └──────────────────┘
  │ 旅行社经营 │      │ 旅行社经营管理 │  │     ┌──────────────────┐
  │  管理概述  ├──────┤ 涉及的主要理论 ├──┤─────┤   服务管理理论     │
  └──────────┘      └──────────────┘  │     └──────────────────┘
                                      │     ┌──────────────────┐
                                      ├─────┤  市场营销学理论    │
                                      │     └──────────────────┘
                                      │     ┌──────────────────┐
                                      └─────┤  旅游心理学理论    │
                    ┌──────────────┐        └──────────────────┘
                    │ 旅行社的经营思想│        ┌──────────────────┐
                    │   与管理理念   ├──┬─────┤  旅行社的经营思想  │
                    └──────────────┘  │     └──────────────────┘
                                      │     ┌──────────────────┐
                                      └─────┤  旅行社的管理理念  │
                                            └──────────────────┘
```

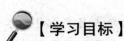 **【学习目标】**

1. 复述旅行社经营与管理的基本概念及其涉及的主要理论与理念；

2. 运用旅行社经营管理的相关理论分析旅行社行业实际中存在的问题，并能用其指导行业实践；

3. 判断旅行社经营管理的特殊性；

4. 坚定对旅游理论的自信，树立旅行社不是一个纯实践性行业的理念，摒弃旅行社经营无门槛思想，树立旅行社经营管理是一项专业理论指导下的科学实践活动的理念。

【课程思政元素】

文明意识、诚信为本、理实一体化学习理念、企业社会责任感。

【学习重难点】

1. 学习重点：分析旅行社经营管理与其他企业经营管理的区别；

2. 学习难点：旅行社经营思想的阐述及管理理念的介绍。

【建议学时】

4.5 学时

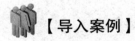 **【导入案例】**

A 旅行社经营管理之道

A 旅行社是某旅游集团下属的一家子公司，成立于 2015 年，成立以来，一直秉承"诚信、激情、创新、多赢"理念，以游客满意为本、以创造价值为荣，努力成为有温度的全民旅游消费服务提供商。

旅行社以大地接、大运营、研学为三大主体，以定制旅游、研学营地、会议会展及目的地营销为四个分支，为广大消费者和企业客户提供优质、专业、经济、便捷的产品和服务。主要研发了入赣系列、出赣系列、研学系列、"百县行"系列四大体系 100 余种产品。

公司利用集团化优势开创性地承办了一系列重大活动，2017 年 6 月承办了"江西风景独好"（香港）旅游推介会，并与港澳旅行社签约，启动"万名港人游江西"系列

组团活动；同年 11 月，承办了"中国（江西）红色博览会"；2018 年 5 月，公司承办了"2018 赣港游学旅游宣传推广会"，通过短短 3 年左右的努力，公司社会影响力显著提升。 为更好地对接上述业务与重大活动，公司创新性地成立了两个特色业务部门。一是邮轮部，覆盖公主邮轮、皇家邮轮等多家邮轮公司，开展主题包船游；二是针对研学旅行专门成立了研学旅行中心，现已组织 50000 多名学生参加研学活动，接待规模位居当地前列。

经过上述努力，A 旅行社在 2017 年完成总营业收入 5300 万元，接待游客 3 万余人次；2018 完成总营收 7500 万元，接待游客 5 万余人次，短短几年时间，营业收入与接待人次节节攀升。公司因此被评为"2017 年度全省旅行社经营业绩二十佳"，2019 年获评"五星级旅行社"。依据上级集团公司"旅游大消费生态圈的共享平台"定位，A 旅行社今后将从单纯业务型公司转变为平台合作共创公司，完成三个打造。即打造入赣旅游平台，成为"引客入赣"主力军；打造出赣旅游平台，引导市场良性竞争机制；打造研学旅游平台，成为研学游孵化基地。

请问：

1. 该公司有何经营思想与管理理念？

2. 做好旅行社经营管理最需要注意哪些问题？

第一节　旅行社经营管理的相关概念

一、旅行社经营的概念

（一）旅行社经营的定义

经营是旅行社最基本的活动，也是旅行社赖以生存和发展的根本。所谓旅行社经营是指旅行社为了自身的生存、发展和实现自己的战略目标所进行的决策，以及为实施这种决策而从各方面所做的努力。一个旅行社经营能力的高低以及经营效果的好坏，主要取决于它对市场需求及其变化能否正确认识与把握，取决于自身内部业务优势是否得到充分发挥。因此，旅行社经营主要包括旅行社的业务和市场营销两大部分：旅行社的业务主要包括组团、计调和接待等业务，这些业务是旅行社生存、发展和实现自己战略目标的基础；旅行社市场营销主要包括产品、价格、渠道、促销和品牌等策略，它是旅行社为实现自身业务目标而从外部层面所做的努力。

（二）旅行社经营的特点

从总体上来讲，旅行社经营的特点主要体现在以下几个方面。

1. 资金投入较少

旅行社是旅游中间商，是通过提供中介服务获取收益的企业。作为一个企业，旅行社出售的产品，无论是单项的还是综合的，都是一种服务产品，该产品的无形性决定了旅行社的全部生产活动都表现为人的劳务活动，它无须借助于耗资巨大的机器设备来完成。事实上，旅行社除了必要的营业场所、办公设施和通信设备外，其经营几乎不需要有更多的固定资产。与一般商贸企业相比，旅行社对流动资金的需要量也是有限的，尤其是作为组团社的旅行社，在经营中它依照"先付款后接待"的惯例，在招徕客源时可以暂时拥有一笔数量可观的流动资金，这就可以使旅行社的自筹资金大为减少。即便旅行社业务以接待为主，其经营资金也为垫付资金。因此，从总体上看，旅行社经营所需投资较少。从这个意义上讲，旅行社常被人们视作较为典型的劳动密集型企业。这一特点给我国旅行社经营活动带来三方面不利影响：第一，由于资金投入较少，所以新进入者面临的行业壁垒很低，加上自2014年3月开始国务院规定我国企业创办在资金方面由实缴登记制改为认缴登记制，这进一步放宽了资本金条件，旅行社数量也就依然保持较快增速，从而容易形成更为激烈的市场竞争，从而产生恶性竞争，如低价竞争。第二，由于资金投入较少，导致企业经营基础薄弱，在市场竞争激烈或企业资金周转发生困难时，旅行社容易出现亏损甚至破产，企业行为普遍短期化，投机性增强。第三，由于资金占有数量较小，多数旅行社难以获得较高的商业信用（贷款难），而结算业务的不及时又为相互拖欠款提供了可能，由此导致的流动资金周转速度缓慢，势必使旅行社的经济效益受到影响。

2. 依附性较强

旅行社经营的依附性主要体现在两个方面：一方面是对客源市场的依附，尤其是做入境游的旅行社必须依靠客源地的旅行社为其提供客源。没有一个由一批分布合理、数量充足、关系稳固的异地旅行社组成的销售网络，旅行社将难以生存和发展。另一方面是对服务市场的依附，旅行社必须依靠当地众多的其他旅游企业为其提供各种相关服务。旅行社必须与各旅游企业进行广泛联络，以建立起一个完善的旅游服务供给网络，从而获得经营所需的各项服务。

旅行社对客源市场与服务市场的严重依赖，决定了其经营活动的重心之一就是要积极主动、千方百计地与相关企业建立长期可行的相互协作与信任关系。在一些经营管理不善的旅行社中，这种企业之间的业务协作关系常常被个别具体经营人员的个人关系所代替，从而导致公司行为个人化。因此，旅行社作为信用程度不太高的企业，如何与自己必须依靠的相关企业（其中也包括一些信用程度同样不高的异地旅行社）建立长期和稳定的协作关系，是摆在旅行社经营管理者面前的重要难题。

3. 对无形资产要求较高

无形资产主要是指一个企业所拥有的良好声誉与信用。旅行社是服务性中介机构。有人说旅行社是出售"承诺"或让旅游者购买"梦想"的企业。旅游者外出旅游，购买具有不可感知特性的旅游产品，之所以选择旅行社，除了购买的方便之外，更为重要的原因是旅游者对旅行社中间商的信任，而这种信任通常基于对旅行社已有的声誉与信用等无形资产的良好评价。可见，无形资产对任何一个旅行社的经营都是非常重要的，旅行社的生存需要它，旅行社的发展更是离不开它。从某种意义上讲，在既无雄厚资金实力，又无自己独特产品的条件下，旅行社要在激烈的市场竞争中取胜，并立于不败之地，唯一依靠的就是企业自身的无形资产，依靠的是企业经过自身努力树立起来的良好声誉与信用。

4. 经营风险较大

旅行社业务的一个显著特点是客源与效益的不稳定，这无疑增加了旅行社经营的难度，也增加了经营的风险，而这种经营风险又是由旅游市场特殊的供求关系决定的。从供给方面看，由于旅行社自己几乎不生产什么，旅行社的供给能力受制于各个旅游生产者的生产能力。从需求方面看，整个旅游市场的需求波动较大。其中，既有颇具规律的周期性淡旺季变化，又有随机性较强的个别旅游者需求的变化。除此之外，国内外局势的稳定与动荡、各国经济的繁荣与萧条、汇率的上升与下降等对旅游需求也都会造成突发性的影响。这些变化使得旅行社总处于旅游服务供求不平衡的状态之中。如何在这种状态中保持企业经营的相对稳定并做到处变不惊，这是旅行社经营所面临的巨大挑战。事实证明，理智地正视现实，积极地应对挑战，适时地调整战略，不失为旅行社降低经营风险的有效途径。

由此可以看出，旅行社虽然具有投资少的优势，然而旅游产品特性及其经营环境的特殊性决定了旅行社经营具有依附性较强、对无形资产要求较高以及风险较大等一系列对企业发展明显不利的特点。这些特点的存在使旅行社经营难度大大提高。

二、旅行社管理的概念

（一）旅行社管理的定义

旅行社管理包括政府对旅行社的管理和旅行社内部的管理，政府对旅行社的管理主要通过国家的相关法律法规来规范与监督。本书所指的旅行社管理是旅行社的内部管理，它是指对旅行社内部的生产活动进行计划、组织、指挥、实施、协调和控制等一系列活动的总称，主要包括战略与计划管理、组织管理、人力资源管理、质量管理、财务管理、风险管理、信息管理等。

旅行社管理的作用主要体现在两个方面：一方面是降低成本，减少损耗，巩固企业发展成果；另一方面是树立从严治企、管理科学、机制先进的形象，去换取属于自己的发展机会，增强企业自身的经营实力，使旅行社在市场竞争中居于有利地位。

（二）旅行社管理的要素

1. 人的要素

旅行社管理活动协调的中心就是人的活动，在劳动力要素的利用方面，旅行社体现了知识密集型和人才密集型的突出特点。尤其是在未来的旅行社行业发展趋势中，知识占据了相当重要的地位，对人的素质要求日益提高。如何在旅行社管理活动中满足这一要求，就成为旅行社管理者们急需研究的重要课题。旅行社中最重要的人的要素主要包括：导游人员、业务人员、计调人员、经理人员等。

2. 资本的要素

在资本要素的利用上，旅行社具有固定资产占用少、流动资金周转快的特点，由此形成了较高资本利润率；另外，旅行社总营业收入的流量很大，相对于收入流量的利润沉淀较小，由此又形成了较低的收入利润率。在旅行社管理中，追求较高的利润率是企业的天性，如何使这种矛盾在管理实践活动中得到较好的解决，使旅行社得到更好的发展，显然成为旅行社管理中的又一项重要内容。

3. 信息的要素

旅行社在信息要素的利用上可以说是最充分的，因为信息资源称得上旅行社最基本的和最主要的资源，甚至包括旅行社的主要生产工具也基本都是信息设备，尤其是在当代网络资源如此丰富、计算机技术相当普及的时期，对每一名旅行社的管理人员都提出了更高、更新的要求。旅游者选择旅行社最主要的原因之一便是旅行社拥有旅游产业链要素组合的完整信息。

4. 时间的要素

时间之所以成为旅行社管理的主要对象，这是由旅行社所提供产品的特殊性决定的。旅游产品具有的特征决定了其销售数量、质量和价格等都与时间这一要素有着十分密切的关系，因而也要求在旅行社管理活动中对时间这一要素有着良好有序的管理，只有这样才能保证旅行社创造更大的经济效益。

（三）旅行社管理的特点

由于旅行社行业的特殊性，其在企业管理层面有着和其他企业不同的难度。旅行社管理具有以下特点：

1. 分散性、流动性

旅行社工作人员分散性、流动性大，这是它管理上的一个明显特点。如旅行社上岗操作的专职或兼职的导游，他们的工作岗位分散在外，流动在外，甚至是百里、千里之遥，这给企业管理者带来了一定的难度。有许多方面的情况和问题，管理者往往难以及时了解、掌握，有的问题甚至难以发现。从企业控制职能来说，是难以及时纠偏、矫

正的。这是旅行社企业管理与其他企业管理上的一个突出差异。针对这一特点，旅行社管理者首要的是通过建立和完善各项规章制度，把员工的行为和工作按统一要求规范起来，同时通过有关机制，加强对规范、制度、计划、目标等执行情况的检查监督。

2. 大生产、大协作

旅行社可以说是大生产的行业。因为旅游活动的全过程涉及食、住、行、游、购、娱六大要素，要做好各方面的协调工作难度是很大的。旅行社的横向协作运作比一部机器的运作复杂得多，某一方面服务欠缺，就会损害旅游者利益，达不到优质服务的要求，所以旅行社一定要以"大生产"观念、方式进行操作管理。

旅行社管理的这一特点，首先要求旅游主管部门正确领导、有力支持，各个系统的横向部门齐心协力，为同一目的服务。同时，就旅行社本身来说，要把公关管理放在重要位置上，真诚、热情、主动地做好横向单位的协作关系，让旅游服务这部大机器的各个零部件优化组合，正常运转。当然这里还涉及管理者魄力、领导意识，其中包括尊重横向单位、理解横向单位，注重与横向单位的利益互补等。

3. 知识广、水平高

旅行社对员工各方面素质的要求是比较高的。国际旅游需要一批熟练掌握多国语种的员工，国内旅游同样需要有一批文化知识、业务技能、道德品质等都比较好的员工。旅行社的行业特点要求其业务人员，特别是导游人员知识面要广博。为此，旅行社在管理上要重视人员的引进、选拔和培养。

4. 严要求、严自律

旅行社企业对职工严格要求、严以自律，这是其特性所决定的。由于旅行社直接接触旅游者且接触面很广，导游人员与旅游相处时间长，社会上各种不良现象、不正之风比较容易侵蚀本行业。如果不严格要求员工，员工就不能严格自律，就容易发生各种问题。这不仅给企业形象带来坏的影响，还会给旅游者造成损害。所以，旅行社应该对员工的行为规范进行严格要求，在员工综合素质中特别要强调道德品质的提高。要在思想教育、组织监督、管理手段上坚持不懈地全力加强管理。

三、旅行社经营管理的概念

旅行社经营管理是旅行社经营和旅行社管理的简称，是指旅行社对整个生产经营活动进行决策、计划、组织、指挥、实施、协调、控制，并对旅行社成员进行激励，以实现其任务目标等一系列工作的总称。

旅行社的经营管理贯穿旅行社生产的全过程，包括许多可变因素，这些因素中有些是可以影响或控制的，有些是不能控制的。经营管理就是尽可能地控制与影响变量，而对不可控制的变量要做出快速有效的反应。旅行社经营管理的目标可概括为以下几点：第一，生产能力与消费机会的最大化；第二，经营成本的最小化；第三，在资源允许的范围内保证尽可能高的产品质量；第四，旅游者与员工的安全。

从企业组织与旅游者的不同角度来看旅行社的经营管理，其目标是不同的，如旅游者总是要求最佳的服务，要求旅行社不计成本地优化产品质量，把每一个旅游者都看作是独特的，并予以特别的关心，这显然与旅行社经营管理成本最小化的目标相悖。企业组织与旅游者的目标相悖，说明了经营管理所处的困境，管理者必须在组织目标和旅游者需求之间进行协调。

【相关资料】

经营与管理的关系

经营与管理两者的联系主要有以下几点：第一，经营与管理是密不可分的。经营与管理，好比企业中的阳与阴，"他"与"她"，必须共生共存，在相互矛盾中寻求相互统一；光明中必须有阴影，而阴影中必须有光明；经营与管理也相互依赖，密不可分。忽视管理的经营是不能长久，不能持续的，挣回来多少钱，又浪费掉多少钱，最终导致"竹篮打水一场空"，白辛苦。另外，忽视经营的管理是没有活力的，是僵化的，为了管理而管理，为了控制而控制，只会把企业管死；总之企业发展必须有规则，有约束，但也必须有动力，有张力，否则就是一潭死水。

第二，经营是龙头，管理是基础，管理必须为经营服务。企业要做大做强，必须首先关注经营，研究市场和客户，并为目标客户提供有针对性的产品和服务；然后基础管理必须跟上。只有管理跟上了，经营才可能继续往前进，经营前进后，又会对管理水平提出更高的要求。所以，企业发展的规律就是：经营—管理—经营—管理交替前进，这就像人的左脚与右脚。如果撇开管理光抓经营是行不通的，管理扯后腿，经营就前进不了。相反，撇开经营，光抓管理，就会原地踏步甚至倒退。

经营与管理两者的区别主要有以下几点：第一，出现时间不同。管理要明显早于经营。从有共同劳动开始就有了管理，因为管理是由共同劳动所引起的一种"组织""协调"的职能。经营则是由商品生产的发展而引起的一种"适应"的职能。在商品生产不太发达、产品不是很丰富的时候，市场上商品供不应求，企业市场的产品都能销售出去，企业只要搞好内部管理，而无须强调对外经营。随着商品生产的发展，商品日益增多，销售变得困难起来了。在这种情况下，企业只搞好管理并不行，还必须搞好经营。

第二，存在范围不同。管理要明显宽于经营。凡是有共同劳动的地方，如机关、学校、文艺团体、医院等一切企事业单位，都需要管理。而只有以营利为目的的经济组织内才有经营，像政府机关这种不是以营利为目的的社会组织就只需要管理，不需要经营。

第三，目的不同。从战略战术来看，管理要解决的是企业战术性问题，而经营所要解决的则是企业战略方面的一些问题；从企业内外部情况来看，管理所解决的主要是企

业内部的一些问题，强调对内部资源的整合和建立秩序，而经营解决的则主要是企业外部的一些问题，追求从企业外部获取资源和建立影响，以及协调企业内部活动与外部活动以实现企业目标的一些综合性问题。

第四，实现形式不同。经营追求的是效益，要开源，要赚钱；管理追求的是效率，要节流，要控制成本。经营是扩张性的，要积极进取，抓住机会，胆子要大；管理是收敛性的，要谨慎稳妥，要评估和控制风险。

综上所述，经营与管理的区别正如著名的企业家和管理学者法约尔、斯隆等概括的：经营是决策的过程，是确定目标、是解决"为什么要这样干"的方向性问题；而管理是怎样实现目标、是解决"怎么干"的方法问题。

第二节　旅行社经营管理涉及的主要理论

一、企业管理理论

企业管理是指企业经理人员或经理机构对企业的内部生产活动进行计划、组织、指挥、协调和控制等一系列活动的总称，它是人们共同劳动和协作活动的客观要求，是社会化生产、交换等过程得以进行的必不可少的内在条件。其基本功能是合理组织并实现企业目标，各生产要素的优化组合，维护协调生产关系的经济制度，提高企业的经济效益，最有效地实现企业目标，促进企业的成长与发展。企业管理的理论主要围绕管理活动上述五大职能展开，因此本书的管理篇也以此为依据编排章节。

（一）计划

所谓计划就是确定组织未来发展目标以及实现目标的方式。企业的计划要以以下三方面为基础：企业所有的资源，即公司的人、财、物、公共关系等；目前正在进行的工作的性质；企业所有的活动以及预料的未来的发展趋势。好的计划对企业的经营管理非常有利，一个好的计划要有统一性、连续性、精确性。本书的第五章论述的就是旅行社的计划问题。

（二）组织

所谓组织就是服从计划，并反映着组织计划完成目标的方式，就是为企业的经营提供所必要的原料、设备、资本和人员。组织分为物质组织和社会组织两大部分，管理中的组织是社会组织，负责企业的部门设置和各职位的安排以及人员的安排。本书的第六章论述的就是旅行社的组织问题。

（三）指挥（领导）

当社会组织建立以后就要让其指挥发挥作用。通过指挥的协调，能使本单位的所有人做出最好的贡献，实现本企业的利益。担任组织中指挥工作的领导人应对自己的职工要有深入的了解，能够很好地协调企业与员工之间的关系。本书的第七章旅行社的人力资源管理论述的就是旅行社的指挥与领导问题。

（四）协调

所谓协调就是指企业的一切工作者要和谐地配合，以便于企业经营的顺利进行，并且有利于企业取得成功，也就是让事情和行动都有合适的比例，方法适应于目的。在企业内部如果协调不好，就容易造成很多问题：企业各分部、各科室之间一直犹如存在着一堵墙，互不通气，各自最关心的都是使自己的职责置于公文、命令和通告的范围内，谁也不考虑企业整体利益，企业里就没有勇于创新的精神和忘我的工作精神。本书第六章组织管理阐述的就是旅行社的协调问题。

（五）控制

所谓控制就是要证实企业的各项工作是否已经和计划相符，其目的在于指出工作中的缺点和错误，以便纠正并避免重犯。企业对人员可以进行调配、对活动也可以控制，只有把控住这些因素才能更好地保证企业任务顺利完成，避免出现偏差。从管理者的角度看，应确保企业有计划，并且执行，而且要反复地确认修正控制，以保证企业社会组织的完整。由于控制适合于任何不同的工作，所以控制的方法也有很多种，有事前控制、事中控制、事后控制等。本书第八章质量管理、第九章财务管理、第十章旅行社风险管理阐述的就是旅行社的控制问题。

随着时代的发展，创新成为管理的一项重要职能，本书第十一章旅行社信息管理，阐述的就是旅行社的技术创新问题。

在旅行社日常管理中，一方面，企业要树立管理是一门科学的理念。我国传统的作坊经济强调经验管理。随着生产力的发展，管理已逐渐成为一门科学。从科学的发生、发展看，科学是对事物一般过程的抽象和概括，强调对事物发展的预见性，强调精确，具有理性、规律性和系统性特点，尤其规模经济与科学管理联系在一起。随着社会经济的发展，管理越来越表现出科学性，科学管理也成为必然。另一方面，企业也要树立管理是一门艺术的理念。科学不能穷尽对事物的认识，对事物的把握还要依靠艺术，这是管理的更高层次。只有两者结合的管理，才可能既有理性，又有激情和美感。以科学的管理为基础，以艺术的管理为境界，这是管理者应该追求的目标。

二、服务管理理论

从 20 世纪 60 年代开始，服务管理已成为国内外管理界一个新的研究领域。服务管理理论是伴随着西方管理学界对服务特征和服务管理的认识、理解而逐步形成和发展起来的。服务管理所要研究的是如何在服务竞争环境中对企业进行管理并取得成功。它主要包括服务接触、服务供给和服务质量等基础性内容。

（一）服务接触

在服务接触研究中，学者们提出了服务组织、员工和客户的三元组合理论。这一理论认为，服务的特征之一是客户主动参与服务生产过程，每个关键时刻都涉及客户和服务提供者之间的交互作用，双方在服务组织所设计的环境中扮演不同角色。作为以盈利为目标的管理者为维持边际利润和保持竞争力，会尽可能提高服务传递效率，常常利用规定或程序限制员工自主权和判断，从而限制了为客户提供的服务，服务缺乏针对性导致客户不满。理想的情况是服务接触的三要素协同合作，从而创造出更大利益。这一研究提出了"组织文化"和"组织授权"的概念，认为企业文化是客户选择的真正原因，因为企业文化有助于客户确定服务的价值。在对员工的研究中发现，与客户直接接触的员工应该具备灵活性，具备根据情景灵活改变行为的能力，特别是要具备设身处地为客户着想的品质，这种品质对员工而言比年龄、教育、知识、培训和才智更重要。对客户而言，客户的服务感知与服务预期之间存在差异，最终左右客户购买态度的是客户的服务预期。

（二）服务供给

客户需求是多样化的，企业只能通过调节服务供给与需求相匹配。常用的调节服务供给的策略包括：弹性工作时间计划，即以核心工作时间为中心设计弹性日工作时间；提高客户参与程度，即把客户作为服务的参与者和提供者；通过有效使用空闲时间来扩大高峰期的服务能力，即在空闲时间做服务需求时的准备工作，创造可调整的服务供给能力；共享服务能力，即充分利用服务设备和设施的闲置时间；交叉培训员工，培养员工从事几种作业的能力，使员工能够创造出灵活的供给能力来满足业务高峰需求等。

服务供给管理中，最重要的就是排队等候接受服务。等候行为对客户的影响非常大，它能够破坏一次实际上十分完美的服务过程，而一位在排队中等候的客户随时都会成为失去的客户。但是，客户排队等候服务在任何一个服务系统中都是不可避免的，排队管理一直是服务运营管理的一个重要课题。一些研究表明，企业可以通过让等候变得活泼有趣、区别对待不同类型客户、增设自动化设备、模糊客户感知等方法来解决排队等候引发的一些问题。

（三）服务质量

服务质量评估是在服务传递过程中进行的，客户与服务人员发生接触时，通过对接收到的服务感知与对服务的期望相比来评判服务的优劣，而客户的期望又受到口碑、个人需求和过去经历的影响。当服务感知超出期望时，客户会表示高兴和惊讶，而当没有达到期望时，服务注定是不可接受或是失败的。研究人员提出了服务质量的五要素概念，按客户对服务质量评价的相对重要性，由高到低确定服务质量的五个基本方面：可靠性、响应性、保证性、移情性、有形性。研究认为，客户在接受服务的过程中，一般会从上述五个方面将预期的服务和接收到的服务相比较，最终形成对服务质量的判断。

三、市场营销学理论

市场营销理论是企业把市场营销活动作为研究对象的一门应用科学。它提出把适当的产品，以适当的价格，在适当的时间和地点，用适当的方法销售给尽可能多的顾客，以最大限度地满足市场需要。营销管理的实质就是公司创造性制订适应环境变化的市场营销战略。

市场营销（Marketing）于19世纪末到20世纪20年代在美国创立，又称为市场学、市场行销或行销学，简称"营销"，我国台湾常称作"行销"，是指个人或集体通过交易其创造的产品或价值，以获得所需之物，实现双赢或多赢的过程。它包含两种含义：一种是动词理解，指企业的具体活动或行为，这时称之为市场营销或市场经营；另一种是名词理解，指研究企业的市场营销活动或行为的学科，称之为市场营销学、营销学或市场学等。现代的市场营销被定义为致力于交换过程中，满足需求和欲望的人类活动。

美国市场营销协会下的定义：市场营销是创造、沟通与传送价值给顾客，以及经营顾客关系以便让组织与其利益关系人受益的一种组织功能与程序。菲利普·科特勒（Philip Kotler）下的定义强调了营销的价值导向：市场营销是个人和集体通过创造并同他人交换产品和价值以满足需求和欲望的一种社会和管理过程。而格隆罗斯给的定义强调了营销的目的：营销是在一种利益至上下，通过相互交换和承诺，建立、维持、巩固与消费者及其他参与者的关系，实现各方的目的。

按照现代市场营销环境的要求，现代市场营销职能体系应当是包括市场调查研究、创造市场要求、生产与供应、商品销售和协调平衡公共关系五大职能。现代市场营销经历了三种典型的营销理念，即以满足市场需求为目标的4P理论，以追求顾客满意为目标的4C理论，和以建立顾客忠诚为目标的4R理论。4P理论，站在企业的立场，推出产品（Product）、制定价格（Price）、设计渠道（Place）、做好推广（Promotion）；4C营销理论，以消费者需求为导向，瞄准消费者（Customer）的需求和期望、消费者所愿意支付的成本（Cost）、消费者购买的方便性（Convenience）、与消费者沟通（Communication）；4R营销理论是在4C营销理论的基础上提出的新营销理论，4R分

别指代关联（Relevance）、反应（Reaction）、关系（Relationship）和回报（Reward），该营销理论认为，随着市场的发展，企业需要从更高层次上以更有效的方式在企业与顾客之间建立起有别于传统的新型主动性关系。虽然 4P 理念被后面的 4C、4R 等所替代，但 4P 理论仍然是市场营销理论的基础性理论，因此，本书第四章旅行社市场营销的内容将仍然以 4P 为主线贯穿起来。

四、旅游心理学理论

旅游活动所涉及的人主要包括现实的旅游者、潜在的旅游者及旅游业中各个领域中的从业人员，这些人在旅游活动中各自都有不同的心理活动，都可以表现出不同的行为。在旅游活动中，旅游者与"旅游产品"之间，旅游者与旅游服务人员之间，旅游服务人员与旅游企业管理人员之间时时刻刻保持着接触和联系，这些互相的接触和人际关系的发生取决于各自的心理活动。旅游心理学既研究在旅游活动中这些人的心理活动规律，又研究在旅游活动中这些人的行为规律。具体而言，旅游心理学包括旅游者心理、旅游工作者的心理、旅游服务的心理三个部分。

（一）旅游者的心理

旅游者心理活动是旅游者在旅游活动过程中对旅游刺激物的反映活动，是人脑所具有的特殊功能和复杂的活动方式。它处于内在的隐蔽状态，不具有可以直接观察的现象形态，因而无法从外部直接了解。但是心理活动可以支配人的行为，决定人们做什么，不做什么，以及怎样做。换言之，人的行为尽管形形色色、千变万化，但无一不受人的心理支配。因而，观察一个人的行为表现，即可间接了解他的心理活动状态。同样，人作为旅游者在旅游活动中的各种行为也无一不受到心理活动的支配。例如，选择哪个地方作为旅游目的地，采取何种方式旅游，逗留多长时间，确定什么样的旅游内容，选购何种旅游商品等，其中每一个环节、步骤都需要旅游者做出相应的心理反应，进行分析、比较、判断、选择。所以，旅游者的旅游行为都是在一定心理活动支配下进行的。旅游心理是其根据自身需要与偏好，选择和评价消费对象的心理活动，它支配着旅游者的旅游行为，并通过旅游行为加以外现。相应地，旅游者心理与行为则是指旅游者在一系列心理活动支配下，为实现预定旅游活动目标而做出的各种反应、动作、活动和行动。这些反应活动包括：旅游知觉、旅游动机、旅游态度、旅游学习、旅游活动中的情绪情感、旅游者人格、旅游审美心理等。旅游者作为旅游活动的主体，他们的心理活动与行为是旅游心理学研究的主要内容。作为旅游企业经营者必须关注旅游者心理活动的规律和需求，谁把握了旅游者心理，谁就可以把握旅游市场的变化，谁就可以抢占市场先机，甚至还可以开发新的市场。

（二）旅游工作者的心理

在了解旅游者心理活动规律的基础上，旅游心理学要在酒店服务、导游服务、旅游商品服务、交通服务及旅游资源的开发等方面进行研究，即在旅游过程中的食、住、行、游、购、娱几个方面，总结出迎合旅游者心理的服务规律，帮助旅游工作者有效地开展工作，争取最佳的服务效果。这就需要对以下具体问题进行研究。

旅游服务工作具有工作时间长、体力脑力负荷量大、突发事件多、心理压力大、工作要求高、与旅游者处于互动关系中等特点，旅游工作者的心理素质、工作效率和工作技术技巧好坏直接关系到旅游服务质量、旅游者的心理感受、旅游产品创新等问题，因此，旅游心理学必须研究酒店包括前厅、客房、餐厅、商场的旅游工作者和导游人员等在内的从事具体工作的旅游工作者的心理活动特点、应具备的心理品质，以及怎样锻炼和培养良好的心理品质。如何维护旅游工作者的心理健康，如何提高员工心理健康水平，探究旅游工作者疲劳心理的种类、原因其表现，了解心理疲劳的生理学研究与心理学因素，心理疲劳的预防和消除，工作疲劳的测定方法等都是旅游心理学关注的问题。因此，旅游工作者的心理状态，也是旅游心理学关注的重点。伴随着社会的发展和进步，人的社会交往和社会需求更加复杂，生活也更加紧张。旅游企业是一个精神压力大、工作时间长、劳动强度大的企业，旅游工作者面临着很多压力，很多冲突，如何让员工高效率地工作，如何让员工愉快地工作，如何让员工发挥其积极性、创造性，这就需要为他们创造一个良好的工作氛围，使他们调节好自身的心理状态，克服工作中的挑战、困难、挫折，这就需要我们深入地探讨这些问题。

（三）旅游服务的心理

旅游心理学将从旅游服务工作的角度出发，探讨旅游业服务对象的特点及其心理需求，对旅游者在旅游活动中的心理发展历程进行剖析。旅游工作者的心理素质对服务质量至关重要，旅游工作者要克服来自内部和外部的各种困难，完善自己的心理素质，遵循"顾客至上"等一系列旅游服务心理原则，只有这样，才能吸引客源，提高旅游企业的社会效益和经济效益。旅游服务心理要研究的是以旅游者为研究对象，在旅游业的主要工作范围内，如何根据旅游者的心理和行为特点出发，提供符合旅游者需求的最佳服务。研究旅游工作或服务对象是做好服务工作的前提；旅游业的宗旨是"顾客至上，宾至如归"。旅游工作者首先要对服务对象有深刻的认识，并在工作实践中不断去发现和了解旅游者的心理需求，去迎合和满足旅游者的心理，才能保证应有的服务质量。旅游企业对旅游者的服务不是抽象的，而是通过导游、前厅、客房、餐厅、交通、商场等具体环节实现的。因此，必须研究旅游者在游览过程中，在前厅、客房、餐厅、商场等场所的心理特点以及我们所应采取的相应的心理服务措施。旅游服务心理通过分析存在于旅游业服务过程中旅游者的心理因素，旨在揭示并遵循旅游者的心理和行为规律，采取相应的积极的服务措施，从而不断改进和提高质量。旅游心理学为有针对性的旅游服务提供了理论基础。

第三节 旅行社的经营思想与管理理念

一、旅行社的经营思想

随着我国社会主义市场经济体制的不断完善，企业经营中的某些不合理的传统思想或观念已渐渐遭到摒弃；与此同时，我国旅游客源市场条件也已发生了根本性的变化，市场竞争日趋激烈。这一切都要求旅行社的经营者们尽快地树立起科学正确的经营思想，以更好地适应新的环境。

旅行社的经营思想，就是指导旅行社根据市场需求及其变化，协调旅行社内部和外部活动，决定和实现企业的方针和目标，以求得企业生存与发展的思想。经营思想是企业的灵魂，它贯穿于旅行社经营的全过程，企业的一切业务经营活动都受它的支配。经营思想的正确与否，对旅行社的生存与发展起着决定性的作用。诚然，树立经营思想，就要尊重客观规律、讲究经营艺术、重视经济效益。就旅行社而言，其经营者在从事经营管理工作时，必须树立以下几种观念。

（一）市场导向观念

所谓市场导向就是以消费者为中心、以市场需求为出发点来组织生产，消费者需要什么，企业就生产什么。换言之，对旅行社来说市场导向要求我们要十分注意研究客源市场以及不同旅游者的兴趣和偏好、支付能力和文化价值取向等一系列影响旅游需求的因素。据此设计组合出各种适销对路的旅游产品，以提高服务质量，提高产品的效用。同时，竭力研究出行之有效的市场促销方法，为旅游者提供方便宜行的购买方式。此外，企业还应随时关注市场竞争对手的经营变化，积极创新，出奇制胜。在旅行社内部，从机构设置、资金投入、人员培训等方面努力，加强管理，以有效地争取客源，提高企业经济效益。

回顾四十年来我国旅游业的发展，我国旅行社经历了由卖方市场向买方市场转变的过程。目前虽然已经处于买方市场的条件之下，但多年来形成的以生产为中心的经营观念，导致了与市场经济不匹配的企业行为对行业本身至今仍存有不小的影响：第一，在思想上缺乏对客源市场需求的重视，较少有旅行社积极主动地根据市场需求开发出新的旅游产品；第二，旅行社为争取客源不惜采用削价竞争，结果导致企业利润急剧下降，使旅行社发展后劲不足，服务质量不容乐观，而这一切又进一步限制了客源市场的发展，如此往复循环，导致我国旅行社发展陷入困境；第三，作为旅游中间商，大多旅行社忽视旅游市场需求，不重视旅游者信息反馈，不努力改变与解决旅游者提出的各种问题，不认真学习与借鉴竞争对手的成功做法与经验。

正是由于上述这些影响，我国旅行社束缚自身发展，服务质量不高，问题才一直没能得到彻底解决。若要彻底解决这一问题，旅行社的经营者们就必须首先牢固树立市场导向观念。令人可喜的是市场的导向观念随着新时代的到来，也在日渐深入人心，并不断转化为广大旅行社经营者的自觉行动。

（二）合理竞争观念

旅行社之间应倡导与开展正常、有序、合法的竞争。合理的竞争需要有一个供求相对均衡的市场环境、一个机会相对均等的竞争环境及法治相对健全的社会环境，三者缺一不可。这一环境的营造，除了政府努力之外，还需要旅行社经营者们妥善处理好以下几方面的关系：

1. 企业近期利益与长期利益的关系

旅游产品公共性的特点，使各旅行社出售的产品易出现雷同，从而造成了企业之间的竞争多以价格竞争为主的局面。然而，价格竞争对于在短期内争取单个旅行社企业市场份额的扩大是有效的，但如果滥用这一竞争策略，最终只会导致两败俱伤的结局。因为无原则地降低产品的价格，除了使旅游产品质量难以得到保证外，旅行社的企业声誉也会在不同程度上受到损害，从而在竞争中易丧失主动，从长远看其弊远大于其利。因此，旅行社应及早摒弃各种恶性的价格竞争，致力于树立企业的信誉，以期获得近期与长远的良好利益。

2. 企业局部利益与行业整体利益的关系

旅行社是旅游业的一个组成部分。它的发展与一个国家或地区旅游业的发展密切相关。虽然个别旅行社的发展有助于一个国家或地区的旅行社业乃至旅游业的整体发展，但是个别旅行社的发展却更有赖于行业的整体发展。旅游产品的公共性导致了在旅游客源市场上参与竞争的主体往往并不是单个的旅行社企业，而是一个国家或地区。而对新市场的拓展和原有市场的巩固等工作，单个的旅行社更是力不从心，因为这不仅需要整个行业各企业的共同努力、一致对外，而且更需要政府或行业组织强有力的支持与正确的引导。为此，旅行社不应为谋求个别企业的私利而去做有损于整体利益的事；并且也不该只谈利益而不顾责任、不讲奉献，采取"搭便车"的机会主义行为，而是应该首先致力于共同扩大整个地区和国家的旅游市场容量，而后再以此来获取更大的自身利益。

3. 价格竞争与非价格竞争的关系

价格竞争是企业进行市场竞争的有力工具，但是，价格竞争应该控制在合理的范围之内，过度的削价竞争将贻害无穷。从目前情况看，旅行社要想摆脱被动局面，明智的选择是以产品差别竞争来取代不正常的价格竞争。虽然旅游产品的公共性以及不可专利性极大地制约着旅行社产品差别竞争的开展，但是旅游需求的多样性又使得我国旅行社开发新产品、开展产品差别竞争的空间很广阔，并且也不乏潜力。甚至只要在原有产品

的基础上进一步发掘其内涵，提高质量档次，充实活动内容，产品就会大放光彩。而在这些方面，单个的旅行社企业都是可以大有作为的。

总之，在市场经济条件下，旅行社之间的竞争是必然的，作为旅行社经营者，应倡导合理竞争，而反对急功近利的过度无序竞争。

（三）质量第一观念

产品质量是企业生存与发展的生命线，它决定着一个企业的生存与兴衰。作为企业，旅行社应把旅游产品的质量放在经营活动的首位。尤其在买方市场条件下，经营者就更加应该以提高产品质量为自己的第一要任，即在降低成本的同时，切实提高旅游服务质量，为旅游者提供质优价廉的产品。对旅行社来说，旅游产品的质量标准应包括：提供内容丰富、安排科学合理的旅游行程；保证旅游行程的顺利实施；保质保量地提供约定的各项服务；确保旅游者人身财产安全；为旅游者创造一种宾至如归的旅游氛围。

除此之外，旅行社还应根据旅游者的不同国籍、不同阶层、不同消费能力及个性等特点，最大限度地满足他们特殊的要求。一个高质量的旅游产品应该是标准化服务与个性化服务的完好统一，而旅游服务质量的高低最终要取决于旅游者的满意程度。旅游者的满意程度通常涉及两个方面：其一，旅游资源或吸引的品位高低；其二，旅游接待质量的好坏。旅游产品质量也就是这两方面质量的有机组成。只要有其中任何一项服务质量有问题，整个旅游产品的质量就会受到一定的影响。旅游产品质量的高低是旅游者选择旅游产品的一个重要标准，有时甚至会成为超过产品价格的首要标准。正因为如此，在国际旅游市场上，各国都十分重视自己旅游产品质量的提高，以此与竞争者角逐，以此吸引旅游者。可以这样说，旅游产品质量不仅是一个旅行社企业的生命线，而且也是一个国家或地区旅游业发展的生命线，它甚至决定着一个国家或地区旅游业的生死存亡。

然而，旅游产品质量一直是我国旅行社乃至整个旅游业发展的薄弱环节。导致我国旅游产品质量不高的原因是多方面的。目前我国仍是一个发展中国家，国民经济与人民生活水平仍然不高、我国旅游业的基础设施（如公共卫生条件、环境质量等方面）还有很大提升空间。从主观上看，人们长期对服务质量重视不够，旅游企业经营机制相对落后，过度的价格竞争也对服务质量产生不少消极影响。但是近年来，随着我国旅游市场经济的快速发展，随着人们旅游服务意识不断增强，我国旅游服务质量较以前有了明显的提高，旅游消费环境也有了较大的改善。

应该指出的是，由于旅游产品的许多服务均是由其他相关的旅游企业提供的，并且在旅游活动中还存在着一些不可抗拒的自然或人为灾难侵扰的可能性（如地震、洪水、疾病、战争等），因此，旅行社可以直接控制的质量只占整个旅游产品质量的一部分，有时甚至是很小的一部分。为此，旅行社除了通过包括制定自己接待服务质量标准、操作程序等规章制度外，还应通过与其他旅游生产者签订经济合同、为旅游者购买保险等手段实现对服务质量的间接控制，使出售产品的总体质量保持在一个较为理想的水平之上。

（四）经济效益观念

经济效益观念的实质，是以最低的资源消耗或经营成本向市场提供最多数量的高质量产品与服务，最终取得最佳的企业经济收益。对我国旅行社来说，经营者树立经济效益观念，应主要抓好以下几件事：加强旅游服务采购管理，降低采购成本；严格控制经营的成本与费用，精打细算合理开支；完善资金管理，减少资金占用，加速资金周转；合理确定核算单位，提高部门经济收益；进一步发挥财务部门管财理财的积极作用。

在过去很长一段时间，我国旅行社曾对经济效益重视得不够。原因之一是在传统计划经济体制下，旅行社并不是真正的企业，经营者不需要对其经营业绩与经济效益的好坏负责，经营收入全额上交，所需费用包括员工工资都由国家按规定下拨，在这种体制下，职工的收入与企业的效益好坏无关，所以无论是职工还是经营者都缺乏重视经济效益的动力。原因之二是当时的旅行社凭借政府力量便可以获得市场垄断，由此产生的高额垄断利润使旅行社人均创利在各行业中处于遥遥领先的地位，然而，这种高利润却掩盖了旅行社因不讲经济效益造成的严重浪费。

随着我国经济体制改革的深入，加之旅游市场供求关系的根本性转变，企业间的竞争日趋激烈，因此，企业要降低成本，以最小的人力、财力、物力的投入取得最大的经济收益的任务，被摆到了旅行社经营者的面前，尤其是残酷的削价竞争，不仅造成企业利润急速下降，肥水外流，有时甚至还危及企业的生存乃至国家的声誉。在市场经济条件下，现实告诉我们，谁真正树立了经济效益观念，并将之贯穿于本企业经营的全过程，谁就能赢得市场竞争的优势。

二、旅行社的管理理念

理念即理性的概念，管理理念即管理在理性方面的概念，理念的力量与价值是巨大的。旅行社的管理理念是指旅行社管理者为促进企业生存，而从整体的角度对企业发展进行的理性定位，它对于旅行社的发展至关重要。当前旅行社的管理理念主要包括以下几个：

（一）创新理念

创新是指以现有的思维模式提出有别于常规或常人思路的见解为导向，利用现有的知识和物质，在特定的环境中，本着理想化需要或为满足社会需求，而改进或创造新的事物、方法、元素、路径、环境，并能获得一定有益效果的行为。对于一般企业来说，创新的内容实际包括了技术创新、体制创新、思想创新、运作创新和价值创新等内容。

1. 技术创新

技术创新中的"技术"更多的是指旅行社经营活动有关的自然科学上的进展及其在服务过程上的运用，主要是指 IT 技术，技术创新可以提高生产效率，降低生产成本。

2. 体制创新

体制创新可以使旅行社的日常运作更有秩序，便于管理，同时也可以摆脱一些旧的体制的弊端，如科层制带来的信息传递不畅通的问题。

3. 思想创新

思想创新也称为观念创新，是相对比较重要的一个方面，领导者思想创新能够保障企业沿着正确的方向发展，员工思想创新可以增强企业的凝聚力，发挥员工的创造性，为企业带来更大的效益。例如，在传统观念看来，旅行社与旅游者之间的关系是一种纯粹的单一的货币交换关系，这导致管理创新局限于利润和资产增长方向上；然而随着旅游者的成熟及员工自身价值的提高，这一观念必然需要修正为：旅行社是员工与管理者、游客与旅行社的利益共同体，这会使得管理创新范围无限扩大，从而使企业发展的路径变得更宽。

4. 运作创新

运作创新主要是指在市场定位与市场扩张的基础上，联合其他旅游产品销售企业，通过内部化的方式促使旅游市场向网络化发展，或者通过网络化经营使旅游批发商、零售商的功能重新组合，形成综合化的经营机制。

5. 价值创新

价值创新是指为现有市场的顾客创造更多新的消费价值，极大地提高顾客的消费价值，创造新的市场。价值创新同时强调价值和创新，只强调价值而不强调创新，旅行社往往会尽力提高顾客的净利益或逐渐为顾客创造消费价值。只强调创新而不注重价值，旅行社可能会确定不切实际的目标，过分强调技术或超前创新。价值创新要企业根据顾客需要的价值进行创新。

（二）服务理念

服务产品同其他有形产品一样，也强调产品要能满足不同的消费者需求。消费者需求在有形产品中可以转变成具体的产品特征和规格，同时这些产品特征和规格也是产品生产、产品完善和产品营销的基础。但是这些具体的规格对于服务产品来说犹如空中楼阁。因而服务企业需要明确"服务产品"的本质或"服务理念"。

根据赫斯凯特（Heskett）的观点，任何服务理念都必须能够回答出以下问题：服务企业所提供的服务的重要组成要素是什么，目标分割市场、总体市场、雇员和其他人员如何认知这些要素，服务理念对服务设计、服务递送和服务营销的作用。因此，服务理念在考虑满足消费者需求的同时还要考虑满足雇员需求；需要在服务设计、服务递送和服务营销方面保证充足的商品补给、保证商品种类繁多、雇用称职员工、将店址选择在交通便利的地段等；需要明确地表达出服务企业需要雇员提供什么标准的服务，消费者可以期望获得什么标准的服务。

明确服务理念对旅行社服务管理具有指导意义。旅行社需要尽量通过市场细分、定位目标市场、创新服务、做好服务竞争等手段来明确定义本组织的服务理念，明确本公司的服务理念对于游客和员工的具体意味。同时旅行社提供服务时应遵循自愿、平等、公平、诚实信用的原则，遵守有关法律、法规和社会公德。

（三）人本理念

人本理念是现代管理的核心理念。所谓人本理念就是以人的价值和尊严为最高价值，以人的独立、平等和自由发展为最高目标，以人本身为最终目的。从这个意义上说，就是以人为本，强调人与人之间的和谐、尊重、互信和支持。无论是领导人，还是普通员工，都是具有独立人格的人，都有做人的尊严和做人的应有权利。无论是东方或是西方，人们常常把尊严看作是比生命更重要的精神象征。我国是社会主义国家，人们理所当然地应受到最大的尊重，使人的权利得到更好的保护；不允许任何侮辱人格、损害人权的现象存在。一个有尊严的人，他会对自己有严格的要求，当他的工作被充分肯定和尊重时，他会尽最大努力去完成自己应尽的责任。管理者，不管是政府、企业或其他单位的领导者，都要尊重每一个人——这是最高的管理宗旨。

在旅行社领域做到以人为本，必然要求：第一，企业管理者重视员工的合理诉求，包括工资待遇、文化环境、岗位安排的诉求；第二，企业管理者要视员工为家人，与员工始终保持利益的一致性；第三，企业管理者要有"员工第一"的观念，因为只有员工第一，才能去更好地服务旅游者，从而达到"旅游者第一"的最终目标。

（四）战略理念

所谓战略理念，是指企业全部生产经营活动（包括其战略管理活动在内）的指导思想，即为企业生产经营活动所确定的价值观、信念和行为准则。具体的战略理念，是通过公司宗旨、训示以及基本经营方针、经营纲要、经营指针等口号来表达的。由此说明，企业的战略理念可以有多种不同的表达方式：第一种表达方式是从企业所重视的价值观（如"顾客第一主义""安全""信用"）、企业的存在意义（如社会效益、经济效益、生态效益的使命感等）、经营态度与行动规范（如"实力主义"态度，"革新自我"员工行动规范）三个方面来表达。第二种是从公司宗旨（企业的性质、使命和任务，以及所遵循的指导思想）、基本经营方针（企业的经营指导思想、行为规范）两方面来表达。

战略理念的形成，可以从以下四个方面入手。第一，归纳整理经营者的人生观与创业动机。必须把经营者的人生观和创业动机加以整理。如果经营者自己并不是创业者，就必须将创业者基于什么理由创业，以及继承者以何种想法经营继承等，进行整理。第二，预测企业未来的战略理念与经营态度。企业到目前为止的战略理念与经营态度是否受到企业全体职员的认同，或是否符合现在的经营环境……对于这些，企业必须加以考察。更进一层的是对于社会的变化加以预测。公司未来将在哪些方面对社会做出贡献，就将其作为前进的方向。第三，从企业经营过程进行总结。从企业以往经营的过程中提炼总结出引导事业活动成功的原理、原则。这些原理、原则是经过实践证明的成功法则，是企业的宝贵财富。因此，应该将其融合到战略理念中，作为指导今后事业发展的指针。第四，从现有的企业文化中进行提炼。从现有企业文化中提炼出有用的信念、价值观、行为规范等，将其整合到战略理念中，使新的战略理念具有深厚的现实文化基础。把以上四个方面的因素加以整合，形成战略理念，就可以制定出符合高层管理者的经营哲学，并且获得全体员工和顾客的认同，进而确定公司的宗旨和经营的基本方针。

 ## 【本章习题与技能训练】

一、名词解释

1. 旅行社经营

2. 旅行社管理

3. 旅行社经管理

二、简答题

1. 旅行社如何应用旅游心理学理论实施经营管理？

2. 旅行社经营管理涉及哪些主要理论？

3. 旅行社经营思想主要有哪些？

4. 旅行社管理理念主要有哪些？

三、案例分析

案例 1

B 旅行社的管理理念

B 旅行社作为多年来中国华南地区前 10 强旅行社企业之一，其创始人对"旅行社企业存在的目的究竟是什么"这一问题的回答是，"我觉得许多人认为一个旅行社存在的目的就是赚钱，这是错误的。如果经营得还算不错的话，赚钱是其实现成就的一个重要部分，但这只是其成就之一，而非目的。我们必须深究我们存在的意义。当我们这样想时，我们不可避免地发现：一些人聚集在一起并组成我们称之为旅行社的机构，这样他们就能做成个人难以完成的壮举，即为社会做出贡献。为社会做出贡献，这听起来很肤浅，但却具有根本意义。"

B 旅行社创始人总是向员工强调："在学习企业管理制度和服务模式的同时，更要了解和明白这些管理平台和管理工具的来源之所在，因为这是一家旅行社管理团队，特别是中高层管理人员的管理理念的外显和载体。"B 旅行社形成了正规化、专业化管理的旅行社基础性平台，正是在这个平台的基础上，旅行社员工才得以有效地完成对旅游者的服务工作，管理人员才能够对服务质量与企业员工有效地完成计划、组织、指挥、协调、控制、激励等项管理职能，并在此基础上进行市场、产品、管理等方面的创新工作。

另外，B旅行社创始人认为如果没有科学的管理理念做支撑，一家旅行社就是移植了国内外旅行社所谓的国际惯例、先进经验或者科学模式，它也不会取得应有的管理效果。

请分析：

1. B旅行社的管理理念有哪些？

2. 如果你是一家旅行社的管理人员，你会有什么样的管理理念？

案例2

C旅行社经营之道

C旅行社是广东省某五星级旅行社，多年来其形成了自己的经营之道。

首先，注重服务质量。C旅行社为旅游者提供了超值服务具体表现在：第一，当天的事必须在当天做完，同时C旅行社要求它的员工向每一位旅游者提供让旅游者感到惊喜的服务，这种服务须超过旅游者期望值。第二，C旅行社多业态并举，有体验店、社区店、折扣店等形式，由总公司控股直营连锁，这些业态分别适合不同层次的消费者。第三，努力使旅行社产品品种齐全，科学设计调整结构，让消费者总能买到需要的旅行社产品。

其次，不停地扩张。在规模战略上，C旅行社从未停止扩张的脚步，扩张的意义在于降低采购成本及分摊费用，同时能够与顶级的公司合作，保证了旅行社产品质量。但其扩张时也很低调，2014年C旅行社进入深圳后，当地旅行社企业非常恐慌，有十几家企业希望旅游行政管理部门干预。为避免树敌太多，C旅行社尽量保持低调，甚至在开业前几次将旅行社产品价格上调，因此多数人看到的并不是一个可怕的猛兽。几乎和C旅行社同时起步的另外一家旅行社一直保持了广东省最大旅行社企业的头衔，但C旅行社的真正实力如何，可能只有C旅行社自己知道。在对外扩张上C旅行社保持少有的谨慎，只要旅游行政管理部门不批准，C旅行社便不去开设分社。

最后，遵循"人力资源永不放弃"的理念。C旅行社的创始人是一个人力资源高手，他给每一个分社都物色了具有相应能力的人来担任经理。

请分析：

C旅行社经营思想有何特点？

四、实训项目

找到当地一家经营管理做得较好的旅行社，对其管理人员或员工进行访谈，了解并归纳该旅行社经营与管理方面成功之处。

五、网络学习

请从网络上查找国内外经营管理做得较成功的旅行社，并对成功之处进行分析总结。

第二篇　经营篇

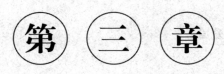

第 三 章

旅行社业务

📑【导入语】

　　旅行社业务是旅行社经营的主要组成部分，它是指旅行社招徕、组织、接待旅游者，为其提供相关旅行服务的有偿经营活动。根据旅行服务流程，旅行社的业务主要分为咨询与计调业务、组团业务、接待业务等，它们构成旅行社生存、发展和实现自己战略目标的基础，本章将对旅行社的这些业务进行具体分析。

　　本章知识结构图如下：

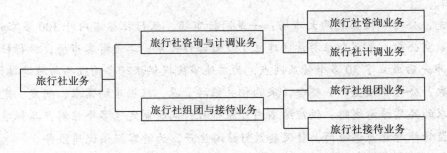

🔍【学习目标】

　　1. 记忆旅行社的计调业务流程、组团业务与接待业务流程；

　　2. 能在旅行社经营管理中实施计调、组团与接团工作；

　　3. 能比较旅行社服务采购工作的科学性与有效性；

　　4. 能判断旅行社咨询业务的发展趋势；

　　5. 理解旅行社业务操作的不易，并具备从正面宣传旅行社行业的意识。

【课程思政元素】

职业自信和荣誉感、团结协作、工匠精神、爱党爱国。

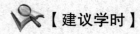

【学习重难点】

1. 学习重点：分析旅行社计调业务的主要特点及工作步骤；
2. 学习难点：旅行社组团与接待业务的操作演示问题。

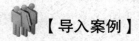

【建议学时】

6 学时

【导入案例】

B 旅行社的业务

B 旅行社成立于 2008 年 4 月，是省内一家专业旅游资源平台服务商及旅游服务供应商。该旅行社以"让旅游回归美好"为己任，大力实施"专业化""规模化""品牌化"发展战略，以"理解客户、帮助客户、成就客户"为经营理念，形成了独特的业务发展模式。

首先，公司积极拓展两大市场：一是同行市场，旅行社与省内外 300 多家旅行社、十多家航空公司、数百个旅游景区建立了友好合作关系；二是游客市场，旅行社在省内 11 个地市先后成立了 30 多个营业网点，为本地市民提供旅行咨询服务与旅游接待工作。

其次，公司积极生产、整合、采购相关旅游资源，根据市场需求，研发、定制符合市场需求的品质旅游线路，供应给省内外旅行社，同时制定了多个旅游产品标准，以产品标准监督旅游资源供应商，督促其做好旅游生产，为游客提供优质服务。

再次，公司非常重视服务能力建设，为提升服务水平，公司规定所有的网点营业人员、计调均要有 3 年以上的旅游从业经验，并至少经过 3 个月的业务培训，在各自岗位上均能独当一面，并有强烈创新意识，这一举措大大提升了游客线下购买旅游产品的比率，旅行社线下销售占比超过三分之二。

最后，公司重视产品品牌打造。目前旅行社推出了【老友荟】【BUS 旅游】【自由人·不跟团】三个同业产品，实现年营业收入超过 5500 万元，占公司总营收一半以上。公司在未来将致力于打造出适合各个年龄段的旅游定制产品，专注提升游客旅行的个性化水平。

请问：
1. 该旅行社的主要业务有哪些？
2. 旅行社业务开拓有何特点？

第一节　旅行社咨询与计调业务

一、旅行社咨询业务

移动互联网的快速发展，改变了旅行社咨询业务的提供方式。旅游咨询服务是旅行社向游客提供各种与旅游有关的信息和建议的服务：其中信息服务包括旅游交通、饭店住宿、餐饮设施、旅游景点、旅游线路组合，以及各种旅游产品的价格等；旅游建议是指旅行社根据客人的初步想法向其提供的若干种旅游方案，供其选择与考虑，这类服务将在售后的咨询服务中占据更大的比例。

（一）旅行社咨询服务方式

1. 柜台服务

这是传统的旅行社咨询服务提供方式，它是指门市（服务网点）工作人员通过与游客面对面的交谈，为游客解决旅行过程中的有关疑惑，并争取让游客购买本旅行社的产品。该方式虽然传统，但能与游客面对面接触，游客对旅行社的依赖度更高，获得的信息更为全面，如果能够得到人情化的服务，服务成交的概率会比其他方式更高。

2. 电话服务

即旅行社通过内部的免费电话，为打来电话的游客提供旅游线路、行程咨询以及建议服务，解答有关旅行服务中的问题，并争取让游客购买相关产品。这一方式虽然也比较传统，但通过固定的电话与游客交谈，游客会感觉到旅行社具有一定的可靠性，服务成交的概率较大。

3. 网络服务

随着移动互联网的普及，旅行社的咨询服务方式不断实现线上线下融合，当前大部分旅行社都是通过网络在线服务、微信、QQ语音服务等方式解答游客的问题，从而建立交易关系。这类服务在现今咨询服务当中比较多见，但游客对服务的依赖度相对较低，服务成交的概率也很低。

上述三种方式，不是替代关系，而是相辅相成、共同促进的关系。随着旅行社咨询服务内容的不断优化，今后旅行社通过咨询而向游客收取一定的费用将成为必然趋势。这是因为：旅行社能够以独特的视角看待出行旅程，还具有独特的挖掘能力，能够挖掘

成千上万条甚至数百万条与旅行相关的数据（普通旅客搜寻时间成本太高）。因而，旅行社便能够向旅客提供独家信息，如果这类信息的价值足够大，游客必然也愿意为此类信息买单。

（二）旅行社咨询服务过程

提供优质的咨询服务需要旅行社咨询人员具有较高的政治素质、工作能力和业务水平，具备多方面的知识，也需要有非常强的责任感、良好的服务态度、高超的服务技能以及健康的身体和心理素质等多方面的条件。旅行社咨询服务贯穿旅游销售全过程，有关售后咨询将在后面的第四章中提到。

1. 售前咨询服务

售前咨询服务，旅行社工作人员要做好相应的准备，并具备一定的能力。旅行社工作人员应当具备线路策划能力，能够根据旅游季节、景区特点、游客需求，策划出人性化、个性化的旅游线路；同时咨询服务人员还必须懂得编制线路行程、报价核算，做到成本领先、质量控制。在售前咨询服务过程中，旅行社工作人员不应过分地突出交易目的，应该更多地从建立客户关系的角度提供热情周到的服务，与游客进行友好的交流。

2. 售中咨询服务

一旦游客决定了购买，旅行社工作人员应当尊重客人，热情、耐心倾听、解答客户的咨询，并详细记录客户的联系方式、出游线路、出游日期、旅游人数、特别需求；根据客户的要求，联系优秀的地接社或接待社，然后编制线路最优、价格实惠的行程，及时反馈给游客；跟踪客户最新出游信息，尽可能按客人需求，调整旅游线路、报价；详尽、如实地向游客说明行程安排、行程标准、注意事项、自费项目等。

【相关资料】

旅游咨询员

在美国、法国、比利时、瑞士等欧美发达国家，旅游咨询已相当成熟，旅游咨询员工种早已出现。国内也早已有相关人士从事旅游咨询的工作，但就职业角度而言，一直没有正式、规范的职业名称和职业标准。中国 2015 版《中国职业分类大典》当中出现旅游咨询员这个全新的职业也是对此项空白的填补。旅游咨询员的定义是：从事为旅游企业、旅游团队或个人提供旅游咨询及相关服务的专业人员，是专业化、复合型的现代旅游中高级管理人才。既是高端客人的旅行顾问（为客户提供旅行解决方案，帮助规划旅行线路、游客维权，旅游健康、旅游理财咨询，开发维护高端客户等），又是旅游企业的经营管理顾问（为企业经营管理提供人力资源、市场营销、财务管理、旅游与规划等方面的解决方案）。随着时代和行业的发展，中华人民共和国职业分类大典（2022年版）进一步明确了旅游咨询员的定义：在旅游咨询服务场所，提供公益性旅游信息服务工作的人员。可见，旅游咨询员已成为旅游业当中的一类重要角色，对于优化旅游服务具有重要的价值和长远的影响。

二、旅行社计调业务

（一）旅行社计调简介

所谓"计调"，就是计划、调度、安排的意思，旅行社计调是指为落实旅游接待计划所进行的服务采购，以及为业务决策提供信息服务的总和。担任计划调度作业的人员，在岗位识别上被称为计调员、线控、团控、担当等，业内通称"计调"。计调业务是旅行社经营活动的重要环节。旅行社实践的是承诺销售，旅游者购买的是预约产品。旅行社能否兑现销售时承诺的数量和质量，旅游者是否满意，很大程度上取决于旅行社计调业务的质量，而计调业务流程则是其业务的核心，具有举足轻重的作用。

旅行社计调业务分为组团型计调、接待型计调、批发型计调、专项型计调。组团型计调是由本地旅行社组织团队出游，并由销售部制订组团计划。接待型计调是由外地旅行社组织团队到本地并由当地旅行社负责接待，由外地旅行社制订出团计划。批发型计调（又称专线类计调）是指针对本地区旅游业内同行定向收集客源、专事某类或某种线路操作，以优惠价格让利于旅行社同行，定期发团的操作。专项类计调是指专事操作商务会展、修学游、摄影游、探险游等特种旅游，或仅仅代订机票酒店的自由行项目，或专门和使馆接触负责签证事宜，以及针对学生团体、老年团体的专项类操作。

（二）旅行社计调业务流程

虽然不同类型的计调工作，流程会有所区别，但基本流程都是围绕着旅游接待计划来完成的，具体包括制订计划、落实计划、有效控制计划等。因此，本书以地接型计调业务为例，对其有关流程做一分析，以此为其他相关类型的计调工作提供参考。

1. 编制预报表

旅行社要编制预报表，首先要接受与本社有业务往来的各组团社发来的接待计划及预报。目前各组团社发来的接待计划及预报的形式主要有传真、电传、E-mail等。有时因时间紧迫，也有先打电话预报，而后再补发正式的书面预报。接到组团社发来的预报后，地接旅行社要根据各旅行团抵达本地的具体时间及时地进行编号、分类、整理、登记，以便做出接待计划预报表。编制旅行团接待预报一般以表格的形式来进行，如表3-1所示。

现代旅行社经营与管理（第二版）

表 3-1　旅行团接待预报

年　月　日

编号	团体名称	客人数	全陪领队数	抵达时间航班/车次	来自国家地区	住宿饭店	备注

2. 制订接待计划

一份接待计划主要包括：旅游团的基本情况和要求，如团号、团名、组团社名称，团队名单、旅行服务要求，费用结算方式等；日程安排，包括游览日期、交通工具及离抵时间，主要游览参观项目、餐饮、风味品尝、文娱活动、购物及其他特殊要求。

（1）确认旅游团资料。详细了解服务项目和要求，登记并立卷，向组团社反馈收到信息。仔细查阅旅游团往来的所有资料并进行确认，包括传真、邮件、电话记录、信件等，避免因疏忽导致的计划制订不周全。

（2）落实各地的交通。有时候，旅游团从发出预报到真正成行的时间相隔数月，甚至更长时间。在此期间，航空公司、铁路等交通部门的航班，车次以及使用的机型会有变化。因此在制订计划期间，需要随时关注，如发现对客户承诺的情况有变，应及时通知对方。

（3）落实接待项目。在制订计划时，应再次向各地接待社就旅游团的人数、特殊要求等情况进行确认，并落实在各地的游览参观项目、餐饮、风味品尝、文娱活动、购物等，对待重点团尤其要注意。

（4）落实导游人员的委派。按接待计划要求制作旅游团当地活动日程表、落实预计、确定地陪。如果旅游团对导游有特殊要求，要与管理导游的部门落实，委派的导游必须持有国家颁发的导游证。如需聘请兼职导游，还需完备相关手续。

表 3-2 是旅行社旅游团队接待服务计划样表，供参考。

表 3-2　旅游团队接待计划（行程单）

甲方：　　　　电话：　　　　传真：　　　　联系人：

乙方：　　　　电话：　　　　传真：　　　　联系人：

月	日	行程活动安排	用餐			酒店及标准	进店购物次数	备注
			早	中	晚			

我社团队_____（团号）一行大小共计____人，其中全陪____人，领队____人，交甲方接待，请甲方确认以下事项：

一、接待时间、行程及活动安排、用餐标准、酒店名称及标准、进购物点次数：

二、接待团队交通工具及要求：

三、接待团队服务人员要求：

四、接待团队餐饮要求：

五、接待团队费用及结算形式：成人／每人____元；儿童／每人____元；老人或特殊工作者／每人____元；共计____元（费用已含项目____；不含项目____）。结算形式_____。

六、其他约定

七、发生纠纷，友好协商解决，协商未果时，采用其他方式解决。

甲方：　　　　　　　　　　　乙方：

代表人：　　　　　　　　　　代表人：

年　　月　　日　　　　　　年　　月　　日

3. 落实接待计划

安排落实接待计划是旅行社计调人员的核心工作。组团社应与地接社共同做好团队计划的落实工作，应严格按照产品设计规范与相关旅游服务供应商沟通、落实产品和服务要素。旅游团能否按质按量地享受在合同中约定的各项服务，在很大程度上取决于计调人员安排落实接待计划的好坏。目前，我国绝大多数操作规范的旅行社，在与客户签订合同，并经接待社确认后，就将该团队的详细信息登记在团队操作台账上，以便于计调人员安排工作和日后查对。最后，旅行社按最终确认的时间和旅游具体要求打印行程表，并给客户代表和旅行社派出的领队和全陪各执一份，作为旅游接待的标准文件。在旅游团确认接待计划后，计调人员就应安排导游人员，调配车辆，向合作单位确认团队预定计划（包括个别景区网上订票的管理等），将团队行程涉及的项目落实到位，有效保证团队接待的质量。

【案例分析】

操作流程审核不严谨

某旅行社接待了一个从上海来的大型的地接团，团队计划在到达后第四天乘火车离开，操作此团的计调因为忙于其他的团队接待，便委托一位同事代为预订返程火车票。第四天游程结束后导游带客人去火车站登车送站，结果却被拦在了检票口外，原来车票竟然是前一天的。计调因为没有交接清楚导致订错了火车票，过期的火车票自然是无法登上

火车，糟糕的是客人后面还有其他地方的行程。这段耽误了，意味之后其他段的行程都面临变更和调整，产生的损失是巨大的。为减少损失、消除影响，地接社紧急调车，用空调旅游车将客人送至下一目的地。产生了过期车票无法退还而作废、紧急调用车辆增加了车费、游客赔偿等损失。这次事件完全是由于计调工作上的沟通失误和衔接不好造成的。

分析：

这个案例反映了旅行社工作环节中对操作流程审核不严谨这样一个普遍存在的现象。由于旅行社计调工作繁忙，特别是在旅游旺季的时候，很多团队交叉在一起，往往会忽略一些本该注意和重视的环节而造成工作上的失误，这也提醒旅行社计调要严格落实接待计划，提升服务水平。

4. 接待计划的控制

旅行社接待计划控制的目的就是确保计划目标的顺利完成，防止差错与损失。计调部在实施接待计划的过程中有许多环节，各个步骤必须有秩序地衔接进行，才能合理地协调各方面的工作。接待工作的实施又需要许多相应部门的协作，需要和他们保持联系，并得到他们的支持。计调部经理对接待计划的控制主要是掌握几个容易出差错的环节：团队抵离的日期；团队抵离的车次、航班；客人及全陪数（包括语种及其他特殊要求）；长途交通票委托；住房委托及确认情况；餐饮委托；市内交通委托；文艺票委托；游览节目的安排；向接待部发接团通知。

当这些计划落实好后，一旦发生计划更改，一定要在计划上注明更改记录，并同时将更改内容及时通知各有关单位和部门。这些工作看来十分简单，但在实际操作中往往会出现难以预料的差错，所以在日常工作中要时常核对计划，避免人为的差错，确保计划的实施。

5. 做好统计建档工作

为了在激烈的市场竞争中站稳脚跟，更好地为旅行社创收，计调部门还需要对旅行社经营活动中的数据进行统计和分析，及时帮助旅行社调整经营方针与经营策略，主要内容包括以下两个方面：

（1）客源统计。客源统计分析是计调部门统计的关键环节，旅行社每年接待的各国各地游客人数、天数、客源流向等，都应有详细的统计资料。通过对客源统计数据同上一年周期数据进行对比，从中发现问题，有利于旅行社决策部门开拓市场。

（2）合作单位情况统计。旅行社合作的单位很多，如航空公司、铁路部门、饭店、汽车公司、旅游景点、餐厅、娱乐场所等。计调部对一定时期内向上述单位及部门输送了多少客源进行统计，以获得更为优惠的价格。同时，还要统计旅游者对上述单位的反馈情况，决定是否继续合作。

旅行团的行程结束之后，计调部还要继续完成相应的后续工作。如计调人员应督促地陪及时与接待社结账，归还所借物品；向地陪收集《游客旅游服务评价表》和接团总结；尽快与组团社及签约餐馆、景点、文娱场馆、汽车公司等结清应收应付款项；对已结账的旅游团卷宗及时整理、归档，妥善保存等。之前从接收计划到变更计划的流程中，计调部不停地与各个合作单位联络接洽计划的落实，与组团社协商计划的制订与执行，与销售部、接待部等旅行社内部各部门做好交接工作，为此保存下来的传真、邮件、记录等资料非常多。这就要求计调部要将计划的落实作为资料建档收存并妥善保存，以便查阅。

【相关资料】

计调工作顺口溜

计调工作要仔细，丢三落四要不得，延误时机要挨批，报价准确要效益。
复杂事情要简单，简单事情要认真，每件事情要做好，重复事情要创新。
行程标准要写明，接送时间要搞清，确认传真要打印，叮嘱对方要确认。
送票之前要对名，票面内容要看全，交通时刻要认准，交接手续要签字。
发现问题要调整，作团质量要保障，团款催收要及时，欠款团队要杜绝。
客户需求要汇报，突发事件要速到，调整行程要确认，通信联络要畅通。
团队运作要关注，各个细节要搞清，对方疑问要解释，全陪领队要沟通。
票据签单要收齐，导游报账要审细，卷宗资料要整理，团队结束要回访。
资料来源：李幼龙.旅行社业务与管理[M].北京：中国纺织出版社，2009.

（三）计调采购工作

1.计调采购工作的内涵

旅行社的产品就是旅行社为满足旅游者旅游过程中的需要而向旅游者提供的各种有偿服务。在我国，目前旅行社向旅游者提供的产品除了包括各种单项服务外，更多地表现为包括食、住、行、游、购、娱等各要素在内的综合包价旅游。这就使旅行社的产品不可避免地将住宿、交通运输和餐饮等许多旅行社自己并不直接经营的服务项目也包括在其中，由此而产生了旅行社服务采购行为。

旅行社服务采购是指旅行社为组合旅游产品，以一定的价格向其他旅游企业及与旅游业相关的其他行业和部门购买相关服务项目的行为。旅游服务采购这一工作主要由计调来完成，因此旅行社的计调工作实际上就是采购工作。

2.计调采购工作的原则

旅行社产品的采购与销售的关系是"以销定产"，"销"与"产"必须完全一致，否则对旅行社将产生严重的影响。要使销与产相对一致，一方面要求旅行社购买与销售相对一致，保证充足供应，另一方面又要求旅行社必须购买到低价的产品，这才能使其

有较好的利润。

（1）保证供应原则。是指旅行社的旅游服务采购要能保证旅游者所需要的各种服务。旅行社的产品是由各服务项目按一定原则编制组合而成的，这些服务项目大部分是对外采购而来的。因此，各采购项目是否到位，是旅行社顺利编制产品并顺利销售的先决条件。尤其是在旅游旺季的旅游热点地区，旅游需求远大于旅游供给，旅行社能否拿到机票、客房等旅游产品要素往往成为旅行社能否销售产品的关键。保证供应不仅要求"量"的保证，也应当包括"质"的保证。只有"量"没有"质"的保证不是真正的保证。旅游者购买的是一种梦想，旅行社出售的是一种承诺，承诺须保证梦想实现。这一原则正好解释了一些旅行社在旅游黄金周时不敢多接团的原因。

（2）降低成本原则。旅行社终归是一个企业，而企业总是要追求利润的。旅行社采购中的保证供应只是为旅行社创造利润提供了前提，并不表示旅行社一定能获利。利润是总收入与总支出的差额，在总收入不变的情况下，支出越少利润越大。由于旅游服务采购的支出构成了旅行社总支出的主体部分，因此，旅行社能否降低成本成了能否盈利和盈利多少的关键。尤其在现在，旅行社行业竞争激烈，不少旅行社为占领市场大打价格战，旅行社的利润空间已经越来越少，这种情况下，如果旅行社能够以超出对手的优惠价格购买到旅游服务，必然会降低旅行社成本，增加旅行社的利润。同时，由于旅行社的采购成本低，使旅行社有条件降低旅游产品的价格，从而可以争取更多的客源，旅行社的竞争力也由此增强。降低采购成本是旅行社提高竞争力的重要因素，这不仅成为旅行社的共识，也成为旅行社孜孜以求的目标。但要完全把握旅行社的采购成本并不是一件容易的事。首先，构成采购成本的主体车票、景区景点门票、客房房价会经常处于变动之中；其次，旅行社的产品报价与旅行社将产品销售出去之间存在一个时间差，旅行社产品售出的时间总是落后于旅游服务的采购时间，这使得旅行社的采购成本经常处于变动之中。如果遇到服务价格下降，旅游者会要求旅行社也下调价格，为稳住客源，旅行社往往不得不降价；如果遇到服务价格上涨，旅行社却很难做到立即将产品价格抬上去，这无疑增加了旅行社的经营风险。

一般而言，当某种旅游服务供不应求时，旅行社采购应以保证供应作为主要的采购原则。反之，当供过于求时，应该以降低成本作为主要的采购原则。

3. 计调采购工作的内容

（1）餐饮服务采购。指旅行社为满足旅游者在旅游过程中对餐饮方面的需要进行采购的业务。旅行社采购人员在采购餐饮服务时应根据旅游者的口味、生活习惯、旅游等级等因素，安排旅游者到卫生条件好、餐饮产品质量高、餐厅服务规范、价格公道的餐馆用餐，向游客提供的预包装食品和饮料，应确保来源明确，有完整的质量标识，并符合保质期限。

旅行社计调人员在采购餐饮服务时，常采用定点采购方法，即旅行社经过对餐饮设施进行考察和筛选后，同被选择的餐馆进行谈判，最终达成协议，由这些餐馆充当旅行社的定点餐厅。协议中要明确规定各种旅游者或者旅游团队的就餐标准、价格、折扣、退订细则、付款方式等事宜。餐馆和旅行社都应自觉履行协议，为旅游者提供满意的餐饮产品和服务。在餐饮服务采购中，要切实做好餐饮费用的结算，可参照表3-3执行。

表 3-3　旅行社餐饮费用结算

付款单位		用途			日期		
旅行团名称		人数			陪同签名		
	餐费标准			饮料费用标准			
	客人	全陪	地陪	司机	陪餐	酒水	
人数							
金额							
合计金额（大写）							
备注	须本单位陪同签名，数量必须大写，涂改无效，无公章无效						

（2）住宿服务采购。除了一日游游客外，其他旅游者在外出旅游的过程中都需要得到住宿方面的服务。旅游住宿服务设施包括饭店、旅馆、民宿等基本住宿设施和露宿营地、度假村、共管公寓及活动预制住宅等辅助性旅游住宿设施。旅行社采购人员必须严格考察各种住宿服务设施，应考察其消防、治安等方面的安全管理情况，确保其建立并运行安全管理体系，并从中选出一批质量好、价格公道、愿意为旅游者提供服务的住宿服务设施，以便能够确保旅游者在旅游过程中的住宿需要。在做好住宿服务采购过程中，一定要做好订房通知工作，可参照表3-4执行。

表 3-4　旅行社订房通知单

收件单位		发件单位	
收件人		发件人	
传真号		传真号	
团号			
入住时间		入住人数	
入住标准		价格	
中晚餐标		特殊要求	
备注			
负责人签字			
发件日期			

（3）交通服务采购。迅速、安全、舒适、方便的交通服务，是旅行社产品不可或缺的组成部分。所以，旅行社必须与包括航空公司、铁路、公路、水上客运等在内的交通运输部门建立密切的合作关系，并采取与有关的交通部门建立代理关系，经营联网代售业务，以保证旅游者在旅游过程中能够交通顺畅、快捷。表3-5是旅行社火车票预订单，供参考。

表3-5　旅行社火车票预订单

团号			国籍		人数		组团单位	
乘车日期			车次		去向		出票要求	
团员构成	成人			元/张　张			合计	
	儿童			元/张　张				
				元/张　张				
	备注						总计金额	
订票日期			订票单位				订票人	
票务员 联系日期							车站接送人	

（4）参观游览服务采购。游览和参观是旅游者在旅游目的地进行的最基本和最重要的旅游活动。做好游览景点服务的采购工作对于保证旅游计划的顺利完成具有举足轻重的作用。旅行社计调人员应熟悉本地区的重要景区、景点，对新开辟的景区、景点进行考虑和比较，根据具体情况提出合作意向。对长期合作的景点，要积极就门票价格折扣、记账方式、结账期限等方面进行洽谈，在互惠互利的基础上签订长期合作协议。旅行社参观游览结算见表3-6。

表3-6　旅行社参观游览结算

参观游览券存根	***旅行社参观游览券
团号： 人数： 地点： 陪同： 日期：	旅游团名称： 旅游团人数（大写） 收款单位：（公章） 陪同签名： 日期：

（5）旅游娱乐服务采购。组织好旅游中的娱乐活动，不仅可以丰富充实旅游活动，还能消除旅游者在旅途中的疲劳，并起到文化交流的作用。旅行社采购人员要了解客人的心理特点，根据旅游者的不同年龄、文化程度、收入水平等情况，给他们安排适当的活动项目。这里必须强调的是娱乐活动的选择和安排必须遵守国家法律的规定，不得带客人到不健康或不安全的场所。采购娱乐服务时，要同娱乐活动的提供方就预订票以及

演出内容、日期、演出时间、票价、折扣、支付方式等进行谈判并最终达成协议。

（6）旅游购物服务采购。购物是旅游活动中不可缺少的环节。一方面，作为游客或多或少都会有购物需求。另一方面，旅游购物可以促进当地的经济发展。因此，旅行社要组织好旅游者的购物活动，既可满足旅游者需求，同时也为当地增加经济收益和就业机会。在旅游者要求或征得旅游者同意的前提下，旅行社应该选择一批信誉好、特点鲜明、价格合理、商品质量优、售后服务周到的旅游商店作为合作单位，经过洽谈签订协议。在协议中必须明确双方的权利、义务，以防购物商店向旅游者出售伪劣商品或失效、变质的商品，损害旅游者的利益和旅行社的形象与声誉。

（7）相关旅行社服务采购。目前，在我国现有的条件下，有自主外联权的组团旅行社还不具备向全国或其他国家地区直接采购各种旅游服务的能力，其必须通过当地的旅行社或旅游中间商来采购所需产品，所以当地的旅行社或中间商相对于有自主外联权的旅行社来说，也属于旅游服务采购的范围。组团社应根据旅游团的特点发挥各接团社的特长，针对组合的旅游产品或线路来选择接团社。同样，接团社接待服务过程自身不能供应部分，也需要通过采购来解决。

（8）其他旅游服务的采购。除了上述的各种旅行社必须要采购的旅游服务外，旅行社还在其产品经营中向旅游者提供旅游咨询、代办旅游保险、出境护照签证等服务，所以旅行社也必须与相关的部门建立合作关系，才能有利于旅行社的发展。

第二节　旅行社组团与接待业务

一、旅行社组团业务

组团业务（直客业务）是旅行社的主导业务，简言之，就是经过旅游代理商（零售商）把旅游产品销售给旅游者，并与接待旅游服务商一起，共同为旅游者提供满意的旅游体验，从而获得企业利润的经营形态。由于我国旅行社业还没有完全形成垂直分工体系，因此下面所谈到的批发商仅指那些规模较大的旅行社，零售商仅指那些规模较小的旅行社，它们只是部分具备国外批发商、零售商的特点。

（一）旅行社组团操作模式

旅行社组团操作模式，也称组团产品设计与开发的操作模式，一般包括两种形式：

1. 自己开发并销售

这主要针对的是大型旅行社。现在国内各大城市的大型组团社，基本上已经具有自己设计、开发旅游产品的能力。大型组团社通过对区域市场消费特点及时把握，根据当地旅游市场的消费趋势调查，确定主要旅游目的地，与旅游目的地的主要接待社协商并

获得其支持，同时利用自己多年来在当地旅游要素市场奠定的优势，与航空公司、铁路运输部门、汽车公司等交通运输部门签订包机、专列、包车合同，以大批量的采购获得各项要素的价格优势，将采购的接待产品和交通服务进行有机组合，就完成了旅游产品的设计与开发。

由于包机、专列等大型散客型旅游产品可以取得较好的社会效应，对于促进当地消费有较大的拉动作用，所以很多旅游目的地的旅游主管部门制定了一定的奖励政策和广告支持政策。例如，由于旅游市场的强大影响力，国旅集团、中青旅控股、重庆海外旅业等大型旅行社，每年都可获得各国旅游机构市场广告费的支持；国内重要旅游市场的重点组团社每年也可以从旅游目的地获得一定的奖励和广告费支持。值得注意的是，这些大型旅行社自己设计、开发的旅游产品，在本地旅游市场主要由本旅行社分布区域市场内的营业部销售，本地之外的市场则发展代理商进行销售。

旅行社自己设计、开发并销售旅游产品时有以下问题需要关注：第一，获得大交通部门的支持，是产品设计、销售成功的关键；第二，需要与同行建立良好的协会关系，以便构建强有力的同业分销网络。

2. 从批发商处获得产品分销权

这主要针对的是中小型旅行社而言的。目前，我国旅行社大部分是中小型旅行社，没有自己的散客产品开发能力，主导客户是组织型客户（团队客户）。中小型旅行社通常是从批发商（大型组团社的产品分销机构、接待社在当地市场的营销服务机构）手中获得散客型旅游产品的分销权，然后通过广告形式进行市场开发，最后再根据客人数的多少从批发商手中获得一定数量的佣金。现在几乎每家旅行社都有一批稳定的合作伙伴，这些伙伴就是外地接待社设在当地市场的办事处（接待社营销服务机构）。这批接待社的营销服务机构就成为中小型旅行社散客型产品的提供商。

出于企业品牌塑造的考虑，中小型旅行社不愿意和当地的大型组团社合作，更乐意接受这些外地接待社办事处的服务。但是外地接待社办事处的工作人员见利忘义、携款潜逃的事件屡有发生。尽管国家旅游主管部门也一再进行市场整顿，试图让办事处这种批发商的形态阳光化，但一直没有取得理想的效果。在北京、上海、广东等重要客源市场上，来自各旅游目的地旅行社的营销服务机构数量越来越多。

中小型旅行社从批发商处采购产品时应选择实力强、经营时间长、接待信誉好的接待社营销机构合作。

（二）旅行社组团业务操作流程

组团业务实际上是旅行社的招徕业务，招徕水平的高低直接关系到旅行社客源的多少，是体现旅行社业务量大小的一个尺度。操作流程的规范性和到位性直接影响到旅行社的组团信誉。因此，各家旅行社都十分重视组团业务的开展，这是旅行社最重要的业务之一。旅行社组团业务的操作流程如图3-1所示。

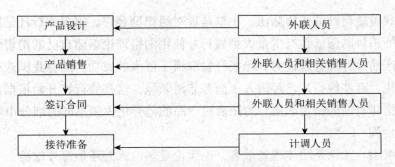

图 3-1　旅行社组团业务的操作流程

1. 产品设计

产品设计是旅行社进行组团业务的基础性工作阶段，外联人员根据市场需求情况和自身条件，通过组合大交通、饭店、餐饮、景点、购物、娱乐等产品要素设计出符合旅游者需求的旅游产品，并根据市场的供求关系、旅游者的经济承受力，制订出合理价格，然后进行市场营销总体策划，设计好推广媒介（主要有广播、电视、杂志、路牌、网络等），形成产品线路促销组合方案。产品符合市场需求，迅速有效地传递信息是此工作阶段的要求。

产品设计过程中一个关键的步骤是设计一份好的旅游产品说明书。旅游产品说明书应包括：线路行程，所采用的交通工具及标准，住宿或会议地点、规格及标准，餐饮标准及次数，娱乐安排以及自费项目，购物安排、具体次数及每次停留时间，产品价格、价格包含及不包含的内容、产品价格的限制条件，游览时间及季节差异，旅游目的地资讯介绍及注意事项，针对高风险旅游项目的安全保障措施，投诉电话。目前，国内绝大多数旅行社为了最大限度地节省成本，在印刷旅游产品说明书时，就力争把所有的旅游信息全部浓缩到一张纸上，这样很多旅游信息就不能在产品行程中得到反映，旅游行程说明根本不能起到调动旅游者旅游欲望的作用；有些旅行社的旅游产品说明书采用了很差的纸张，印刷的字体也非常模糊。这样的产品说明书不但不能有效地向旅游者传递必要的旅游信息，而且损害了旅行社企业形象。因此，图文并茂的产品说明书应该注意如下细节：第一，采用模块设计，做到图文并茂。第二，精心选择纸张。一定要选择优良的纸张，如果是主题旅游产品可以选择与主题相吻合的纸张。第三，进行人性化版面设计，并选择印刷质量有保证的印刷厂合作。

2. 产品销售

组团的过程就是销售产品的过程，由外联人员或销售人员完成。外联人员是旅行社客源的组织者，他们的主要职责是掌握信息，谈判招徕和反馈信息。销售人员是旅行社同客户接触最直接和最紧密的人员。在客户面前，销售人员代表着旅行社，就旅行社而言，销售人员肩负着对产品销售成败的重大责任。同时，销售人员还给公司带回许多有关客户和市场有价值的信息。对销售人员的成功管理，是公司组团型旅游产品营销成功的必要前提。

目前，我国旅行社的销售队伍，主要是针对组织型客户。很多旅行社是按销售区域来组织自己的销售队伍。也有少量大型旅行社使用网格理论组建自己的销售队伍，结合自己强大的产品设计和开发能力，市场开发取得了巨大的成功。随着我国旅行社市场细分的不断深化，有些旅行社已经进入了商务旅游领域。这些旅行社开始根据自己的服务产品结构，组建自己的销售队伍，力图通过产品的差异化占领不同的细分市场。

3. 签订合同

旅行社组团，无论是团体或者散客，也无论是国内旅游还是海外旅游，一旦销售成功，旅行社外联人员就应与旅游者签署正式旅游合同，确定彼此的权利和义务，收取订金，并提供《产品说明书》作为旅游服务合同的附件，向旅游者开具发票。国内团队一般在出游之前将团款付清，海外团队一般由旅行社财务人员和导游收款或银行划转，电汇、信汇也是目前支付团款的重要方式。

4. 接待准备

旅游是预约性消费行为，从签订合同到履行合同有一个时间段，用来进行旅行社的接待准备工作，诸如落实旅游者的生活服务、活动安排等事宜。接待准备具体包括以下步骤：

第一，根据合同及其他信函材料，制订初步接待计划，选择地接社或采购内容。

第二，把接待计划传真给地接社，询价，审核地接社报价单，然后传真确认价格、行程，委托其订房、订餐、订交通工具并提供导游服务。为保证团队的正常运行，组团社还可先汇部分团款给地接社。

第三，根据计划逐项采购，整理出最终接待计划。组团社本身也要做一些采购工作，包括订车、安排合适的导游和司机。再依据地接社的采购情况制订最终的旅游接待计划，下发给导游、旅行社相关部门、地接社及相关接待单位。

第四，旅行社为旅游者办理旅游保险。旅行社一般采取一团一保或一年一交的方式，向保险公司购买旅游保险。具体办理过程依据旅行社与保险公司签订的协议执行。

二、旅行社接待业务

旅游能否顺利进行，取决于旅行社接待业务水平的高低，它是与外联、计调并列的三大核心部门之一。接待业务水平高低将直接对旅行社企业信誉与声望、旅行社产品的质量与销售产生影响，进而引起对企业经济效益、循环发展的连锁反应。

（一）旅行社接待业务的特点

旅行社接待业务的性质即导游接待服务。接待业务是旅行社为已经预订了旅行社产品的旅游者，在到达本地后提供实地旅游服务的一系列工作。导游服务处于接待服务工作的第一线，旅游者的所有旅游活动都将通过导游的服务得以实现，旅行社也需要通过导游的服务来产生经济效益。旅行社接待业务有以下特点：

1. 接待业务的直面性

旅行社接待业务所进行的工作是一项直接面对旅游者的工作。旅行社接待业务提供的是一种服务产品，这种服务产品的生产与销售需要员工（旅游接待人员）和顾客（旅游者）的共同努力才能够完成。它与一般的有形商品不同，是通过接待人员提供给旅游者一种服务，使其从中得到旅游的快乐感。接待业务是直接面对人的服务。因此，要求旅行社接待业务人员既有高水平的服务技能，又有综合协调能力。

2. 接待业务的复杂性

任何一个旅游团的行程都是需要由旅游相关的各部门共同协调组织才能顺利完成的。它需要外联部、计调部细致的组织调度；更需要全陪、地陪精彩的现场导游服务。在进行接待工作时可能由于主观或客观原因，出现临时变化（如意外事故、伤病或旅游计划增减等），它需要接待人员不仅要做好接团、送团期间的各项工作，更要在带团期间联系涉及旅游的多个部门（如饭店、餐饮、交通），还要注意旅游者的多方面（诸如在年龄、性别、职业、兴趣等方面的不同）需求，做到实现个性化、人性化的服务。

3. 接待业务的知识性

在旅游市场竞争加剧、旅行社业务不断发展的当代，旅行社产品除了传统的观光旅游，还发展、升级出现了文化旅游、休闲旅游、康养旅游、研学旅游、度假旅游、科考旅游、探险旅游、宗教旅游等新产品。这需要导游接待人员针对不同旅游团体，在政治经济、历史地理、文化科学、体育卫生、医疗、宗教等诸多方面充实自己的知识。通过自己广博的知识和高超的服务技能，满足不同类型旅游者的多方面旅游需求。

4. 接待业务的灵活性

旅游接待人员的工作是庞杂的，并且需要独自在接待第一线上为旅游者服务。因此，导游需要严格按照规范工作，不仅要在现场做好准确、精彩的导游讲解工作，还应在实施接待工作之前做好相应的准备工作，同时对突发的意外事故应提前做出应急防范措施，一旦发生问题，应做出冷静准确的判断与应对，以保证游览顺利、旅游者人身财产安全。同时，由于接待服务是直接面对旅游者的服务工作，对于旅游者提出的合理的、符合规定的要求，要遵从"合理而可能原则"，尽可能地予以满足，这又需要导游在严守规范的情况下同时具有灵活性。

（二）旅行社接待业务的地位及作用

旅行社接待业务处于直接面对旅游者的最前沿的地位。接待质量的优劣决定着旅行社产品的价值与销售，直接影响旅游者对旅行社、旅游目的地的评价。熟悉旅行社接待业务流程，能最大限度地提升以"顾客、竞争、变化"为特征的现代旅游服务。

在旅行社的外联、计调、接待这三大主要经营部门当中，接待部门处于与旅游者直接见面的第一线地位。旅行社的接待过程既是旅行社产品的直接生产过程，同时也是旅行社产品价值的产生过程，更是实现创新价值的过程。所有的旅游内容（包括餐饮、住宿、交

通、游览、娱乐、购物等）都需要通过接待这一服务形式得以实现。在接待工作中，导游的服务工作起着至关重要的作用。旅游者直接面对的就是导游人员，导游的接待服务起着承上启下、沟通协调的作用，没有导游服务也就谈不上旅游接待，旅游者的旅游也就无法实现。良好的导游服务来自严格的导游管理，这样，旅行社方能实现自己的经营目标，获得经营利润。因此，接待工作及接待管理工作是必不可少的，也是至关重要的。

（三）旅行社接待业务的内容

在旅行社接待业务中，按照旅游者的空间活动范围可将其分为国际旅游接待业务和国内旅游接待业务，按服务形式可分为组团社接待业务与接团社接待业务，按组织形式可分为团队旅游接待业务、大型及特种旅游接待业务、散客旅游接待业务等。针对不同类别的旅游活动，旅行社接待业务的内容有所不同。下面从服务形式分类的角度对组团社与接团社接待业务的内容进行分析。

1. 组团社接待业务内容

组团社接待业务的主要内容是负责团队的输送，即将团队发送给国内异地或境外的接团社接待。其业务内容主要包括接团社的选择和接待计划的落实等。

2. 接团社接待业务内容

接团社又称为地接社，其典型的接待业务是在某一旅游地进行接待业务，为组团社发来的旅游者提供当地的食、住、行、游、购、娱等的全方位服务。地接社在接到组团社发来的计划后，应该审阅以下内容：旅游团团名、团号、人数、类别、国籍、服务标准及对导游的要求；抵离本地的机、车、船、航班号、车次、时间及去向，下一站的接待单位；对所住饭店的要求，房费是否含早餐，自订还是代订；旅游活动日程安排的要求，是否有风味餐或特殊项目；其他特殊要求。审核无误后，应及时予以书面确认。地接社接待业务的内容主要包括以下方面：制订相应的接待计划；对导游人员的选择和安排；活动日程的落实；交通工具、住宿、餐饮标准等各方面的保证；沿线各游览景点接待社的联络，协助旅游者完成旅游行程；整个接待环节的安全提醒工作；在接待结束后，地接社向组团社报接待费用，并要求及时拨付款项。

（四）旅行社接待业务的流程

1. 普通团队接待业务流程

从图3-2中可以看到普通团队旅游接待大致分为准备阶段、接待实施阶段及回团总结阶段。在具体的接待工作当中，接待人员应按照相应规定进行操作。团队旅游接待业务是旅行社接待业务中重要内容之一，是一项综合性、系统性很强的工作。团队旅游接待业务具有计划性强、技能要求高、协调工作多等特点。在准备阶段，旅行社要制订好接待计划，选派适合的导游人员，落实旅游活动日程，与相关旅游资源单位联络，召开说明会，并做好其他物质准备。在落实旅游活动日程时，要做到四个确认，即航班人数确认、票务征订确认、车辆变更确认、酒店征订确认。在接待实施阶段，全陪、领队要做好第一天的迎接接待工作以及日常途中工作，地陪要做好迎接服务工作以及导游讲解、生活服务等工作。在团队回团总结阶段，领队、全陪、地陪都应该填写好陪同日记，结清账目，归还借用物品，并处理遗留事宜。如果需要向顾客退款，接待人员应按规定办理退款手续。最后还需做好后续工作，如接待人员宜在旅游行程结束后三日内，对顾客进行电话回访，或者召开旅游者座谈会进行集中回访，征求意见，表示慰问及感谢，并了解顾客未来的出游意向。

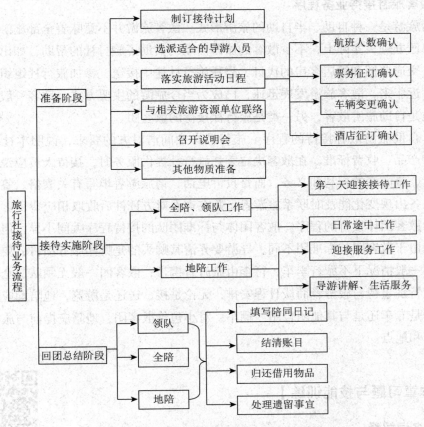

图3-2　旅行社普通团队接待业务流程

2.大型及特种旅游团接待业务程序

对于一些大型及特种旅游团队接待业务，除了具有普通团队接待业务流程的一般属性之外，其程序有如下一些特点。

（1）旅游团抵达前的组织和准备工作。检查接待计划的落实，如车辆安排、出入顺序、住宿接待情况、预计访问地具体情况，安排专人负责落实安全工作等；挑选、配备适量的导游员，要求每个导游员熟知日程计划，熟知相应急救知识；统一服装、标牌、胸卡，准备好导游旗、话筒、对讲机（或手机）等；配备随团医生，备好相关药品；仔

细研究确认游览点所需时间及车辆出入时间、顺序，统一指挥调度；确定旅游者就餐时的桌号及桌上放置的标志、桌签。

（2）旅游团接待服务的操作规范及要点。编制接待体制图，明确各部门工作要点，准备应急预案；制定与各相关接待单位的联络事项、要求、时间以及配合细则；准备好详尽的相关资料或对方信息；准备好整个旅游团的行程示意图；了解各游览地区简介、特色资源、民情禁忌等；针对老年团、残疾人团、修学团等特殊旅游团，要指派责任心强、有耐心、身强力壮、慎言的导游员带团接待。

3. 散客旅游接待业务程序

散客旅游是一种自助、半自助的旅游形式。散客旅游并不意味着全部旅游事务都由旅游者自己办理，实际上，不少散客的旅游活动均借助了旅行社的帮助，如出游前的旅游咨询、交通票据和饭店客房的代订、委托旅行社途中接送、参加旅行社组织的菜单式旅游等。近年来，散客旅游发展迅速，已成为当今旅游的主要方式。散客一般分为两大类，一类是自助旅游散客，另一类是旅行社接待的散客团。

（1）自助旅游散客接待的程序。旅行社必须问清对方的要求，说明本社的服务项目、旅游产品、收费标准。在散客决定委托旅行社提供服务时，接待人员应说明应该办理的手续、旅游者的权利和义务、监督投诉电话，请旅游者填写有关表格、签署委托合同书，以备出现变化能及时联系旅游者，并在查看对方证件后收取相应费用。

（2）散客团体接待的程序。散客团体与标准团队的接待程序大同小异，但要注意以下方面：由于散客团与标准团不同，导游要弄清其购买的是哪些服务项目，要核实是否已付费；一般情况下不派行李车，行李由旅游者携带；散客团一般无领队、全陪；接待散客团应特别重视与旅游者商谈日程安排；无论是接、送还是游览，地陪均应事先确认本散客团是专车还是与其他团合用一辆车；对小包价散客团，地陪应提前与旅游者确认送站时间和地点。

【本章习题与技能训练】

一、名词解释

1. 旅行社计调
2. 旅行社组团业务
3. 旅行社接待业务

二、简答题

1. 旅行社计调人员的工作内容有哪些？
2. 旅行社采购的主要内容包括哪些？
3. 旅行社在什么情况下适合采用分散采购策略？
4. 简述组团社计调运作流程与地接社计调运作流程的不同之处。

5. 旅行社接待业务的地位和作用是什么?

三、案例分析

案例 1

不可马虎的计调工作

小段是专门负责东北市场的,该市场在旅行社一直不太景气。可是,凭借小段的热情、执着和良好的专业素养,辽宁一家大旅行社答应给她一个团让她接待,如果接待得好,今后可以发系列团给她。

该团的北京地陪因临时套团,在此团到京当天去机场送另外一个团,送彼团和接此团的时间比较接近,所以就直接到机场等候。小段和计调部的小周是很好的朋友,小段有些急事要马上处理,所以就口头对小周说:陪同临时套团,安排汽车直接到机场。小周不经意地回答说:没问题。然而,时值旺季,团队非常密集,在接完一个紧急电话之后,小周就把这件事情忘得一干二净了。结果在团到的当天,地陪是左等不见车,右等不见车。司机那边也觉得奇怪,地陪怎么还没有出现,便赶紧与计调部联系,碰巧那天小周又在外办事。好不容易联系上了,他也是丈二和尚摸不着头脑。接着又和小段联系……就这样,折腾了半天,结果还是让团队在机场干等了半个小时,这下,一切的努力全部泡汤。

事后,小段埋怨小周,而小周却直喊冤枉,东北系列团自然是另择他社。

请分析:

1. 案例中团队出现漏接的原因是什么?

2. 你认为旅行社计调业务应该怎样操作?

案例 2

这样的旅程"真难忘"

旅游者刘某及其家人参加某旅行社组织的旅顺、大连、烟台、蓬莱、威海、青岛、崂山双卧双船十日游。旅游者在到达旅游目的地之后才得知他们需要在旅游目的地与其他旅行社团的旅游者"拼团"游览,并且旅行社没有委派全陪导游随行,造成旅途中许多问题无人沟通协调,不能及时解决;住宿标准也未达到合同约定的二星级饭店标准;从大连到烟台乘船,旅行社承诺为三等舱(8~12人高低铺),实际为40人左右高低铺,也降低了标准;此外,地接社导游安排不当,接站延误,耽搁时间,致使旅游者在大连人民广场从凌晨3点坐等到7点才吃早饭,其间4小时无处休息;又因入住问题耽误旅游者4小时;而且地接社将两天行程压缩为一天进行,另一天自由活动。旅游者在游览结束返回后向有关部门提出投诉。

请分析:

1. 上例中旅行社组团业务和接待业务出现了哪些问题?

2. 组团业务和接待业务操作应如何正确进行？

四、实训项目

江西某旅行社计调部接到一份销售部发来的通知，通知注明 3 月 25 日将接待人数为 30 人的北京旅游团，旅游目的地是庐山、景德镇、婺源、三清山，时间为期六天，要求入住三星级以上较新酒店，饮食需要清淡。请同学们根据这些要求，制订出一份接待计划，由教师指出设计合理和不合理的地方。

五、网络学习

请从网络上查找旅游咨询员的相关资料，并简述旅游咨询员的发展前景。

第四章

旅行社市场营销

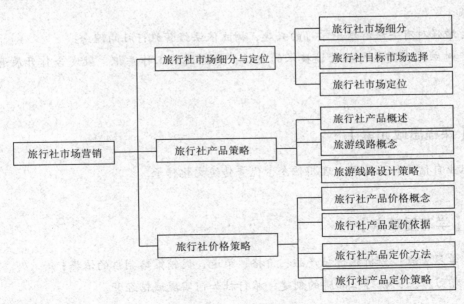

【导入语】

旅行社市场营销是旅行社营销人员针对旅游市场开展销售行为的一种经营活动，也是旅行社经营的又一个重要组成部分。这种经营活动具体包括市场细分与定位、产品开发与定价、制定销售渠道与促销策略及做好品牌建设及有关售后工作。本章将对旅行社市场营销的具体活动展开讲述分析。

本章知识结构图如下：

旅行社市场营销
- 旅行社市场细分与定位
  - 旅行社市场细分
  - 旅行社目标市场选择
  - 旅行社市场定位
- 旅行社产品策略
  - 旅行社产品概述
  - 旅游线路概念
  - 旅游线路设计策略
- 旅行社价格策略
  - 旅行社产品价格概念
  - 旅行社产品定价依据
  - 旅行社产品定价方法
  - 旅行社产品定价策略

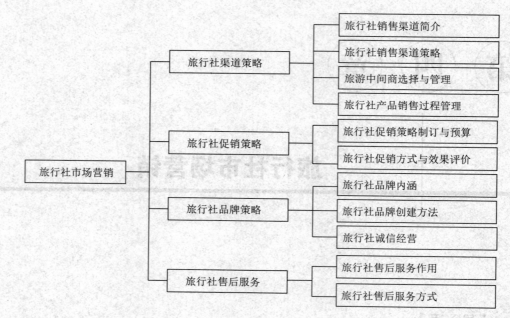

旅行社市场营销
- 旅行社渠道策略
  - 旅行社销售渠道简介
  - 旅行社销售渠道策略
  - 旅游中间商选择与管理
  - 旅行社产品销售过程管理
- 旅行社促销策略
  - 旅行社促销策略制订与预算
  - 旅行社促销方式与效果评价
- 旅行社品牌策略
  - 旅行社品牌内涵
  - 旅行社品牌创建方法
  - 旅行社诚信经营
- 旅行社售后服务
  - 旅行社售后服务作用
  - 旅行社售后服务方式

【学习目标】

1. 记忆与旅行社产品、价格、品牌及相关的旅游法律法规知识；

2. 复述旅行社市场定位、目标市场选择及市场定位的概念；

3. 概括旅行社产品、价格、渠道、促销的核心内涵；

4. 运用市场营销的相关理论，制订旅行社产品、价格、渠道、促销、品牌及售后服务文案；

5. 增强对有关旅游理论学习的兴趣，树立依法经营旅行社的理念；

6. 树立对我国旅行社营销技术的自信，具备团队工作意识，激发合作开展营销的热情。

【课程思政元素】

职业自信、行业认同、理想信念、优秀传统文化传承。

【学习重难点】

1. 学习重点：分析旅行社产品、价格、渠道、促销策略制订的依据；

2. 学习难点：旅行社品牌的创建，旅行社如何实现诚信经营。

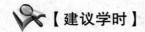

【建议学时】

9 学时

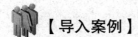

【导入案例】

途牛的"牛人专线"

途牛是国内一家知名的在线旅游企业，成立于 2006 年，公司一直深耕休闲度假领域，具有丰富的度假产品设计和运营经验。在旅游消费升级的大环境下，为提升客户体验，途牛通过市场调查，不断更新产品，提升服务水平。

针对以往跟团游产品中普遍存在的团队餐质量低下、团队酒店品质较差、团队行程安排不合理、游览过程中存在较多购物店、大量推荐自费项目等跟团游产品痛点，途牛于 2009 年在业内率先推出了独家产品品牌"牛人专线"。

"牛人专线"从跟团游服务各环节进行改善，强调产品的游客体验，将游客满意度作为产品评价最重要指标，对于过去比较难以衡量的软性服务通过游客满意度指标进行量化，用服务来赢得游客对跟团游产品的信任。

成立之初，牛人专线主要通过住宿、交通、美食升级、行程透明等措施提升产品品质。2015 年，牛人专线发布 2.0 版本，在交通、上网、导游服务等方面全面升级，大巴车配备免费车载 Wi-Fi，将客户点评数据绑定导游日常管理，确保导游可以为游客提供专业、规范、细致的服务。2019 年，牛人专线发布 3.0 版本，为用户提供了分期免息、成团保障、拼房无忧、退改保障、无理由退换货等多重服务保障。

牛人专线不仅品质过硬，而且技术能力突出。累计投入约 20 亿元打造了强大的全品类动态打包系统，用户可以自主定制、组合、打包、选择旅游资源。目前上千台服务器集群动态打包每天计算千亿量级。强大的技术支撑，使消费者可以定制最适合自己的产品组合。

为进一步提升服务品质，2016 年起，牛人专线开始建设自营地接社。截至 2019 年第三季度，牛人专线境内自营地接社数量达到 29 家，专职导游超 800 名，基本覆盖境内热门旅游目的地。

通过上述努力，"牛人专线"产品影响力持续增强，市场份额不断扩大，产品开发所形成的模式也被其他旅游企业借鉴。

请问：

1. 途牛公司推出"牛人专线"反映了旅行社怎样的市场营销理念？

2. "牛人专线"产品是如何一步步成长成熟起来的？

第一节　旅行社市场细分与定位

1956 年，美国营销学家温德尔·史密斯（Wendel R.Smith）最早提出了市场细分的概念。此后，美国营销学家菲利浦·科特勒（Philip Kotler）进一步发展和完善了温德尔·史密斯的理论并最终形成了成熟的 STP 理论，成为战略营销的核心内容。STP 理论中的 S、T、P 分别是 Segmenting、Targeting、Positioning 三个英文单词的缩写，即市场细分、目标市场和市场定位。这一理论对于旅行社行业的发展至关重要，因此，本节内容将系统分析旅行社的市场细分、目标市场选择以及市场定位。

一、旅行社市场细分

在旅游需求日趋个性化和多元化的今天，单一旅行社不可能满足所有消费者的需求，加上当前我国从事旅游业的主体规模空前增长，导致旅游市场竞争日趋白热化。如何才能在激烈的市场竞争中生存下去？进行市场细分，抓住属于自己的市场，提高企业的核心竞争力，才是旅行社企业生存与发展的关键。

（一）旅行社市场细分的概念

旅行社市场细分是指旅行社将市场上的旅游者或潜在旅游者，依据其需求特点、购买行为和消费习惯特征进行分类，把整体旅游市场细分成两个或两个以上具有不同需求和欲望的消费者群体的过程。分属于同一群体的消费者被称为旅行社的细分市场。

市场细分不是由人的主观意志所决定的，而是基于客观存在的需求差异。旅行社市场细分的客观依据包括以下两方面：一是旅游消费者客观上存在差异性。旅行社不同的细分市场代表不同的消费群体，他们在需求上有明显的差别，主要是由旅游者收入水平、消费观念、教育背景、兴趣爱好等不同所致。二是旅游消费者客观上存在相似性。在同一自然地理和社会环境下，个体的旅游消费者在客观上存在大体相同的某一个或几个因素，如价值观念、爱好兴趣等。因而，消费者对某一产品具有大致相同的需求、购买动机。这些客观存在的相似性体现在消费者对旅行社产品的价格、形式的需求和购买时间、购买地点上具有大致相同的行为。这就为旅行社市场细分奠定了基础。

不同的细分市场具有不同的消费特征，选择什么样的细分标准是旅行社进行市场细分的一个关键。表 4-1 提供了这些变量的细目分类。

表 4-1　旅行社市场细分的标准及构成因素

细分标准	细分因素
地理标准	地理区域、城市规模、自然气候、人口密度、城乡分布等
人口统计标准	年龄、性别、家庭人数、经济收入、教育程度、职业、宗教、国别、社会阶层、身体状况等
心理行为标准	旅游动机、旅游类型、旅游方式、旅游频率、消费的敏感程度、品牌依赖程度等

（二）旅行社市场细分的原则

旅行社市场细分并没有固定不变的模式。旅行社企业应该根据自身的区位、特点、实力和需要等实际情况，采用单一变量或多因素变量相结合等方法进行市场细分。但在市场细分的过程中，重点要把握以下几个原则：

1. 可衡量性

旅行社的细分市场必须是可以衡量的。各个细分市场的需求特征、购买动机和购买行为等区别应该明显，各细分市场的规模和购买力大小也应该能够被测度。例如，老年旅游者的特征是旅游节奏慢、消费相对较低、时间相对较长，研学旅行市场的特征具有公益性、教育性、体验性。

2. 可获得性

可获得性指旅行社能够有效地进入和满足细分市场，旅行社和细分市场的旅游者信息能够畅通，双方之间达到良好的沟通和交流，满足细分市场的要求。

3. 可收益性

可收益性指细分市场的消费人数要达到一定的规模，足够有利可图。细分市场应该是值得旅行社为其专门制订营销计划去追求的最大同类顾客群体。例如，太空游这一类的旅游市场对大多数旅行社而言，客源市场规模明显不够。

4. 可行动性

可行动性指能够设计出吸引旅游者和满足细分市场的有效方法。旅行社应该针对细分市场制订切实可行的行动计划，同时设计出来的行动方案能够满足市场中大多数人对旅游的兴趣爱好。

二、旅行社目标市场选择

细分市场的目的在于寻找市场机会。旅行社根据细分市场的数量、分布及各细分市场的特征，选择若干细分市场作为特定的经营对象，这就是目标市场选择。目标市场有助于旅行社把握市场机会。旅行社在选择目标市场时通常要受到细分市场的容量、购买力与发展潜力、旅行社的经营目标与所拥有的资源状况、市场的竞争程度四个因素的制约。根据四个因素的制约程度，旅行社目标市场的选择应有不同的模式。

（一）无差异性目标市场模式

无差异性目标市场模式又称整体市场模式，即旅行社把整个旅游市场作为一个大目标，针对旅游者的共同需要，制订统一的外联销售计划，以实现开拓市场、扩大销售的目的。采用这一模式的旅游企业一般实力强大，具有广泛而可靠的销售渠道，形成了统一的宣传内容和方式。在旅游行业中，一些具有垄断旅游资源的旅行社或旅行社推出新的旅游产品时，常常采用这种模式。

（二）差异性目标市场模式

差异性目标市场模式是指旅行社在旅游市场细分的基础上，选择众多细分市场作为经营目标，并为每一有明显需求差异的细分市场提供针对性强的旅游产品。例如，旅行社推出经济、标准和豪华不同等级规格的旅游产品，就是为了迎合不同消费层次的旅游者的差异性需求。这样的差异性模式，针对性强，对市场反应灵敏，由于同时经营数个细分市场，有利于降低市场风险，但经营成本会增加。本模式一般适用于客源市场存在明显需求差的旅行社，其实施程度一般应与市场竞争的程度相一致。近年来，采用这种模式的旅行社日趋增多。例如，旅行社针对青年旅游市场、中年旅游市场、老年旅游市场，分别推出不同的产品，实行不同的价格等。

（三）集中性目标市场模式

集中性目标市场模式又称密集性目标市场模式，是指旅行社把有限的资源集中起来，投放于一个或少量细分市场，作为其经营目标，并为其制定特别的产品，力图在一个特定的目标市场中谋取较多的市场份额和绝对的竞争优势，而不求在整个市场上占有较大的位置。例如，有的旅行社只经营老年旅游市场。这种模式适合实力较弱、规模较小的旅行社，或者在拓展期的旅行社。采用此策略的旅行社一般要承担较大的风险。此外，旅行社一旦已在某一目标市场树立了自己的形象，要改变形象去吸引其他的细分市场就非常困难。

以上三种目标市场策略各有利弊，旅行社在具体的市场营销活动中，究竟采用哪种目标市场策略，必须在考虑多种因素的基础上相机抉择。一般来说，旅行社选择目标市场策略至少应考虑下列因素：旅行社实力、产品同质性、市场同质性、产品生命周期、市场竞争情况等。

三、旅行社市场定位

市场定位是旅行社经营中一项非常重要的战略性工程。目标市场一旦确定，旅行社就应考虑如何在目标市场上确立一定的市场定位。为此，旅行社经营者就需要为特定的目标市场制定产品的定位策略。所谓旅行社市场定位，就是旅行社确定自身产品在目标市场上的竞争位置的活动。因此，在竞争日益激烈的旅游市场中，旅行社必须认真研究竞争对手，包括潜在的竞争对手。实质上，市场定位策略是一种竞争策略。根据旅行社在竞争市场中的地位，可以划分为以下三种类型。

（一）市场挑战性定位

市场挑战性定位指旅行社采用靠近竞争对手的定位。旅行社采取这种策略的主要目的是争夺竞争对手的旅游需求者，以便扩大本旅行社的市场占有率。一般来说，旅行社采取这种市场定位策略的条件是，本旅行社具有与竞争对手竞争的实力，经过努力能达到占有竞争对手目标市场的目的，或者是竞争对手所处的市场位置具有足够的市场客源及客源增量。旅行社采取这种市场定位策略的好处是，可以降低进入目标市场的成本，减少与市场开发相关的各项费用支出；其不足之处是，旅行社难以成为市场领导型的企业。该定位策略一般适用于实力雄厚的大旅行社或在某方面有所专长的旅行社。

（二）市场跟随性定位

市场跟随性定位是介于靠近与避开竞争对手的市场定位两者之间的一种市场定位策略，又称比附定位，是指旅行社以竞争者产品为参照物，依附竞争者定位。旅行社采取这种市场定位策略的关键，在于如何正确选择能充分引起目标市场注意，且能与竞争对手形成明显差异的定位要素。此定位策略适应性广，特别适合于中、小型旅行社。

（三）市场补缺性定位

市场补缺性定位指旅行社采取避开竞争对手的定位。这种市场定位是旅行社通过选择市场"空白点"的方法进行的。旅行社通过增加产品特色，使自己区别于竞争对手，避开市场竞争形成的经营压力，通过吸引目标市场的注意力来达到占有目标市场的目的。旅行社采取这种市场定位策略需具备的条件是，目标市场上的确有相当数量的旅游需求没有得到充分满足，也就是说，目标市场具有可充分利用的市场"空白点"，并且旅行社具有一定的产品优势以及应付潜在竞争对手进入目标市场的措施。旅行社采取这种市场定位策略的不利因素是，旅行社进入目标市场的成本会有所增加，同时，一旦定位不当，将会给旅行社的经营带来风险；有利的一面是，一旦市场定位成功，旅行社便可以成为市场领导型的企业。该定位策略适用于对市场变化反应灵敏、富有创新精神、开发能力强的旅行社。

第二节　旅行社产品策略

一、旅行社产品概述

提起"产品"，人们通常把产品理解为具有某种物质形状、能提供某种用途的物质实体，如服装、食品、汽车等，这是一种狭义的理解。所谓产品是指能够提供给市场以满足需要和欲望的任何东西。在市场上，产品包括实物、服务、体验、事件、人员、地点、财产、组织、信息和创意。

（一）旅行社产品的概念与特点

1. 旅行社产品的概念

旅行社产品是以旅游者的空间移动为核心，以服务为主要内容，以旅游设施为依托，以旅游供应商的产品为主要"原材料"，经旅行社设计、组合或营销活动后销售给旅游者的以旅行服务为核心内容的产品。也就是说，旅游者在进行旅行社产品的消费后，不会拥有实物，而是通过对旅行社产品的消费获得的一次经历，满足旅游者某种需求。

从旅游者的角度来看，旅行社产品是指旅游者支付了一定的金钱、时间和精力后所获得的满足其旅游欲望的一种经历。从旅游经营者的角度来看，旅行社产品是指旅行社为满足旅游者旅游过程中食、住、行、游、购、娱等各种需要，而凭借一定的旅游设施、旅游资源向旅游者提供的各种有偿服务，包括旅行社提供的各种形式的旅游线路和预订酒店、机票、代办签证等单项旅游服务。

2. 旅行社产品的构成要素

（1）旅游餐饮。旅游餐饮是旅行社产品中的要素之一。旅行社安排餐饮的原则是：卫生、新鲜、味美、量足、价廉、营养、荤素搭配适宜。向游客提供的预包装食品和饮料，应确保来源明确，有完整的质量标识，并符合保质期限。为旅游团队选择饮食场所时，应选择符合国家相关文件要求的餐厅。

（2）旅游住宿。住宿一般约占旅游者整体旅游时间的三分之一。旅游住宿是涉及旅行社产品质量的重要因素，销售旅游住宿产品时，必须注明下榻饭店的名称、地点、档次以及提供的服务项目等，一经确定，不能随便更改，更不能降低档次、改变服务项目。旅行社安排旅游住宿的原则通常是根据旅游者的消费水平来确定的，对普通旅游者一般遵循卫生整洁、经济实惠、服务周到、美观舒适、位置便利的原则。

（3）旅游交通。旅游交通作为旅游业三大支柱之一，是构成旅行社产品的重要组成部分。旅游交通可分为长途交通和短途交通，前者指城市间交通（区间交通），后者指市内接送（区内交通）。交通工具主要有：民航客机、旅客列车、客运巴士、轮船（或游轮、游船）。旅行社设计产品时，设计旅游交通方式的原则是便利、安全、快速、舒适、价平。

（4）游览观光。游览观光是旅游者最主要的旅游动机，是旅行社产品产生吸引力的根本来源，也反映了旅游目的地的品牌与形象。旅行社选择游览观光景点的原则是：资源品位高、环境氛围好、游览设施齐全、可进入性好、安全保障强等。

（5）购物项目。旅行社选择购物的原则是：购物次数要适当，购物时间要合理；要选择服务态度好、物美价廉的购物场所，切忌选择服务态度差、伪劣商品充斥的购物场所。旅行社产品中的购物项目分为定点购物和自由购物两种，前者是旅游者到旅行社指定的商店购物，后者是旅游者利用自由活动时间自己选择商店购物。

（6）娱乐项目。娱乐项目是旅行社产品构成的基本要素，也是现代旅游的主体。许多娱乐项目参与性很强，能极大地促进旅游者游兴的保持与提高，加深旅游者对旅游目的地的认识。

（7）导游服务。旅行社为旅游者提供导游服务是旅行社产品的本质要求，大部分旅行社产品中含有导游服务。导游服务包括地陪、全陪、景点导游和领队服务，主要是提供翻译、向导、讲解和相关旅游服务。导游服务必须符合国家有关法规及行业有关标准，并严格按组团合同的约定提供服务。

以上各种要素的有机结合，构成了旅行社产品的重要内容。旅行社产品是一个完整、科学的组合概念，完美的旅行社产品是通过科学的组合而形成的。

【相关资料】

旅行社产品说明书

旅行社在向旅游者或零售商发布产品时应提供产品说明书，详细说明产品应具备的要素。

产品说明书一般应包括：

1. 线路行程；

2. 交通工具及标准；

3. 住宿、会议（如有）、地点、规格及标准；

4. 餐饮标准及次数；

5. 娱乐安排以及自费项目；

6. 购物安排、具体次数及每次停留时间；

7. 产品价格、价格包含及不包含的内容、产品价格的限制条件（如报价的有效时

段、人数限制、成人价、儿童价等）；

　　8. 游览时间及季节差异；

　　9. 旅游目的地资讯介绍及注意事项；

　　10. 针对高风险旅游项目的安全保障措施；

　　11. 投诉电话。

3. 旅行社产品特点

　　旅行社产品是一种特殊的产品，这种产品不是以实物形态表现出来的具体产品，而是以多种服务表现出来的无形产品，因而有其独有的特点：

　　（1）综合性。综合性是旅行社产品最基本的特征。旅行社产品的综合性首先表现在它是由多种旅游吸引物、交通设施、娱乐场所以及多项服务组成的混合性产品，是满足人们在旅游活动中对食、住、行、游、购、娱等各方面需要的综合性产品。其次，旅行社产品的综合性还表现在旅行社产品所涉及的部门和行业有很多，其中有直接向旅游者提供产品和服务的部门和行业，也有间接向旅游者提供产品和服务的部门和行业。

　　（2）无形性。又称不可感知性。旅行社产品对于旅游者来说是一种"经历"。对于旅游目的地和旅游企业来说，则是其借助一定的设施或条件所提供的旅游服务。当旅游者在选择旅行社产品时，见不到旅行社产品的形态，在旅游者心目中只有一个通过旅行社接待人员、广告等介绍所得到的印象。只有当旅游者在旅游活动中享受到旅行社产品中所包含的各项服务如交通、住宿、餐饮等，旅行社产品的价值才得以实现。

　　（3）不可转移性。旅行社产品的不可转移性主要表现在旅行社产品在地点上的不可转移的特点。旅行社产品进入流通领域后，其本身仍固着于原定的地点方位上，旅游者只能到旅行社产品的生产地点进行消费。旅行社产品的不可转移性还体现在提供旅游服务的相关设施和设备在所有权上的不可转移上。例如，一位杭州的游客购买了"福建武夷山三日游"的旅游线路，在这三天中，他对下榻饭店特定的客房、餐厅或其他饭店设施有使用的权利，有享受各种规定的服务的权利，但不能带走饭店内、客房中的任何物品（消耗品除外），如果损坏了设施中的物件还要照章赔偿。

　　（4）生产与消费的同步性。又称不可分离性。旅行社产品一般是在旅游者来到生产现场时，才开始生产并且交付使用的。在此之前，虽然旅游者通过预订方式对其旅行社产品进行了交换，但对服务性行业而言，预订并不意味着真正消费行为的发生。只有当旅游者在享受旅游服务的同时，旅行社产品中的各要素生产者才能同时进行生产。这意味着旅游服务活动的完成需要由生产者和消费者双方共同参与。

　　（5）不可储存性。由于旅行社产品生产和消费在时空上的同一性，因此，如果以服务为核心的旅行社产品在生产过程中未被销售出去，就意味着其失去了这部分价值。也就是说，旅行社产品并不能像其他有形产品一样，今天没销售出去，可以留到明日销售。

（6）易受影响性。又称脆弱性或易折性。其直接成因是旅行社产品的综合性，由于旅行社提供旅游的过程和旅游者实现旅游的过程涉及众多的部门和因素，这些部门和因素中的任何一个发生变化，都会直接或间接影响到旅行社产品生产和消费的顺利实现。此外，旅行社产品的易受影响性还表现在旅游活动涉及人与自然、人与社会和人与人之间的诸多关系，因此诸如战争、政治动乱、政府政策、汇率变化等都会引起旅游需求的变化，并由此影响到旅行社产品的生产。

（二）旅行社产品类型

旅行社产品的类型有多种划分标准，因而旅行社的产品也有多种类型。

1. 按旅游者的组织形式分：团体旅行社产品和散客旅行社产品

团体旅行社产品是指由参加人数为 10 人（含 10 人）以上的旅游者的旅行社产品，团体旅行社产品一般采用包价的形式；散客旅行社产品是参加人数为 10 人（不含 10 人）以下的旅行社产品，散客旅行社产品有时采用非包价的形式，有时也采用包价的形式。需要指出的是，旅行社组团人数的标准有时与产品的档次相挂钩，如国内旅游豪华团10 人成团、标准团 16 人成团、经济团 30 人成团，入境旅游则 9 人成团等。

2. 按产品包含的内容分：包价旅行社产品、组合旅行社产品和单项服务旅行社产品

（1）包价旅行社产品。包价旅游是旅游者在旅游活动开始前将全部或部分旅游费用预付给旅行社，由旅行社根据同旅游者签订的合同或协议相应地为旅游者安排旅游项目。包价旅行社产品可分为全包价旅行社产品、半包价旅行社产品、小包价旅行社产品和零包价旅行社产品。

①全包价旅行社产品。旅游者将涉及旅游行程中的一切相关的服务项目费用统包起来预付给旅行社，由旅行社全面落实旅程中的一切相关的服务项目。全包价旅行社产品中的一切相关服务项目包括食、住、行、游、购、娱各环节及导游服务、办理保险与涉及的签证等。

②半包价旅行社产品。它是指在全包价旅行社产品的基础上扣除中、晚餐费用（即不含中、晚餐项目）的一种包价形式。半包价旅行社产品的优点是降低了产品的直观价格，提高了产品的竞争力，也更好地满足了旅游者在用餐方面的不同要求。

③小包价旅行社产品。小包价旅行社产品由非选择部分和可选择部分构成。前者包含城市间交通（长途交通）、市内交通（短途交通）及住房（含早餐），后者包括景点项目、娱乐项目、餐饮、购物及导游服务。小包价旅行社产品具有经济实惠、手续简便和机动灵活等特点，深受旅游者的欢迎，是旅行社今后值得推广的产品。

④零包价旅行社产品。零包价旅行社产品是一种独特的旅行社产品。旅游者参加这种形式的旅游必须随旅游团前往和离开旅游目的地，到达目的地后，旅游者可以自由活动，不受旅游团的束缚。零包价旅行社产品的特点是：一是旅游者可以享受团体机票的优惠价格，二是可由旅行社代办涉及的旅游签证手续。

（2）组合旅行社产品。组合旅行社产品是一种灵活性较强的旅行社产品，旅游目的地旅行社把来自不同旅游客源地的零散游客汇集起来，组成团队进行旅游，从而避免了一些客源地旅行社因当地旅游者人数较少，不能单独成团，造成客源浪费的弊病。旅游活动结束后，旅游团在旅游活动结束的地点解散，各自返回客源地。

【案例分析】

组合旅行社产品

南昌市A旅行社经过市场调查后发现，随着人们环境保护意识的提高，回归大自然的生态旅游已经成为广受欢迎的旅行社产品。于是该旅行社的鲍经理试图推出一条西宁—日月山—可可西里无人区的生态旅游线路。然而，经过一段时间的促销，报名参加旅游团的只有少数几个人，难以组成规模较大的旅游团，从而造成旅行成本居高不下的局面，无法成行。该社的经营顾问李先生建议鲍总经理向邻近的湖南省和湖北省旅行社求援，招徕当地的旅游者，改变由南昌市出发的计划，让旅游者在指定日期到西宁集合，由A旅行社派人在西宁等候着旅游者，将他们组成一个旅游团。鲍总经理采纳了这个建议。很快，一个由3省（市）超50名游客组成的旅游团便出现在可可西里地区了。

分析：

这是一个典型的组合旅游团队。由于南昌市的旅游客源不足，难以组成一个规模较大但旅游价格相对低廉的生态旅游团，因此，该旅行社采用组合旅游的形式，从不同的客源地招徕客人，前往旅游目的地，并在当地组成旅游团进行旅游活动。这种方式既能够保证旅行社可以在较短的时间里组成规模较大的旅游团，同时也能够适当降低旅行成本，既能使客人得到实惠，也能使旅行社获得经济效益。

（3）单项服务旅行社产品。单项服务也称委托代办业务，是旅行社根据旅游者的具体要求而提供的各种非综合性的有偿服务。旅游者需求的多样性决定了单项服务内容的广泛性，其中常规性项目有：交通票务服务、订房服务、订餐服务、代办签证、导游服务等。

3. 按旅游者的目的和行为分：观光旅行社产品、度假旅行社产品和专项旅行社产品

（1）观光旅行社产品。观光旅行社产品是指旅行社利用旅游目的地的自然旅游资源和人文旅游资源，组织旅游者参观游览及考察。观光旅行社产品包括文化观光、自然观光、民俗观光、生态观光、艺术观光、都市观光、农业观光、工业观光、修学观光等。观光旅行社产品长期以来一直是旅游市场的主题产品，深受广大旅游者的喜爱。

（2）度假旅行社产品。度假旅行社产品是指旅行社组织旅游者前往度假地短期居住，进行包括娱乐、休憩、健身、疗养等消遣性活动。度假旅行社产品包括海滨度假、山地度假、湖滨度假、温泉度假、海岛度假、森林度假等。度假旅行社产品中的旅游者有在旅游目的地停留时间较长、消费水平较高等特点。

（3）专项旅行社产品。专项旅行社产品又称特种旅行社产品，是一种具有广阔发展前景的旅行社产品，具有主题繁多、特色鲜明的特点。专项旅行社产品包括探险、烹饪、漂流、自驾车、品茶、书画等形式的旅行社产品等。

4. 按产品的档次分：豪华等旅行社产品、标准等旅行社产品、经济等旅行社产品

这是由旅游者的消费水平决定的。豪华等旅行社产品旅游费用较高，游客一般住宿和用餐于四、五星级酒店或豪华邮轮里；往返使用飞机航线，享用高档豪华型进口车；享用高水准的娱乐节目欣赏等。标准等旅行社产品旅游费用适中，游客一般住宿和用餐于二、三星级酒店或中等水准的宾馆、邮轮里；往返多使用火车、汽车，享用豪华空调车。经济等旅行社产品旅游费用较低廉，游客住宿和用餐于一般的招待所、旅社和餐饮饮店，一般使用普通旅游客车、火车及普通轮船等。

二、旅游线路概念

研究人员所站的角度不同（如旅游规划学、旅游市场学、生产学、旅游产品的角度），对旅游线路会有不同的理解。目前，我国学术界尚没有统一的规范性定义。由于旅游线路构成了旅行社产品的主体，属于旅游产品的核心组成部分，它包含了旅游者从离开居住地（或客源地）到返回居住地（或客源地）开展旅游活动的一切要素。因此，结合本教材的编写需要，本书从旅游产品的角度，给旅游线路做出如下定义：旅游线路是旅行社根据旅游市场的需求，结合旅游资源和接待能力，凭借旅游交通把若干个旅游地或旅游点合理地贯穿起来，为旅游者设计的包括整个旅游活动过程中全部活动内容和服务的旅行游览路线。

由于旅游线路是旅游产品的组成部分，所以旅游产品的所有特征都适用于旅游线路。当然，旅游线路也有一些个性特征：一是可替代性，这是因为不同的旅游线路之间的替代性很强，日益增多的旅游线路的数量和类型使旅游者有了更多的选择余地，从而增加了其选择的随机性，因而使旅游线路的销售具有很大的风险，竞争也很激烈；二是周期性，这是指旅游线路开发出来之后，从正式推向市场开始，直到最后被市场淘汰、退出市场为止一般包括四个阶段，即投入期、成长期、成熟期和衰退期。

三、旅游线路设计策略

旅游线路设计是根据现有旅游资源的分布状况以及整个区域旅游发展的整体布局，采用科学的方法，确定最合理的路线，使旅游者获得最丰富的旅游经历的过程。旅游线路设计主要从两个方面来考虑：一是尽可能满足旅游者的旅游需求，使旅游者获得最佳的游览效果；二是便于旅游活动的组织与管理。旅游线路设计是一项技术性与经验

性非常强的工作，其意义是便于旅游者有目的地选择、安排自己的旅游活动，有计划地支配旅游费用，避免"漫游"；有利于发挥各旅游点的功能和便于旅游服务商组织接待等。

（一）旅游线路设计的决定因素

时间和空间的结合构成了旅游线路。旅游线路的内涵十分丰富，认识旅游线路设计的基本要素对于设计旅游线路有着重要作用。旅游线路设计的基本要素包括旅游资源、旅游设施、旅游服务、旅游安全、旅游时间和旅游可进入性等。其中旅游资源、旅游设施、旅游服务、旅游可进入性是决定旅游线路设计的核心因素。

1. 旅游资源

旅游资源是进行旅游线路设计的核心和物质基础，是旅游者选择和购买旅游线路的决定性因素。旅游资源的吸引力决定了旅游线路的主题与特色。旅游线路的设计必须最大限度地体现出旅游资源的价值。如大漠丝路风情线、珍禽候鸟观赏线、美食风味品尝线等，无不体现着独具特色的旅游资源。

2. 旅游设施

旅游设施是旅行社向旅游者提供旅游线路所凭借的服务性载体。旅游设施不是旅游者选择和购买旅游线路的决定性因素，但它能影响旅游活动开展的顺利与否，以及旅游服务质量的高低。旅游设施可分为旅游上层设施和旅游基础设施。前者指住宿、游览、购物、饮食服务设施，后者指交通、通信、供电、供排水、卫生、医疗等设施。旅游线路设计中要考虑到旅游设施的数量、种类、质量与消费档次，有时也要考虑设施的空间布局，如旅游饭店离景点、机场、市区的距离，停车场离景点大门的距离等。

3. 旅游服务

旅游服务的存在与设施的存在密切相关，两者相辅相成，离开了旅游设施，旅游服务就无法实现。旅游服务质量直接影响旅游线路的质量，因而旅游服务是旅游线路设计的核心内容。旅游线路设计时要考虑旅游项目中的服务功能、服务水平，并同时设计游客意见调查表，着重反映导游人员、司机的服务态度、服务技能、服务效率等。

4. 旅游可进入性

旅游线路设计时必须考虑到旅游者进入旅游目的地的难易程度和时效性。旅游者是否能顺利到达旅游目的地是构成旅游线路设计的重要因素，因此旅游可进入性是旅游线路实现其价值的前提条件。旅游可进入性包含以下几个方面：畅通的交通条件、简便的通关手续条件、良好的社会环境等。

（二）旅游线路设计原则

1. 满足需求原则

旅游线路的设计必须以满足游客需求为中心，关键是要适应市场需求。作为旅行社产品的旅游线路是通过合理科学的设计来满足旅游者多样化的需求，从而打开销路，实现其价值的。因而，旅游线路要适销对路，就必须最大限度地满足旅游者的需求。同时，旅游者的需求也决定了旅游线路的设计方向。旅游者的地区、年龄、文化职业的不同，对旅游市场的需求是不一样的，而随着社会经济的发展，旅游市场的总体需求也在不断变化，成功的旅游线路设计，必须首先对市场需求进行充分的调研，以市场为导向，预测市场需求的趋势和需求的数量，分析旅游者的旅游动机，并根据市场需求不断地对原有旅游线路进行加工、完善、升级，开发出新的旅游线路来符合旅游者的需要，这样才能最大限度地满足游客的需求，对旅游者具有持续的吸引力。

对于大众旅游者而言，以下需求比较适宜旅行社开发相应的产品：一是去未曾到过的地方增广见闻，二是得到短暂的解脱，提高情趣，舒畅身心，尽量有效地利用时间而又不太劳累，同时尽量有效地利用预算，购买廉价而又新奇的东西。此外，旅行社还应审时度势，创造性地引导旅游消费。

2. 经济效益原则

旅行社是以营利为目的的企业，追求经济效益是旅行社生存和发展的基础。所谓经济效益原则是指以相同数量的消耗，获得较高的收益，或者以相对低的消耗，获得相同的收益。这就要求一方面旅行社在设计旅游线路时要加强成本控制，降低各种消耗；另一方面要尽可能保证旅行社的接待能力与实际接待量之间的均衡，减少接待能力闲置所造成的经济损失。

3. 结构合理原则

（1）尽量避免走重复路线（不走回头路）。在条件许可的情况下，一条旅游线路应该尽量避免重复经过同一旅游点。因为根据效用递减规律，重复可能会影响旅游者的满足程度。例如，南（南京）镇（镇江）扬（扬州）线，可安排旅行者从上海乘飞机到南京，再乘火车到镇江，摆渡到扬州，再从扬州乘船回上海。在同一个旅游点内，许多景点会形成环形线，如故宫从天安门进，到景山出；庐山从南山上，到北山下。

（2）点间距离适中（时间和空间距离）。这包括旅游点与旅游点之间的距离和旅游地与旅游地之间的距离两块内容。在同一线路中各点间的距离如果太大，会消耗大量的时间在旅途中，造成旅游成本的上升，另外也不符合"旅速游缓"的要求。一般而言，点间距离所耗费的时间不能超过全部旅程的1/3。

（3）择点适量。这包括选择旅游地与到一地后所选择旅游点的数量都要适中。游客要追求利益的最大化，希望尽量多地安排旅游景点，这无可厚非，但还要考虑一张一弛的特点，择点太多会导致游客疲劳，增加旅游时间和交通费用，也不利于旅游者深入细致地了解旅游目的地。如针对老年旅游者，应选择符合老年旅游者身体条件、适宜老年旅游者的旅游景点和游览、娱乐等活动，不应高风安排险或高强度的旅游项目。

（4）顺序科学。"顺序"包括两个方面含义：空间顺序和时间顺序。在交通安排合

理的前提下，同一线路旅游点的游览顺序应该是先一般后精彩，渐入佳境，这样可以使旅游者感到高潮迭起，而非每况愈下。

（5）特色各异。旅行社线路设计应充分考虑线路中各旅游点特点，一般来说，旅行社不应该将类别相同、景色相近的旅游点编排在同一线路行程中，这不仅会影响旅游线路的吸引力，而且会降低游客的体验感，当然专业考察线路除外。

4. 突出特色原则

旅游线路可以多种多样，特色是旅游线路的灵魂，突出特色也是旅游线路具有吸引力的根本所在。这就要求旅行社对旅游线路的资源、形式要精心选择，力求充分展示旅游的主题，做到特色鲜明，以新、奇、异、美吸引旅游者的注意。旅游线路设计突出特色体现了旅游市场营销中旅行社产品以差异竞争代替价格竞争的原则，是产品摆脱低水平竞争的根本所在。突出特色的原则具体体现在以下几方面：

（1）尽可能保持自然和历史形成的原始风貌。在这个问题上，旅行社必须要以市场的价值观念看待旅游线路的吸引力问题，而不能凭自己的观念意识主观地决定。此外，任何过分修饰的做法都是不可取的。

（2）尽量选择利用带有"最""绝"字的旅游资源项目。例如，可选择某旅游资源在一定的地理区域范围内属最大、最高、最古、最奇、二绝、四绝等。只有具有独特性，才能提高旅游线路的吸引力和竞争力。

（3）努力反映当地的文化特点。突出民族文化，保持某些传统格调也是为了突出特色。旅游者前来游览的重要目的之一便是要观新赏异、体验异乡风情。由此可见，民俗旅游线路正是一项颇具特色的旅游线路，它因深刻的文化内涵而具有深入肺腑、震撼心灵的力量。

5. 旅途安全原则

就旅游者而言，安全是最基本的需要。出门旅游，旅游者最担心的就是安全问题；组织旅游团，旅行社最担心的也是安全问题，因而在旅游线路设计时，应遵循"安全第一"的原则。旅游安全涉及旅行社、旅游饭店、旅游车船公司、旅游景点景区、旅游购物商店、旅游娱乐场所和其他旅游企业。常见的旅游安全事故包括交通事故、治安事故、自然灾害以及火灾、食物中毒等。因此，在旅游线路设计的过程中，必须重视旅游景点、旅游项目的安全性，把游客的安全放在首要地位，高标准、严要求地对待旅游工作的每一个环节，对容易危及旅游者人身安全的重点部门、地段、项目，提出相应的要求并采取必要的措施，消除各种潜在隐患，尽量避免旅游安全事故的发生。旅途安全的前提是服务设施要有保障，具体表现在旅游交通、住宿、饮食及游览等必须有保障，各方面都连接得当。旅行社在设计旅游产品时，应进行安全评估，重点关注以下内容：一是是否违反国家交通相关法规，如旅游车的行驶时间是否导致司机疲劳驾驶等；二是是否涉及受突发事件影响而列入橙色以上预警的地区或我国外交部建议中国公民暂勿前往的国家或地区；三是出境旅游线路是否未经主管部门批准的国家或地区作为旅游目的地；四是应有针对突发事件的应急预案或应对措施；五是应符合目标人群特质，对特殊人群应列明健康要求；六是对旅游线路履行辅助人的安全资质证明有备案；七是是否包含相关法律法规禁止的其他内容。

（三）旅游线路设计的程序

旅游线路设计包括确定线路名称、策划旅游线路、编写旅游行程单三个步骤。

1. 确定线路名称

旅游线路名称是线路性质、大致内容和设计思路等内容的高度概括。线路名称应简短、突出主题和富有吸引力，从而体现出线路的特色。例如，"烹饪王国游"名称面向美食家和爱好美食的旅游者尝遍中华名菜、欣赏烹饪技术，又可游览各地风光的旅游线路。又如，"冰雪风光之旅""我到北京上大学""红色革命之旅"等名称都具有一定特色。

2. 策划旅游线路

从形式上看，旅游路线是以一定的交通将线路各节点进行合理的连接。节点是构成旅游路线的基本空间单元，一般是城市或独立的风景名胜区。策划旅游路线就是从始端到终端以及中间途经地之间的游览顺序，在线路上对景点、参观项目、饭店、交通、餐饮、购物和娱乐活动等多种要素的节点进行合理布局。

3. 编写旅游行程单

旅游行程单是旅行社发给旅游者的一份有关旅游活动的日程安排，用于明示旅游过程中旅行社提供服务的各项标准。《旅游法》出台之前，大多数旅行社不太重视旅游行程单的编写，出现了许多问题，如内容不合法、书写不规范、表述不清楚、过于刻板等。《旅游法》第 59 条规定：旅行社应当在旅游行程开始前向旅游者提供旅游行程单。旅游行程单是包价旅游合同的组成部分。这说明旅游行程单对于旅行社而言意味着是对旅游者的一份承诺，如果没有兑现承诺，可能要承担相应的法律责任。因此，旅行社必须重视旅游行程单的编写，旅游行程单的编写需要遵循以下四大要点。

第一，内容要合法。依据《旅游法》，旅游行程单中不得出现有关购物场所的相关信息，如购物场所介绍、购物场所推荐等；不得出现另行付费项目的相关信息，如索道费自理、小景点门票自理、小孩产生门票自理、观看演出费用自理等；不得出现加重旅游者责任，减轻旅行社责任的内容，如"在不减少旅游景点的前提下我社有权对各景点游览顺序进行调整""如遇政策性调价及人力不可抗拒因素造成额外的费用产生及相关责任由游客自行承担"；针对境外旅游行程，旅行社应特别注意不得出现黄、赌、毒项目的内容，如"成人秀表演""豪赌一把"等。

第二，书写要规范。一份完整的行程单应该包括以下内容：线路名称、行程安排、服务标准、旅游目的地简介、友情提示（注意事项）等。一是线路名称用于说明要游览的主要目的地名称、游览目的及日程；线路名称尽量不要太长，应简单、易记，一般可

控制在 12 个字以内。二是行程安排用于说明每日的具体旅游项目，一般要求简洁明了，不要将景点介绍放在行程安排中。三是服务标准是对旅游服务质量好坏的界定，必须准确且符合国家或行业的相关标准，如导游服务标准不要使用优秀导游服务等字眼，而应该用"等级导游"或"星级导游"；饭店标准不要使用"准星级""相当于几星级""几星级标准""豪华"等字眼，而应该用"几星级"的规范表述。四是旅游目的地简介要求简单、突出特色，可以包括主要景点的介绍。五是友情提示应尽量使用柔性语言，可重点加强"文明旅游"的提醒工作。

第三，表述要清楚。旅游行程单中的各项安排应是非常具体、确定的。首先，在旅游行程中，旅行社的相关信息必须清楚。例如，行程中要出现旅行社的名称及许可证号，相关联系人及联系方式等，如果有地接服务，必须出现地接旅行社的相关信息（如名称、许可证号等）。其次，相关服务安排必须清楚：例如，车次信息包括出发时间、车站名称等，不可以表述为"车次待定""×× 车次或 ×× 车次"；饭店信息，不可表述为"参考宾馆：××"。最后，不要出现一些不必要的表述，以免画蛇添足，例如，"含旅行社责任险"这一项就是多余的表述，且不合理，因为旅行社责任险的保险对象是旅行社而不是旅游者，不属于为旅游者服务的范畴。

第四，体现灵活性。一方面，对于一些景点游览、自由活动时间的问题，由于旅游活动的不可测性因素太多，所以旅行社完全可以用"约 ×× 分钟"或"约 ×× 小时"来表述。另一方面，景点介绍描述不要过于艺术化，应当根据景点不同的季节和地域特征简单描述，点到为止，因为行程单不同于广告宣传单，如果描述过好，与游客体验效果相差太大，可能会引起一些不必要的纠纷。

旅游行程单的编写除以上四个要点外，还要注意不要出现一些错字、生僻字及语句不通顺的现象。此外，根据文化和旅游部的有关要求，我国将全面推广旅游团队电子行程单管理系统，这将对旅游行程单提出更高的要求（旅游行程单将接受网络监管），旅行社必须规范提供旅游行程单，严格按照行程单的要求为旅游者提供相应的服务。如果要调整相关行程，必须与旅游者进行协商，并向相关单位报告，在征得多方同意的条件下，才可以进行一定的调整。

【相关资料】

旅行社产品的设计人员

产品设计是一种生产和创造，好的路线产品是知识、经验、灵感的结晶，是经历和文化的感受。一个好的线路设计者，要有丰富的旅游基础知识，需具备旅游行业工作的技巧，敏锐的商业意识，足够的市场、财会方面的知识，懂得顾客的需求和心理，还要了解供给方面的情况。

旅行社的产品设计部门（小组）应该由下列三种人组成：一是精通旅游市场、熟悉产品内容和具有相当产品设计能力者；二是熟悉顾客需求、了解顾客心理特征的一线的接待人员；三是具有一定资历的能胜任美工设计的设计人员。

第三节　旅行社价格策略

一、旅行社产品价格概念

（一）旅行社产品价格的界定

所谓旅行社产品价格，是指旅游消费者为了满足自身旅游活动的需要，而向旅行社购买旅游产品的价格，是旅行社所提供的旅游产品价值的货币表现形式。旅行社产品价格的构成大致表现为两种形式，即旅游包价和旅游单价。在旅游活动中，旅游者通过旅游产品零售商购买的满足其全部旅游活动所需的旅游产品的价格，就称为旅游包价，它等于这些旅游产品单价之和再加上旅游零售商、批发商的自身经营成本和利润。有的旅游者不通过旅游零售商购买旅游产品，而直接与旅游产品生产者接触，采用零星购买、多次购买的方式，旅游者每次购买的只是旅游活动诸多环节中的某一项或几项产品，这种旅游产品的价格就称为旅游单价。例如，旅游者单独购买的车船票价格、餐饮产品的价格、饭店客房的价格、娱乐活动价格和景点门票价格等。

（二）旅行社产品价格的特点

与一般产品相比，旅行社产品价格有以下特点：

1. 相关性强

旅行社的许多产品是由不同的旅游服务供应商提供给旅行社，再由旅行社加工组合而成的，具有综合性的特点。因此，对旅行社产品制定合理的价格并实现最终销售，就不仅仅是实现旅行社自身价值的方法，同时也成为其他相关企业实现经营目标的途径。

2. 不易控制

由于旅行社产品具有较强的综合性，旅游业中其他部门和其他相关行业产品价格的调整都会直接或间接作用于旅行社产品的价格。因此，旅行社的价格决策是一种在一定范围内的决策，受到较多的约束。

3. 时间波动性大

旅行社产品具有不可贮存性，如果不能在特定时间销售出去，就无法实现其价值。一个旅游团即使只有一半人报名，团队也要成行，如果旅行社已经在饭店预订了房间，

此时就要承受退房的损失。因此，旅行社会在需求较少的情况下降低价格刺激需求，以使产品的供求水平达到平衡。另外，旅行社产品的需求具有较强的季节性，因而其价格的季节波动性较大。

二、旅行社产品定价依据

旅行社产品价格是最直接、最敏感地影响旅游消费者购买行为的因素，它又是与旅行社获得收入关系最密切的指标，因此制定价格必然是旅行社业务流程中一项重要的内容。同其他商品的价格一样，旅游产品价格是由旅行社产品所包含的社会必要劳动时间的耗费，即价值量的大小决定的。旅行社产品所包含的价值量的多少，是旅游价格制定的主要依据。除此之外，旅行社在进行产品定价的过程中，应综合考虑以下定价依据（图4-1）。

（一）产品成本

产品成本是影响旅游价格的最直接的因素。在一般情况下，产品成本是旅行社定价的基础，成本越低，旅行社定价的弹性余地越大。旅游企业在实际经营中都非常重视降低成本，节省一切不必要的开支，为降低价格提供空间，实现扩大销售和增加利润的目标。同时，旅游产品本身的成本决定最低价格。

（二）竞争者的价格

在旅行社产品市场上，绝大多数旅行社存在生产和销售同类产品，产品差异不大导致各旅行社之间竞争激烈。因而，旅游者在购买旅行社产品时总要在同类产品中论质比价。因此，旅行社在定价时应参照竞争者的产品和价格。如果自己的产品与主要竞争者的产品相类似，则一般情况下价格也应近似。否则必然会影响到产品的销售量，若价格过低，则可能会影响产品形象。如果比竞争者的产品质量低，那就应定较低的价格；如果质量高于竞争者的产品，则价格可略高。价格的调整也应根据竞争者的价格变化做出相应的调整。竞争对手同类产品的定价标准决定市场（中间）价格。

（三）旅游者的因素

这里主要包括旅游者的购买能力和对产品价值的认识，旅游者的购买能力越强，价格相对会高一些，但不能高于旅游者对产品价值的认识，也就是说旅游者购买能力和对产品价值的认识决定最高价格。

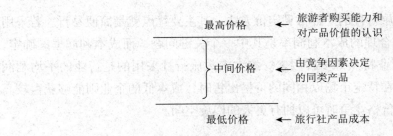

图4-1　旅行社产品的定价依据

此外，政府及法律因素也会成为旅行社产品的定价依据。在一些特定的市场条件下，政府会根据市场情况对产品价格的制定进行干预。政府对旅行社产品价格的干预一般出于两方面的原因。一方面是为了保护旅游者的利益，通过法律限制不正当竞争中牟取暴利的现象，这时政府有可能会制定最高限价。另一方面是为了保护旅游企业的利益，当全行业出现了削价竞争乃至损害了企业的正当利润和行业利益时，政府就会制定最低保护价，令企业定价不能低于此价。在市场机制较成熟的国家和地区中，最高限价和最低保护价也多由行业协会制定。因此，政府及法律的限制也是旅行社进行定价时必须考虑的因素。

三、旅行社产品定价方法

定价方法，是旅行社在特定的定价目标指导下，依据对成本、需求及竞争等状况的研究，运用价格决策理论，对旅行社产品价格进行计算的具体方法。旅行社产品的定价方法主要包括成本导向定价法、需求导向定价法和竞争导向定价法三种类型。

（一）成本导向定价法

成本导向定价法是指在旅行社产品成本的基础上加上一定比例的利润来确定该产品的价格的方法。这种定价方法简单易行，是目前许多旅行社企业最基本、最常用的一种定价方法。由于产品的成本形态不同，以及在成本基础上核算利润的方法不同，成本导向定价法又可分为成本加成定价法、目标利润定价法、边际贡献定价法等几种具体形式。

1. 成本加成定价法

成本加成定价法是把所有为生产某种旅行社产品而发生的耗费均计入成本的范围，计算单位产品的变动成本，合理分摊相应的固定成本（固定资产折旧费、销售代理商佣金、营销费用和各种费用等），再按一定的成本利润率来决定价格。其计算公式为：单位产品价格＝单位产品总成本 ×（1+ 成本利润率）。

例如，某旅行社黄山三日游的产品成本是500元，旅行社确定的成本利润率为20%，则：

黄山三日游产品价格 =500×（1+20%）=600（元）

成本加成定价法是旅行社的一种常见定价方法，其主要优点就是简便易行。若采用成本加成定价法，确定合理的成本利润率是其中一个关键问题，而成本利润率的确定，必须考虑市场环境、行业特点等多种因素。绝大多数旅行社采用的是行业的平均利润率。若某一旅行社产品在特定市场以相同的价格出售时，成本低的企业则能够获得较高的利润率，并且在进行价格竞争时可以拥有更大的回旋空间。

2. 目标利润定价法

目标利润定价法是根据旅行社的总成本、投资总额、预期销量和目标利润等因素来确定价格。其基本公式为：单位产品价格 =（总成本 + 目标利润）/ 预期销售量。即单位产品价格 = 总固定成本 / 预期销售量 + 单位产品变动成本 + 单位产品目标利润

例如，某旅行社以接待国内旅游团队为主营业务。该旅行社某年的目标利润总额是570000元，固定成本是760000元，旅行社每接待一位旅游者的变动成本是115元。同时，根据预测，该旅行社该年将接待38000人次的国内团体包价旅游者，那么，该旅行社接待国内旅游者每人 / 天的收费是：

[（760000+38000×115）+570000]÷38000=150（元）

在理论上，此种方法可以保证旅行社实现既定的目标利润，但由于此方法是以预计销售量来推算单价，而忽略了价格对销售量的直接影响，只有经营垄断性产品或具有很高市场占有率的旅行社才有可能依靠其垄断力量按此方法进行定价。

3. 边际贡献定价法

边际贡献定价法只计算变动成本，而不计算固定成本，以预期的边际贡献补偿固定成本并获得赢利。边际贡献是产品销售收入与变动成本的差额，其作用是补偿固定成本。

例如，某旅行社在某年3月8日推出一日游团体包价旅行社产品，每人市内交通费40元，正餐费30元，固定成本15元（员工工资、固定资产折旧费用），门票费30元，共计115元。由于市场竞争激烈，旅行社难以用115元的价格招徕大量的旅游者。在这种情况下，旅行社将价格降为108元进行销售，虽然比总成本价低7元，但由于该旅行社产品的单位售价高于变动成本（不含固定成本导游费，计100元），仍可获得边际贡献8元。

（二）需求导向定价法

需求导向定价法是以市场需求为中心，以顾客对旅行社产品价值的认识为依据的定价方法。需求导向定价法主要包括理解价值定价法、需求差异定价法等。

1. 理解价值定价法

所谓"理解价值"，是指消费者对某种商品价值的主观评判。理解价值定价法是指旅行社以旅游者对旅行社产品价值的理解度为定价依据，运用各种营销策略和手段，影响旅游者对旅行社产品价值的认知，形成对旅行社有利的价值观念，再根据产品在旅游

者心目中的价值来制定价格。

理解价值定价法的关键和难点，是获得旅游者对有关旅行社产品价值理解的准确资料。旅行社如果过高估计旅游者的理解价值，其价格就可能过高，难以达到应有的销量；反之，若旅行社低估了旅游者的理解价值，其定价就可能低于应有水平，使旅行社收入减少。因此，旅行社必须通过广泛的市场调研，了解旅游者的需求偏好，根据旅游者对产品质量、品牌、服务等要素的反馈，判定旅游者对产品的理解价值，制定产品的价格。

2. 需求差异定价法

这种方法是指旅行社根据不同购买力、不同数量、不同种类、不同地点、不同时间等因素采取不同价格的定价方法。该方法并不是基于成本的变化，而是基于旅游者收入水平的不同、偏好的不同和掌握市场信息充分程度的不同，因而对同一旅行社产品有不同的认知价值；在不同的时间和季节，旅游者的需求偏好和强度也有所不同，因而在认可程度高、需求强度高的地区和时间就可以制定高价格，反之旅行社只有制定较低的价格以应对市场竞争。例如，相同的旅行社产品有儿童价与成人价的差别；国内游客与国外游客的差别；学生价与一般游客的差别；淡季价与旺季价的差别等。

（三）竞争导向定价法

竞争导向定价法是指在竞争十分激烈的市场上，旅行社通过研究竞争对手的生产条件、服务状况、价格水平等因素，依据自身的竞争实力，参考成本和供求状况来确定旅行社产品价格的定价方法。竞争导向定价主要包括率先定价法、随行就市定价法、企业协议定价法、追随核心企业定价法等。

1. 率先定价法

率先定价法是一种主动竞争的定价方法，一般为实力雄厚或产品独具特色的旅行社所采用。自行制定价格后，在对外报价时先于同行报出，可以在同行中取得"价格领袖"的地位，获取较高的利润。

2. 随行就市定价法

随行就市定价法一般适用于"完全竞争型市场"。在完全竞争的市场结构条件下，任何一家旅行社都无法凭借自己的实力而在市场上取得绝对的优势，为了避免竞争特别是价格竞争带来的损失，大多数旅行社采用随行就市定价法，即将本企业某产品价格保持在市场平均价格水平上，利用这样的价格来获得平均报酬。此外，若采用随行就市定价法，旅行社就不必去全面了解旅游者对不同价差的反应，也不会引起价格波动。

3. 企业协议定价法

企业协议定价法适用于"寡头垄断竞争市场"。寡头垄断竞争市场是指整个市场由几家大型企业控制，它们的供给量占据了整个市场的很大比重。例如，中国旅行社行业在 20 世纪 80 年代初期一直由中旅、国旅、青旅三家控制。由于寡头垄断市场只有几家

大型企业，它们之间的经济行为相互牵制，互相影响。因此，这些企业多采用企业间协议定价方法，即为了避免企业间价格战，企业间订好协议，互相信任，互相制约，共同控制和操纵价格，这样市场价格也相对稳定。

4. 追随核心企业定价法

市场中往往会自然形成一个或几个核心旅行社企业，也叫领袖企业，它们大多实力雄厚，能够基本控制市场，大多数中小型旅行社市场竞争力有限，无力也不愿与这类大企业作"硬碰硬"的正面竞争，于是便跟随核心企业同类产品的价格，制定大致相仿的价格并随其价格的变化而相应地调整本企业的价格。这样做风险不大，但自然也不易得到更多的利润。

总之，企业定价方法有很多，企业应根据不同经营战略、不同市场环境和经济发展状况等，选择不同的定价方法。

四、旅行社产品定价策略

旅行社产品定价策略就是旅行社根据旅游市场的具体情况，从定价目标出发，灵活运用价格手段，使其适应市场的不同情况，实现旅行社的营销目标。

（一）新产品定价策略

任何产品都有一定的生命周期。旅行社经营者应该根据旅行社产品的生命周期阶段，制定有针对性的价格。

1. 撇脂定价策略

撇脂定价策略是一种高价格策略，即在新产品上市初期，旅行社为了短时间内尽快获取高额利润所运用的一种定价策略。运用撇脂定价策略，需要旅行社具备相应的条件，如果目前市场需求较高，制定高价格不会刺激更多的竞争者加入，有助于形成高质高价的产品形象。如果市场上存在高消费或时尚性需求，或者新产品具有独特技术且不易仿制等特点，则可采用此种定价策略。

2. 渗透定价策略

渗透定价策略是一种低价策略，即在新产品投放市场时，以较低的价格吸引游客，从而迅速开辟市场，在短时间内提高市场占有率。运用这种定价策略可能导致投资回收期较长，产品若不能迅速打开市场或遇到强有力的竞争对手时，会遭受到重大损失。渗透定价策略可以作为旅行社的一种长期的价格策略，往往适用于能够大批量生产、特点不突出、易仿制、技术简单的新产品。旅行社的观光旅游产品则可以实行这种策略。

3. 满意定价策略

满意定价策略是一种折中价格策略，它吸收了上述两种定价策略的长处，采用比撇脂价格低但比渗透价格高的适中价格，既能保证旅行社获得一定的初期利润，又能被旅游消费者接受，因而这种价格又被称为"温和价格"。这种定价策略适合大多数消费者的购买能力和购买心理，比较容易建立稳定的商业信誉。

（二）心理定价策略

心理定价策略就是运用心理学原理，利用、迎合旅游者对旅行社产品的情感反应，根据不同类型旅游者的购买心理，对旅行社产品进行定价，使旅游者在心理诱导下完成购买。该定价策略主要有尾数与整数定价策略、声望定价策略等。

1.尾数与整数定价策略

尾数定价就是利用消费者在消费心理上乐于接受尾数价格为奇数的价格而不喜欢稍高价格的整数价格，如定价99元就比定价在100元有更多的接受人群，消费者会认为99元基本就是90多元钱没有超过100元，因而会促成消费者的购买行为。整数定价策略恰恰相反，由于旅游产品或服务极其丰富，旅游消费者往往利用价格辨别产品的质量高低，特别是一些旅游者不太了解的旅游产品，整数价格反而会提高产品的身价，使旅游消费者产生"一分价钱一分货"的购买意识，从而促进旅行社产品的销售。

2.声望定价策略

声望定价策略主要针对旅游消费者"价高质必优"的心理，对在消费者心目中有信誉的产品制定较高的价格。这种定价策略适用于知名度较高的、形象吸引力大的旅游产品。高质高价，更能凸显旅游产品的特色，使得旅行社的产品给消费者留下优质的印象，同时还可以使消费者认为购买此类产品可以提高自身的声望。

（三）折扣定价策略

折扣定价策略是指旅行社的基本标价不变，而通过对实际价格的调整，把一部分价格转让给购买者，鼓励旅游消费者大量购买自己的产品和服务，促使旅游者改变购买时间或鼓励旅游者及时付款的价格策略。一般分为现金折扣、数量折扣、季节折扣等价格策略。现金折扣是对及时付清账款的购买者给予的一种价格折扣，折扣必须给予满足这些条件的全部购买者，这样的折扣是为改善旅游经营者的现金周转，减少赊欠、收取成本及坏账损失。数量折扣是旅行社因旅游消费者购买数量大而给予的一种折扣，采用这种定价策略能刺激旅游消费者大量购买，增加赢利，同时减少交易次数与时间，节约人力、物力和设备等开支。季节折扣是旅行社在淡季时给予旅游产品或服务的购买者的折扣优惠。由于在淡季，旅行社的客源不足、服务设施和生产设备闲置的情况下，为了吸引游客，增加消费，往往制定低于旺季时的旅游产品价格以刺激和吸引消费者。但是应注意这种定价策略下的产品价格不应该低于旅游产品的成本。

（四）促销定价策略

促销定价策略是指旅行社暂时将其产品的价格定得低于目标价格，有时甚至低于成本价格（当然必须符合法律规定）。如旅行社会用几个产品作为牺牲品来招徕顾客，希

望他们购买其他有正常加成的产品。旅行社选用这种定价策略要慎重，因为一旦失败就会在市场上形成一个低价劣质产品的印象，致使消费者对全部产品质量产生怀疑。

除此之外，旅行社还可以用特殊事件定价策略来吸引更多的消费者。对于在特定的时间内购买产品的旅游者，旅行社可以直接给予他们现金折扣。旅行社利用传统的节日庆典活动或者针对特定的假期进行的产品特价促销活动，但需要旅行社在开展促销活动的时候提前配备充足的人员和足够的设施设备，以确保旅行社的产品和服务质量不受影响。

第四节　旅行社渠道策略

一、旅行社销售渠道简介

旅行社产品销售渠道是旅行社将其产品销售给旅游者的途径，又称为销售分配系统。它是由一系列参与销售并促使旅游产品向最终消费者转移且被最终消费者购买和消费的组织和个人所组成。其中，食、住、行、游、购、娱等单项旅游产品的提供者位于旅行社销售渠道的起点，各种旅游中介组织位于旅行社销售渠道的中间环节，而最终消费者则位于旅行社销售渠道的终点。

旅行社的销售渠道有长度和宽度两类，对应于此，旅行社的销售渠道有长度策略和宽度策略两种（图4-2）。所谓长度策略是指旅行社是否选择中间商以及选择几个中间商的策略。宽度策略一般只针对有中间商的销售渠道，它是指旅行社同时在一个层次选择一个或几个中间商的策略。

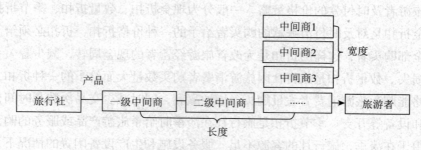

图4-2　旅行社的销售渠道示意

二、旅行社销售渠道策略

（一）旅行社销售渠道的长度策略

根据旅行社选择中间商层级的多少，我们可以将其分为直接销售渠道和间接销售渠道：

1. 直接销售渠道

（1）直接销售渠道是指旅行社不经过任何旅游中介组织（统称为旅游中间商），而由旅游产品生产者直接将产品销售给最终消费者的渠道，又称零层次渠道（图4-3）。直接销售渠道一般有两种形式。

①采用直接销售渠道进行产品销售的旅行社通常在其所在地直接向当地的潜在旅游者销售其产品，如当地居民到本地旅行社的门市部报名参加由该旅行社组织的市郊一日游。

②旅行社在主要客源地区建立分支机构或销售点，通过这些机构或销售点向当地居民销售该旅行社的旅游产品。直接销售渠道一般用于新产品投放市场之时，或新市场开辟之初。

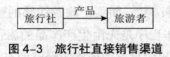

图 4-3　旅行社直接销售渠道

（2）直接销售渠道的优缺点。

①直接销售渠道的优点。第一，简便。旅行社直接向旅游者销售产品，手续简便，易于操作。第二，灵活。旅行社在销售过程中可以随时根据旅游者的需求对产品进行适当的修改和补充。第三，及时。旅行社通过直接向旅游者销售产品，可以及时将旅行社开发的最新产品信息尽快送至旅游者，有利于旅行社抢先于其竞争对手占领该产品的市场。第四，附加值高。旅行社在销售某项产品时可以随机向旅游者推荐旅行社的其他产品（如回程机票、车票、品尝地方风味等），增加产品的附加值。第五，利润高。直接销售渠道避开了横亘在旅行社和旅游者之间的中间环节，节省了旅游中间商的手续费等销售费用，增加了旅行社的利润。

②直接销售渠道的缺点。直接销售渠道的主要不足之处是覆盖面比较窄，影响力相对较差。旅行社受其财力、人力等因素的限制，难以在所有客源地区均设立分支机构或销售点，从而使旅行社在招徕客源方面遭受不利影响。

2. 间接销售渠道

（1）间接销售渠道是指旅行社通过旅游中间商向旅游者销售产品的营销渠道。常见的间接销售渠道包括单层次销售渠道、双层次销售渠道、多层次销售渠道。

①单层次销售渠道。是指在生产旅游产品的旅行社和旅游者之间存在着一个中间环节（图4-4）。由于各种旅游业务的差异，旅游中间商的角色由不同的旅行社充当。在国内旅游业务方面，充当这个中间环节的主要是旅游客源地的组团旅行社；在入境旅游业务方面，往往由境外旅游批发商、旅游经营商或旅游代理商担任中间商的角色；在出境旅游方面，旅游客源地的组团旅行社则担任着中间商的角色。

图4-4 旅行社单层次销售渠道

②双层次销售渠道。是指在生产旅游产品的旅行社和购买该产品的旅游者之间存在两个中间环节（图4-5）。这种销售渠道多用于入境旅游产品的销售。在双层次销售渠道中，生产产品的旅行社先将产品提供给境外的旅游批发商或旅游经营商，然后再由他们出售给各个客源地的旅游代理商，并由它们最终售给旅游者。

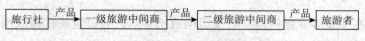

图4-5 旅行社双层次销售渠道

③多层次销售渠道。多层次销售渠道包括三个或更多中间环节，主要用于销售量大、差异性小的某些入境旅游产品，如某个旅游线路的系列团体的包价旅游产品（图4-6）。多层次销售渠道的操作程序是先由生产产品的旅行社将产品售给境外的一家旅游批发商或旅游经营商，这个旅游批发商或旅游经营商充当该旅行社在某个国家或地区的产品销售总代理。然后总代理把产品分别批发给该国或该地内不同客源地区的旅游批发商或旅游经营商，再由他们将产品提供给散落各地的旅游代理商，最后由旅游代理商把产品出售给旅游者。

图4-6 旅行社多层次销售渠道

（2）间接销售渠道的优缺点。

①间接销售渠道明显的优点。第一，覆盖面广泛。旅游中间商往往在客源地区拥有销售网络或同当地的其他旅游机构保持着广泛的联系，能够对广大的潜在旅游者施加影响。第二，针对性强。旅游中间商对所在地区旅游者的特点及其需求比较了解，能够有针对性地推销最适合旅游者需要的产品。第三，销售量大。旅游中间商是以营利为目的，专门经营旅游业务的企业，具有较强的招徕能力，能够成批量地购买和销售旅行社的产品。

②间接销售渠道的缺点。第一，中间环节多。因层层加码将使我国旅游产品对最终消费者的直观报价偏高，从而降低了市场竞争力。第二，旅行社利用间接销售渠道在获得大批量销售产品好处的同时也必然将销售产品的权力部分甚至全部让渡给旅游中间商。这意味着旅游产品生产者将部分丧失对目标市场的控制权，同时也必须将销售产品的利润部分让渡给旅游中间商。第三，在当前买方市场条件下，除非有令最终消费者十分感兴趣的旅游产品，否则在商务谈判的价格中旅游产品的供给者将处于相当被动的地位，为了扩大销售往往不得不更多地让利给旅游中间商，从而导致潜在利润的流失。第四，旅游中间商有自身独立的经济利益，其价值取向和行为准则往往是其自身利润最大

化。一旦他们认为无利可图，将会丧失积极推销旅行社产品的热情。此外，旅游业是比较脆弱的产业，如受各种不稳定性因素影响，旅游中间商为避免自己利润的损失和分散市场风险，则会将精力转向旅行社。

（二）旅行社销售渠道的宽度策略

根据旅行社在一个层次所选择的中间商的数量的多少，我们可以将其分成专营性策略、选择性策略、广泛性策略三种。

1. 专营性策略

专营性策略是指旅行社在一定时期、一定地区内只选择一家旅游中间商的渠道策略，即销售总代理制。建立这种关系后，双方不再和对方的竞争对手发生合作关系（图4-7）。这种销售渠道的优点是比较稳定，彼此间的利害关系比较一致，可以建立起比较好的合作关系，可以提高中间商的积极性和推销效率，降低销售成本。但这种销售渠道的缺点是风险很大，只靠一家批发商销售产品，销售面和销售量都可能受到限制，中间商一旦经营失误，就可能在该地区失去一部分市场。这种策略一般用于开辟新市场之初，或限于推销某些客源层不广泛的特殊产品。

图 4-7　旅行社专营性销售渠道

2. 选择性策略

选择性销售渠道策略是指在一个市场上从众多的中间商中选择几家信誉较好、推销能力较强、经营范围和自己对口的中间商，设法同他们建立比较稳定的合作关系（图4-8）。这种销售渠道的优点是可以集中于少数有销售能力的中间商进行推销，降低成本，另外还可以与一些客户建立稳定的合作关系。缺点是如果中间商选择不当，则有可能影响相关市场的销售，另外这种策略在实际合作过程当中操作起来也比较困难。当新开辟的市场发展到一定程度，合作伙伴众多的情况下，应该保留一些信誉好、发团多、合作关系稳定的合作伙伴；而对那些信誉差、付款不及时、发团量有限、合作得不好的经营者，应果断与其终止合作。一般而言选择性销售策略适用于市场发展成熟之时。

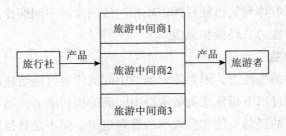

图 4-8　旅行社选择性销售渠道

3. 广泛性策略

广泛性策略是指旅行社通过多家旅游中间商把产品广泛散布到目标市场上，以便及时满足旅游者的需求的渠道策略。建立一个由大量中间商组成的松散销售网络，同任何愿意与旅行社合作的中间商建立联系（图4-9）。它的优点是可以广泛委托各地旅行社销售产品、招徕客源，可以把现实的和一部分潜在的消费者变成本公司的客源，同时在与中间商联系的过程中，便于发现理想的中间商。它的缺点是与众多的中间商联系所需费用较高，一般接待能力较弱的旅行社难以承受；另外销售过于分散，难于建立较固定的销售网。广泛性销售渠道策略多用于市场发展之时，但在现实中，由于旅行社产品一般都供大于求，使得多数旅行社感到客源不足，都希望利用广泛性销售渠道与更多的中间商建立联系。

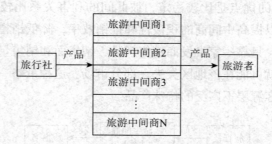

图4-9 旅行社广泛性销售渠道

三、旅游中间商选择与管理

（一）旅游中间商的选择

1. 较强的合作意向

合作的意向和拓展业务的积极性，是旅行社应考察旅游中间商的重点内容之一。旅游中间商的合作意向和开拓业务的积极性，直接影响着旅行社产品的销售效果，是他们配合旅行社销售工作的最好保证。此外，旅行社还应设法了解旅游中间商所经营的业务对本地区旅行社的依赖程度。

2. 目标市场的一致性

一般来说，目标群体与旅行社目标市场相一致的旅游中间商比其他旅游中间商更具备销售旅行社产品的能力、经验和愿望。

3. 较高的经济效益

即考察中间商的销售能力，因为能力强的中间商才有可能给旅行社带来较好的经济效益。旅行社可以通过以下指标来衡量旅游中间商的销售能力。第一，经营手段。旅游中间商应该具有优良的经营头脑和高效率的管理组织，而不是盲目地跟随别人，毫无主见。第二，分销能力。旅游中间商应在旅游市场上有较大的覆盖面，与其他旅游代理商拥有良好的合作关系。第三，财力资源。旅游中间商应该拥有较雄厚的运营资金和较强的筹集资金的能力，这是衡量旅游中间商能力强弱的一项硬指标。

4. 良好的商业信誉

旅游中间商的信誉是旅行社与其合作的基础。旅行社应重点考察旅游中间商的经济实力和偿付能力，设法了解他们在与其他旅行社交往过程中是否守信，有无长期拖欠应付账款或无理拒付欠款的历史。旅行社必须选择信誉良好的旅游中间商作为合作伙伴，坚决避免与信誉差的旅游中间商进行业务来往，以防蒙受经济损失。

5. 适当的数量与规模

旅行社在同一地区选择中间商，应本着数量适当、规模适当的原则。从数量上来看，中间商数量过多，易形成"僧多粥少"的局面，影响中间商的销售积极性；中间商的数量过少，易造成垄断性经营或销售不畅的局面。从规模上来看，中间商规模过大，易形成垄断性销售，使旅行社受制于中间商；中间商规模过小，组团能力相对差，不利于旅行社的产品推销。

（二）旅游中间商的管理

1. 建立关系管理系统

在业界主要表现为建立中间商档案。中间商档案可包括不同内容，可详细可简单，但至少要包括中间商的基本信息。中间商档案信息的积极备案在旅行社与中间商合作过程中起着决定作用。随着双方合作的进一步推进，中间商的资料要及时更新，增加新的内容或删减某些信息，如经济效益的好坏，推销速度的快慢等，为扩大合作或中止合作提供决策依据（表4-2）。

表4-2　旅游中间商档案

				注册国别	
中间商名称					
法人地址		营业执照编号		业务联系人	
营业地址				电话与传真	
电子信箱					
与我社建立业务途径及时间					
与我社联系部门及联系人					
客户详细信息					
备注					

2. 及时沟通有关信息

向中间商及时、准确、完整地提供产品信息是保证中间商有效推销的重要途径；而从中间商处获得有效的市场需求信息，则是旅行社进行产品改造和产品开发的重要

依据。

3. 有针对性的优惠和奖励

有针对性优惠和奖励可以调动中间商的推销积极性。旅行社常用的优惠和奖励形式有减收或免收预订金、组织奖励旅游、组织中间商考察旅行、领队减免、联合促销等。

4. 适时对中间商进行调整

旅行社应根据自身发展情况和中间商发展情况，适时调整中间商队伍。旅行社在下述情况下要做出调整中间商的决策：原有中间商质量发生变化；旅行社产品种类和档次发生变化；旅行社需要扩大销售；旅行社要开辟新的市场；旅行社的客源结构发生变化；市场竞争加剧等。

四、旅行社产品销售过程管理

（一）旅行社产品的销售方式

旅行社产品形态各种各样，但在销售过程中主要有两种基本形态：单项服务和包价旅游。

1. 单项服务

单项服务的销售方式分为直接销售和委托销售两种方式。直接销售是指旅行社通过其销售柜台为本地或已到达本地的旅游者提供各种相关服务，如预订客房、票务等。委托销售是指旅行社委托海外或国内其他旅行社为旅游者预订到达该地后所需要的各种旅游服务。

2. 包价旅游

包价旅游的销售方式又分为系列团销售和非系列团销售。系列团是指多次重复安排某一旅游线路，地接社和组团社达成一次性协议，分批发团、分批接待和结算。非系列团是指一次性销售旅游产品，地接社和组团社每次都要达成一个新的协议，并确认接待计划。

（二）旅行社产品销售过程

旅行社产品的销售需要经过一个复杂的过程，而且不同产品交易的销售过程也不尽相同。但是，一般来说，旅行社的销售过程通常由以下几个步骤组成：第一步，旅行社销售人员推出旅游产品；第二步，旅行社根据旅游者的意愿有针对性的修订旅游产品，并将其反馈给旅游者或中间商，请其确认；第三步，销售人员将确认的情况反馈给旅行社；第四步，旅行社将资料移交给接待人员，由接待人员具体落实。

（三）旅行社产品的销售过程的管理

1. 建立旅游交易合同制度

这里的交易合同从实质上讲与旅行社的采购合同是相似的，只是在这里旅行社成为旅游交易的供给方，而旅游客源产生地的旅游中间商或旅游者成为需求方而已。

2. 制定科学的销售工作程序

旅行社的销售程序大致如前所述，这里的关键是旅行社应对每个环节制定明确的工作流程、文书格式、授权范围和岗位责任等，同时应特别注意每个环节之间的衔接和配合，以免产生差错和失误。销售工作前期宣传时，旅游产品的宣传资料应全面、客观、真实，不做夸大渲染或引人误解的表述，宜对旅游产品的特点、适宜的消费人群进行说明。销售工作中期咨询时，旅行社应提供门市、互联网、电话、上门服务等多种可选的咨询和销售服务方式。销售工作后期、旅游前期旅行社应提供行前说明服务。

3. 加强对销售人员的管理

加强对销售人员的管理，包括：选择适当的销售人员；不断提高销售人员的素质；明确销售人员的责、权、利；通过制度约束销售人员，以及充分发挥销售人员的积极性等。销售人员主要职责有：遵守旅游职业道德和岗位规范；佩戴服务标识，服饰整洁；熟悉所推销的旅游产品和业务操作程序；积极热情，微笑服务；主动推介旅游线路，百问不厌；认真细致，避免错漏。

第五节　旅行社促销策略

一、旅行社促销策略制订与预算

（一）旅行社促销的定义

现代市场营销不仅要求企业开发适销对路的产品，制定有吸引力的价格，使目标顾客易于获得他们所需要的产品，还要求企业控制其在市场上的形象，设计并传播有关的外观、特色、购买条件以及产品给目标顾客带来的利益等方面的信息，这就需要企业通过促销活动来实现。旅行社促销就是指旅行社用特定的方式传递旅游产品信息，从而对旅游中间商和旅游者的购买行为产生影响，促使他们了解、信赖并购买旅行社产品，达到扩大销售目的的一系列活动。

旅行社促销与其他旅游促销一样，其根本目的在于激发潜在旅游者的购买欲望，并最终导致购买行为的发生。良好的旅行社促销，可以达到以下效果：刺激旅游需求，扩大旅游产品销售；提供信息，沟通供需关系；突出特点，强化竞争优势；树立良好形象，提高抗风险能力。

（二）旅行社促销策略的制定过程

旅行社促销策略制定的基础是旅行社总体发展战略指导下的市场营销策略。促销策

略只是旅行社市场营销策略的一个组成部分，它不可能孤立于旅行社的总体营销策略而存在。单就旅行社的促销策略而言，总体目标是基础，总体预算是保障，而所有促销要素目标都必须为总体目标服务，所有促销要素预算都受总体要素的限制。旅行社促销效果既是检验促销策略有效性的重要环节，也是旅行社不断提高促销管理水平的重要途径（图4-10）。

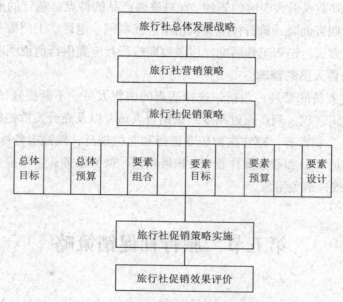

图4-10　旅行社促销策略的制定过程

（三）旅行社的促销预算

1. 旅行社促销目标的确定

简单地讲，旅行社的促销目标就是旅行社在一定时期内，通过各种推销要素的有机组合而要达到的总体目标。在旅行社经营实践中，旅行社的总体促销目标是确定旅行社各促销要素目标的依据，是旅行社促销策略的基础和核心，同时旅行社促销的总体目标也是通过各促销要素目标的实现而达到的。

一般说来，旅行社促销目标可划分为两类：一类为直接目标，是指寻求旅游者行为反应的目标，如提高10%的销售额，增加5%的市场份额等；另一类是间接目标，是指不直接导致消费者行为的目标，如提高产品的知名度、改善形象、传播知识、改变旅游者态度等。间接目标对消费者行为可起到积极的影响和促进作用。

旅行社在确定促销目标时，一般应做到以下几点：一是目标必须具体、准确；二是目标必须尽可能量化，可测定；三是目标必须现实可行；四是各促销要素目标必须协调一致。

【相关资料】

旅行社对旅游中间商的促销目的

在旅行社采用直接销售渠道的情况下，促销目标的确定和表达一般较为直观。而在旅行社广泛采用间接销售渠道的情况下，旅行社促销活动的对象并不是最终的消费者，而是旅游中间商，因此旅行社促销活动的主要目的也随之变化，主要表现以下三个方面：

第一，向旅游中间商提供信息。旅行社应经常通过不同的途径向中间商提供最新的产品信息，使中间商随时掌握产品的变化情况。实践证明，邀请中间商进行实地考察是行之有效的方法，这既可以使中间商亲自了解旅游目的地的情况，又可以借此机会与中间商建立良好的联系，这种联系在旅行社产品的销售过程中极为重要。当然，这种促销方式费用较高，一般只适用于较为重要的客户。

第二，将旅行社产品纳入中间商编印的产品目录。旅游中间商一般都会编印自己的产品目录，以备客人索取。国外旅游经营商编印产品目录后会广泛发送给旅游批发商和旅游代理商。旅游经营商产品目录一般印制精美，图文并茂，并附有价位表，以备客人选择。由于这一推销方式影响大、效果好，所以能在主要客源产生地中间商印制的产品目录中占有一席之地，也就成为旅行社产品推销活动的基本目标之一。

第三，签订合同。合同是指当事人之间为实现一定的经济目的、明确相互权利义务关系的协议。旅行社与中间商签订合同的目的在于以法律的形式明确双方的合作关系，并确保各自利益的实现，它是双方合作的基础和依据。合同的具体内容由当事人协商确定，原国家旅游局制订的相关合同范本可供参考。

2. 旅行社促销预算的确定

在理论上只要旅行社促销活动尚有利可图，这一促销活动就应继续进行。例如，某旅行社当前促销预算为 10 万元，计划增加 3 万元，那么是否应该增加这部分促销预算呢？答案很简单，只要能带来比追加的 3 万元更大的利益，该旅行社就应追加这部分预算，反之则否。根据上述理论，旅行社在确定促销预算时需要确定一系列因果关系问题的答案，这就是说，只有在确知促销结果的条件下促销预算才可能是准确的。但事实上，旅行社的决策者在进行预算时根本无法确知这一结果，因而上述理论也就无法付诸实践。在实践中的促销预算应尽量综合考虑促销目标、竞争因素、可利用资金等要素。据此，旅行社促销预算确定的方法主要包括销售额百分比法、利润额百分比法、目标达成法、竞争对抗法及支出可能法。

（1）销售额百分比法。销售额百分比法是指旅行社根据一定时期内的销售额的一定比例确定促销预算的方法。这种方法由于计算标准不同，又具体分为计划销售额百分比法（根据下年度计划销售额确定）、上年度销售额百分比法（根据上年或过去数年的平均销售额确定）、平均折中销售额百分比法（根据计划销售额和上年度销售额的平均值确定）、计划销售增加百分比法（即以上年度促销预算为基础，再结合下年度计划销售增加比例确定）。这种方法的优点是计算简单方便，不足之处在于其颠倒了销售与促销的因果关系，错误地将促销预算作为因变量，而将销售额作为自变量，而实际上销售额应该是促销预算的函数。根据这一错误的逻辑，如果某产品销售额下降，按这种方法则应该减少促销费用，而某些时候则应扩大促销预算，以防止销售额进一步下降，因此该方法不宜单独使用。

（2）利润额百分比法。利润额百分比法原理类似于销售额百分比法，只是用利润代替销售额，主要包括：计划利润额百分比法、上年度利润额百分比法、平均折中利润额百分比法、计划利润额增加百分比法四种。利润额百分比法还可细分为净利润额百分比法和毛利润额百分比法两种。其优缺点与销售额百分比法类似。促销预算和利润直接挂钩，适用于旅行社不同产品之间的促销预算分配。但此种分配比例也不应绝对化，如新产品在开拓期，需要进行大量促销，其促销支出比例就应高于其他产品。

（3）目标达成法。目标达成法是旅行社首先确定某一时期的促销目标，然后确定为实现这一目标所应进行的促销活动，并具体测算每项促销活动所需要的经费，在此基础上确定旅行社在特定时期的总体促销预算。以促销目标决定促销预算的方法决定了预算结果的科学性。只要促销目标明确，旅行社便可以制定出较准确的促销预算，同时还可以在促销活动实施后有效地检验促销效果。不仅如此，目标达成法还使得旅行社能够灵活地适应市场变化，有针对性地调整其促销策略。但是，目标达成法比较复杂，应用起来相对较难。旅行社应注意在决定促销预算的同时，运用其他预算方法，使促销预算确定切实可行。

（4）竞争对抗法。又叫竞争对等法，即旅行社根据竞争对手的促销预算，确定本企业的促销预算。这种方法事实上是把促销作为商业竞争的武器，实行针锋相对的促销策略。采取这种方法的旅行社大都是财力雄厚的大旅行社，资金不足的中、小旅行社使用这种方法具有一定的风险性。这种方法在实际应用中又可以划分为市场占有率法和增减百分比法两种。

第一种是市场占有率法。即首先计算竞争对手在特定时期的市场占有率及其促销预算，求出竞争对手单位市场占有率的促销费用，并在此基础上，乘以本旅行社预计市场占有率，即得出本旅行社的促销预算，其计算公式为：

促销预算＝（竞争对手特定时期的促销预算／竞争对手市场占有率）× 本旅行社预计的市场占有率

例如，某年上海 A 旅行社促销费用预算 100 万元，市场占有率为 5%，其竞争对手 B 旅行社，市场占有率为 2%，则次年，B 旅行社促销预算为：

M=100 万元 ÷5%×2%=40 万元

第二种是增减百分比法。即根据竞争对手本年促销预算比上年促销预算增减的百分比，作为本旅行社促销预算增减百分比的参考数。其计算公式是：

促销预算＝（1 ± 竞争对手促销预算增减率）× 本旅行社上年度促销费用

竞争对抗法最主要的缺点是旅行社与竞争对于在市场营销策略、产品和目标市场未必完全相同（事实上不存在完全相同的企业）的情形下，盲目追随竞争对手的促销预算，且这实质上是将旅行社的促销预算权在无意识中拱手让于竞争对手，造成不必要的浪费。

（5）支出可能法。支出可能法也称全力投入法，它是按照旅行社财力可能支付的金额，来确定促销预算的方法，可以根据市场供求变化情况灵活地调整促销预算，是一种较适应旅行社财务支出状况的方法。然而，这种方法也存在一定的局限性，如由此确定的促销预算可能会低于或高于最优预算水平。

在实际操作中，旅行社通常采用几种不同的方法来综合确定促销预算。

二、旅行社促销方式与效果评价

（一）旅行社促销方式

旅行社的促销活动主要由媒体广告、销售推广、营销公关、现场传播、直接营销等方式构成，旅行社对这几种方式的结合形式进行决策，称为促销要素组合决策（表4-3）。旅行社促销要素组合是指旅行社在特定促销目标和特定促销预算指导下，对各种促销方式进行适当的选择和综合编配。一方面，现代企业通常运用促销组合来接触中间商、消费者及各种公众，且中间商也可运用一套组合来接触消费者及各公众。另一方面，消费者彼此之间、消费者与其他公众之间则进行口头传播，同时，各群体也对其他群体进行沟通反馈。

表 4-3 五种旅行社促销方式

媒体广告	销售推广	营销公关	现场传播	直接营销
印刷和电台广告	竞赛游戏	报刊稿子	推销展示陈说	目录
外包装公告	兑奖	演讲	销售会议	邮购
电影画面	彩票	研讨会	奖励节目	电话营销
简订本和小册子	赠品	慈善捐助	样品	电子购买
招贴和传单	样品	年度报告	交易会与展销会	电子信箱
工商名录	交易会和展销会	出版物		
广告牌	示范表演	游说		
销售点陈列	回扣	关系		
视听材料	低息融资	事件		
标记和标识	款待	公司杂志		

【案例分析】

小记者们的研学旅行

　　某市电视台办了一期小记者培训班。在培训班即将结束时，暑假到了，电视台打算组织孩子们进行实践活动。

　　该市 D 旅行社得知情况后，开发设计了以江浙地区为目的地的"小记者研学旅行 5 日游"产品。D 旅行社首先做了市场调研，了解到该市的学生以及家长、教育机构普遍赞同孩子暑假出行，但对研学旅行了解不多，根据这些调查情况，D 旅行社制订了研学旅行产品推广方案。于是旅行社邀请家长们及孩子们参加了研学旅行说明会，与他们相互沟通解惑答疑。D 旅行社还有一个得天独厚的优势，就是与电视台的良好关系，于是在电视台进行广告宣传，打出的广告主题是"研学旅行，暑假生活真不同"，以更迅速、及时、生动直观的方式，在更大的范围内推广研学旅行。

　　在团队出发前，家长们提出是否可以让导游员在发团前先跟孩子们见见面，孩子们不但可以熟悉导游员，家长也放心。旅行社组织了简短而热烈的见面会，导游员们年轻活泼，很快就跟孩子们打成了一片。同时对报名参团的孩子，旅行社做了详细登记，以确保各方面都放心。第一个团的孩子们回来后，有人拍了照片，还有人拍了 DV。旅行社灵机一动，开展了研学旅行图片展和"我的难忘经历"作品征集，让此次研学旅行更值得回味。当孩子们结束愉快的旅程后，都惊喜地收到了导游员的一份小礼物。D 旅行社的研学旅行产品也成功地打开了市场。

　　分析：

　　通过对 D 旅行社成功促销案例的分析，我们可以看出，该旅行社之所以能够成功地销售大量的研学旅行产品，与其采用的促销组合方式有很大的关系。首先，该旅行社针对研学旅行产品的潜在消费者——在暑期参加各种培训的中小学生相对集中的特点，采取了人员促销的策略。这种促销策略使旅行社能够提高其产品的销售效率。其次，该旅行社在广告媒体方面也有独到之处。旅行社充分利用与电视台得天独厚的关系，以电视广告形式向广大中小学生及家长进行促销，对于该社推出的研学旅行产品的销售起到了促进作用。再次，该旅行社对家长提议及时组织"见面会"，进一步对产品进行了宣传。最后，该旅行社重视售后服务，为日后的产品销售打下了良好基础。D 旅行社的做法值得旅行社经营者们在产品销售工作中借鉴。

1. 媒体广告

　　媒体广告的类别很多，我们选择其中的大众传播媒体来做介绍。大众传播媒体主要包括电视广告、报纸广告、杂志广告、广播广告和网络广告五类，每种媒体又存在为数众多的载体，如特定的电视节目、杂志等。媒体广告作为重要的旅游促销方式由来已久，不同的媒体所具有的优缺点如表4-4所示。

表4-4 大众传播媒体及优缺点

媒体类别	优 点	缺 点
电视	传播性能多样	费用高
	传播范围广泛	印象逝去快
	及时、灵活	选择性相对较少
报纸	覆盖面广	内容繁杂，阅读仓促
	时效性强	缺少形象表达手段
	灵活性强	
杂志	对象明确、选择性强	缺乏灵活性
	阅读和保存时间长	传播范围有限
	印刷效果良好	时效性差
广播	传播速度快	不能持久保存
	传播空间广泛	选择性差
	传播方式灵活	产生听觉错误
网络	个性化服务	信息庞杂
	双向互动	竞争激烈
	虚拟体验	可信赖度低
	广域传播	

下面我们对大众传播媒体的网络促销这一主要促销方式进行分析。互联网在人们的生活中所占的比重越来越大，面对日新月异的市场经济，网络化的潮流已经席卷全球，而信息网络化的发展对以中介为传统功能的旅游企业尤其是旅行社的冲击也是有目共睹的。在这一新兴竞争方式的呼唤下，旅行社必须借助互联网进行网络促销。

网络促销是指利用计算机及网络技术向虚拟市场传递有关商品和劳务的信息，以引发消费者需求，唤起购买欲望和促成购买行为的各种活动。旅行社网络促销主要通过旅行社自建网站、QQ、微信、微博、抖音、小红书及各类在线平台开展。

网络促销具有双向互动、虚拟体验、广域传播及个性化服务的优势，同时也具有竞争激烈、信息庞杂、可信赖度低等缺点。因此旅行社在网络促销时应注意以下几点。

（1）旅行社网站和主页的设计应图文并茂，生动，有吸引力，切忌只将产品简单地铺展在网页上，这样不仅无法吸引来访者，而且由于过于直白和简单的商业目的，往往会引起访问者的反感。旅行社可以在网站中设置一些服务栏目，如设置旅游外出手册、旅游常识集萃等栏目，使访问者能够从中获益并记住网址。同时，网络内容应注意更

新，适应市场需求。

（2）旅行社在互联网上的信息内容应尽量准确、详细。很多旅行社只推出旅游路线，没有具体的景点图片，甚至无文字解说，对旅游者最关心的价格问题也是绝口不提。旅行社购买旅游产品的价格往往低于旅游者直接向旅游相关部门购买产品的价格，旅行社应利用这一优势，将这些优惠公开给访问者，以挖掘其潜在购买力。

（3）旅行社促销网站同样需要推广，没有访问者的站点形同虚设。旅行社可以利用其他宣传品的宣传作用，如在宣传册中印制网址，在电视广告、广播广告中宣传自己的站点，向顾客发送电子邮件等方式进行宣传。同时，旅行社也可以在热点网站、文旅相关部门，特别是饭店、旅游交通部门的网站中刊登自己的网址，使更多的网民了解自己的站点。

【案例分析】

A 旅行社抖音账号如何破圈营销

2023 年 A 旅行社两个抖音账号分别直播带货月销售 300 万元、200 万元，共计 500 万元销售额，位居头版。从 A 旅行社抖音账号来看，直播产品以当地地接、一日游、演艺门票、套餐产品为主。其跟团游产品兵马俑＋华清宫＋长恨歌一日游产品销量达到 3000 单。

A 旅行社通过建设官方抖音账号，一是利用短视频实现品牌宣传推广。品牌知名度是企业交易转化的关键，近年来各大涉旅企业通过抖音、微信公众号、微博、小红书、马蜂窝等平台，扩大品牌知名度，引起用户关注及兴趣，让用户产生兴趣进行流量变现转化为经济价值。日积月累的优质视频内容也可被利用在不同渠道进行宣传推广，节省运营成本。二是利用产品上线引导交易转化。无论是短视频引导交易还是直播带货方式促进销售，各有侧重。短视频带货传播具有长久性和灵活性，满足搜索用户的消费需求时可提供引导转化交易。直播可以更全面、更详细地带领粉丝线上云游景区、酒店，交互性更强，可实时解答及介绍产品具体内容，围绕产品进行专业解答。三是建立私域流量。对于旅游景区、酒店而言，游客可能是一次性的，如何利用用户画像深入分析提升产品、服务、内容竞争力，并进行二次转化为经济价值是旅游业需要深入研究的。

激活市场需求，将流量转变为经济价值需要旅行社不断创新，围绕产品、内容不断创新，销售渠道、品牌推广策略不断开拓，团队专业化水平不断提升，为企业高质量发展提供源动力。

分析：

互联网已经成为游客收集旅游资讯的一个重要平台，旅游企业只有探索网络营销的新路，才能在现代旅游服务中拔得头筹。与此同时，旧有营销渠道仍然十分重要。虽然抖音传播很迅速、受众人群也很庞大，可是也正因为信息的海量造成了抖音上热点的短暂性，虽然抖音在打造企业的市场形象、维系市场上有一定的作用，但是这种影响力目前仍需理性地来看待。

2. 销售推广

又称销售促进，是近年来发展极为迅速的一种促销方式，它包括面向行业（旅游中间商）的销售推广和面向消费者（旅游者）的销售推广两类。在旅游业中以前者更为普及。面向中间商的销售推广活动包括熟悉业务旅行、旅游博览会、变异折扣、联合（合作）广告、销售竞赛与奖励和提供宣传品等众多不同的方式。中间商考察旅行是目前国际上常用的推销手段，即组织中间商来旅游目的地进行考察，向他们介绍旅游线路和活动，特别是介绍旅行社新的产品，使他们通过实地考察了解旅行社的产品和旅游目的地的情况，产生来本地旅游的愿望。尽管邀请中间商的成本较高，但往往可以收到较好的促销效果。

3. 营销公关

营销公关是以公关为主要手段的营销。旅行社公关的目的是与所有的企业公众建立良好的关系，而营销公关的一切活动都是以具体的产品品牌为中心进行的，如借助新闻媒介传播产品信息、以品牌形式赞助公益活动等。营销公关有主动性营销公关和防御性营销公关之别。主动性营销公关是在品牌并没有发生危机时，便自动传播品牌信息，赞助公益活动等。例如，在四川发生重大地震灾难时，我国许多旅行社在一些捐赠大会上捐款捐物的行为便属于主动性营销公关。防御性营销公关是指品牌和产品在遭遇挑战者的时候通过定价、重新自我定位以及寻找渠道等途径，在新的市场格局下与公众建立良好的社会关系，实现利润的最大化。然而，无论采取何种策略，防御性营销公关下的品牌或产品都无法回到以前的利润点。

4. 现场传播

现场传播是指旅行社通过营业场所的布局、宣传品的陈列与内部装饰等向旅游者传播产品信息，增强旅游者购买信心，促成旅游者购买行为的发生。随着信息技术的发展，网络直播平台作为旅行社产品实体店体验式营销的补充，以抖音、快手为主的网络直播平台成了现场传播的新型途径。旅行社通过直播平台实现了以"产品"为核心的图文时代转向以"人"为核心的隔时空促销时代。直播平台可以有效地提升旅行社产品内容的交互形式、人格化的信任和认同，相比起传统的现场传播，新型直播式的现场传播更具有丰富性、直观性及吸引性，达到和消费者间形成有效的互动，进而增强促销效果。

5. 直接营销

直接营销是一种传统的促销方式，因费用支出比较大，许多旅行社不愿意采用这一手段，但随着网络时代的到来，富有人情味和个性化的直接促销方式重新受到一些旅行

社的青睐。它包括四种主要形式：

（1）人员推销，是指旅行社通过委派销售人员，直接上门向旅游者口头陈述以推销产品，以促进和扩大销售。这些销售人员可以是本企业建立的销售队伍，也可以是雇用的销售人员，如在校大学生。

（2）直接邮寄，是近年来普及的一种直接营销方式。它是指旅行社通过直接向旅游者寄送产品目录或宣传品推销产品。

（3）电话营销，包括向内和向外两种方式：向内，是指旅行社通过公布"400""800"等免费电话，吸引旅游者使用电话查询或预订产品；向外，是指旅行社销售人员通过电话向旅游者推销产品。

（4）社群营销，作为一种新型的直接营销方式，是依托互联网终端将志趣相投的人聚集，通过微博、微信、客户端、公众号等平台互动交流，引起群体关注，产生信任，实现产品与用户的有效连接和营销传播，从而达到最终营销目的。它的特点是具有相对固定的群组，去中心化，突出共同兴趣、群体交流，并且通过持续互动，形成社群关系依托，产生社群情感，进而为个人或企业累积更多顾客资本，为个人或企业产生潜在营销和收益。

近年来旅游行业的社群营销发展迅速，新兴旅游企业如游侠客旅行、飞猪旅行、去哪儿网等更多地依赖社群营销发展，传统的旅行社营销模式渐渐被代替。通过内容推送，对用户提供更具多样化和新奇的产品和服务，并更高效地聚集精准用户，从而形成自己的社群，利用这样的平台满足用户的需求，掌握更多用户的资料数据，以最短的距离、最有效的方式、最低的成本实现旅游产品和服务的营销。

（二）旅行社促销效果评价

1. 促销效果的测定

促销效果的评价主要是通过促销反馈信息来衡量某种促销组合或具体促销方案的效果。衡量的标准主要是促销策略实施之后旅行社产品销售量增减的幅度。通常情况下，产品增销的幅度越大，说明促销的增销效果越大，反之则小。如果在市场疲软或产品进入衰退期的情况下，因促销的作用而使产品销量下降的速度越慢，说明促销的减缓效果越大，反之则小。当然，旅行社产品销售量的增减，受到主观和客观多种因素的影响，促销只是其中的一个因素。因此，促销效果的测定要达到极其准确的程度是很困难的。尽管如此，由于促销的销售效果是旅行社一切促销活动的最终目的，加之促售效果的测定比较简便易行，所以促售效果的测定便成为促销效果评价的重要方面。促售效果测定的方法主要包括两种。

（1）比值法。这种方法是以促销前后产品销售的变化来进行测定，由于简便易行，所以在旅行社中较为通用，其公式为：

$R=（S_2-S_1）/P$

式中：R表示促销效益，S_2表示本期促销后的平均销售量（一月或一年），S_1表示促销前的平均销售量（一月或一年），P表示促销费用。

例：某出境组团旅行社某年上半年的出境旅游平均销售收入为300万元。6月底，该旅行社决定从7月1日起，在当地的晚报上连续刊登介绍该旅行社出境旅游产品的广告。广告的刊登时间为1个月，共支出广告费用10000元。到年底，该旅行社发现，下半年的出境旅游销售收入达到360万元。该旅行社应用比值法测定的广告促销效益为：

$R=(S_2-S_1)/P=（360-300）\div 1=60$，即每1元的广告促销费用产生了60元的效益。

由于促销效益和销售量之间并非绝对呈正比关系，因而运用这种方法评价促销效果要密切注意排除促销以外其他因素的作用，如市场的变化、竞争对手的促销活动的加强与减弱、偶然性事件的影响等，故不应将销售量的增长都归因于促销活动。

（2）增长速度比较法。这种方法是将几个时期的销售额与促销费用的平均增长速度相比较，观察促销活动在一个较长时期内的销售效果。如果销售额增长的速度大于促销费用的增长速度，则说明促销效果比较好。

2. 自身效果的衡量

促销自身效果又叫接触效果，是指以促销活动的视听率、记忆度和产品的知名度等因素为依据测定的促销效果。

旅行社的促销活动推出以后，也许由于社会、自然、经济、市场等方面的原因或各种意想不到的变化，导致产品的销售量并没有大幅度的增长，甚至可能出现下降。在此情况下，只要有更多的人认识了旅行社促销的产品，就可以被认为是达到了促销的自身效果。另外，旅游消费者最终的购买行为的发生，往往也不是某一项或某一次促销活动的结果，而是旅行社一系列促销活动共同作用的产物。因此，那种单纯以销售量的变化来衡量促销效果的做法，显然具有局限性。衡量旅行社产品促销自身效果的指标主要有视听率、记忆度、理解度、知名度和注意度等。

第六节　旅行社品牌策略

一、旅行社品牌内涵

（一）品牌的相关概念

什么是品牌？很多人可能认为：只有名牌才是品牌。实际上品牌是指用以区别不同销售者所售产品或服务的名称、符号、标记、图案、色彩及其他特征。

1. 品牌名称

品牌中可以用语言表达的部分（包括文字、数字）通常是识别产品的标志，它们是品牌的核心。没有品牌名称，生产者无法识别自己的产品。对消费者而言，品牌名称是产品的基本组成部分，品牌名称可以使消费者简化购买，获得一定的质量保证，并成为消费者自我表现的凭借物。例如，中国国际旅行社，中国青年旅行社等品牌名称。

2. 品牌标志

品牌中非文字或数字表述的部分，通常是具有一定颜色的图案、符号或标记，这就是我们一般所说的 LOGO。图 4-11 为中国国际旅行社和中国康辉旅行社的品牌标志。

中国国旅

中国康辉

图 4-11　中国国旅与中国康辉旅行社的品牌标志

3. 品牌内涵

品牌内涵是指营销者为特定品牌创造并用以与目标市场进行沟通的特定含义，是区别不同产品的关键内在因素，其意义附着在品牌名称和品牌标志这一表层上。品牌内涵包括两大部分：第一，营销者给品牌名称、品牌标志所赋予的含义及设计品牌的其他含义（营销者的感受）；第二，营销者在经营中给旅游者所带来的实际感受上的含义（旅游者的感受），其实这也是品牌内涵最真实的体现。品牌内涵在营销者与旅游者间形成的感受差距，需要用营销沟通来解决，以达到加强品牌内涵管理的作用（图 4-12）。

图 4-12　品牌内涵管理

4. 营销沟通

确定品牌内涵并不是最终目的，最终目的在于将创造出来的品牌内涵传递给消费者，使消费者认识、认同，并最终建立对促销产品的品牌忠诚。

5. 品牌内涵管理

品牌内涵管理指企业在特定品牌生命周期的全过程对其内涵进行的策划、传播与控制。品牌内涵管理的最终目的在于不断增加品牌资本。

6.注册商标

商标是指企业依法注册的标记或名称，商标注册是保护旅行社自身品牌利益最有效的方式。例如，中国国旅集团的"熊猫旅游"等注册商标。

品牌对于生产者和消费者都有重要意义。对于生产者来说，品牌有助于他们区分不同的产品，有助于他们进行产品介绍和促销，有助于他们培育回头客并在此基础上形成顾客的忠诚。对于购买者而言，品牌可以帮助他们识别、选择和评价不同生产者生产的产品，并可以通过诸如消费名牌产品等方式获得心理的满足和回报。

（二）旅行社品牌的概念

旅行社品牌是指用以区别不同旅行社所售服务或产品的名称、符号、标记、图案、色彩或其他特征。旅行社品牌不同于一般的工业品牌：工业品牌易被假冒，而且易被模仿，旅行社品牌易被模仿，但不易被假冒，因为目前消费者很少对旅行社有品牌意识，而对工业产品则表现出较强的品牌意识，所以假冒旅行社品牌意义不大。

【相关资料】

康辉旅行社品牌标志解读

品牌名称：中国康辉旅行社。品牌内涵：康辉标志（图4-11）形似梅花，其意义为：第一，梅花的坚毅品质代表康辉坚定不移的发展道路；第二，梅花变形为人手相连，象征康辉崇尚团结、合作的精神；第三，梅花变形似五洲，象征康辉事业前途广阔，遍布五洲；第四，CCT为中国康辉旅行社有限责任公司China Comfort Travel的缩写；第五，上下半弧，分别代表天与地，象征康辉具天地之灵气，事业日新；第六，康辉标志为深绿色，深绿色为企业标准色，取海之碧绿，象征和平，体现康辉在天地之间传播生命之绿，点缀生活。

已有的研究表明，对有形产品而言，产品品牌是最主要的，而对于无形的服务来说，企业品牌则是首要的。这一研究结论对于旅行社具有同样的适用性，因为旅行社提供的服务具有无形性特征，而正是这一特征使得服务产品的品牌化变得比较困难。此外，旅行社旅游经营活动中对于大量公用物品的依赖性进一步提高了其产品品牌化的难度，因为旅行社不能无视其他企业和社会公众对诸如长城、故宫和桂林山水等的使用权，而将这些社会公共物品的使用权排他性地据为己有。非但如此，旅游活动分布的广泛性和地域性使得某个企业即使想垄断对某一类旅游活动的经营但在实际操作中也很难实现。

旅行社在良好的企业品牌之下，可以进行产品品牌的建设。但是要注意的是旅行社

产品的品牌不适合以旅游线路的名称命名，如"丝绸之路游""长江三峡游""欧洲风情游""夏威夷游"等，因为以上线路名称是旅行社产品的通用名称，其他旅行社有权经营类似的旅游线路，使用这样的名称作为产品品牌，将很难使本旅行社的产品与其他旅行社的产品区分开来，因而起不到品牌区分产品这一最基本的作用。一般来说，旅行社的产品名称用一个概念性的名字比较合适，如台湾专门针对生态旅游产品的"苹果旅游"，国旅总社针对中国公民推出的"环球行"品牌，以及春秋国旅的"贵族之旅""纯玩团""春之旅""自游人""爸妈之旅"等特色旅游产品。

二、旅行社品牌创建方法

（一）旅行社品牌经营存在的问题

1. 品牌经营意识淡薄

我国旅行社所提供的产品大多是"某某地点至某某地点几日游"的模式，主题形象不鲜明，旅游者无法从中了解到旅行社的经营特色和其所提供的旅游产品内容，更无从知道他们能从旅游产品中得到的利益。其结果是：规范经营的旅行社提供品质卓越的旅游产品难以脱颖而出，而且由于经营成本较高，在价格大战中反而处于劣势。可以说，正是由于旅行社无品牌经营意识，才给市场中出现的"劣货驱逐良货"的现象提供了大行其道的天地。

2. 品牌策划缺乏创意

目前我国旅行社业的品牌策划甚为匮乏，各家旅行社相互克隆，相互模仿，真正有创意的品牌策划寥寥无几。一家旅行社推出新马泰旅游线路，另一家旅行社也跟随推出相同的线路，策划同一个旅游节或文化节，内容重复，毫无新意。例如，"广之旅"刚推出，市场反响较好，但紧接着"诚之旅""信之旅""爱之旅"等一系列相似的"品牌"铺天盖地而来，充斥着旅游市场。又如，湖南省推出的"潇湘雅途"言辞典雅，富有地方特色，但许多地方盲目效仿，推出"中原雅途""华夏雅途"等品牌，牵强附会，毫无创意。有些旅行社片面追求品牌措辞华美、广告宣传、品牌包装，难以真正把品牌内涵渗透到旅游服务的各个环节中，致使打造出的"品牌"千篇一律，毫无个性可言。

3. 品牌经营重点不明

很多旅行社像经营有形产品的企业一样，对其提供的服务设计品牌进行商标注册申请，而结果是既不能杜绝"剽窃"行为，又可能陷入旷日持久的官司，徒费人力物力。因为旅行社提供的产品组合涉及大量公用物品，一条线路、一项节事活动很难通过产品品牌注册获得垄断经营，其他旅行社完全可以以相似的名称合法经营同样的线路和节事活动。当然内容相同的旅游活动，由于企业素质的不同使旅游者得到的服务和旅游后的体验可能也会不同。因此对无形的服务来说，企业品牌则是首要的。消费者在购买旅游产品时，更多的是关注旅行社的品牌及其口碑，因为良好的品牌和口碑对于消费者来说是服务品质的保证。因此，旅行社品牌经营的重点应是着力打造企业品牌，而非产品品牌。

4. 对强化品牌的认识不到位

加强内部管理是强化品牌的根本，我国旅行社还没有树立内部管理意识，重市场轻管理的现象普遍存在，导致内部管理松散，有效管理机制缺乏。如企业财务管理欠佳，利益分配不合理，佣金流入个人腰包等，这些都严重影响了旅行社品牌的形成。尤其是对作为旅行社"形象大使"的导游人员，目前仍处于粗放式管理状态。很多旅行社为降低经营成本，不发导游工资或只发基本生活费；旅行社缺乏足够的凝聚力，无法对导游服务程序和服务质量进行统一的规范化管理，导游宰客、强行购物以拿回扣现象时有发生，对旅行社品牌造成了极坏的影响。

（二）旅行社创建品牌的方法

旅行社应加强品牌建设，因为品牌是提高旅行社竞争力的王牌：第一，品牌是强化旅游产品差异化的有力手段，是旅行社赢得竞争优势的关键环节；第二，品牌是旅游消费者购买风险的减速器，有助于发展旅行社与顾客的牢固关系；第三，品牌是提高旅游产品附加值的利器，能给旅行社带来可观的经济效益，如参加了国旅的旅游，除了获得一次旅游经历以外，还能够获得经历以外的附加值（精神上的一种享受）。

1. 旅行社的命名技巧

（1）易读易记。旅行社的品牌名称应易于理解、使用和记忆。冗长复杂或晦涩难懂的名称是无法在旅游者中广为接受和流传的。这就要求旅行社在命名方面应该做到：第一，简洁，即名字单纯、简洁明快，字数不能太多（2~4个字为最佳），要易于传播。第二，独特，要彰显出独特的个性，并与其他品牌名称有明显的区分或表达独特的品牌内涵，如"扬帆之旅""亲和力旅游"等。第三，新颖，品牌名要有新鲜感，要与时俱进，有时尚感，创造新概念，如"888旅行社"。第四，响亮，品牌名称要朗朗上口，发音响亮，避免出现难发音或音韵不好的字。

（2）尊重文化与跨越地理限制。这具体体现为旅行社在命名方面应该做到：第一，尊重文化，如龙行天下旅行社，龙为中国吉祥物，很好地突出了中国传统文化。第二，跨越地理限制，体现一定的灵活性，如"熊猫旅行社"中的熊猫在很多国家非常受欢迎，是和平、友谊的象征，但在伊斯兰教的国家或地区，熊猫被认为是肥猪，是不好的象征，因此"熊猫旅行社"在接待信仰伊斯兰教游客时要注意变通名字。

（3）无歧义。品牌的命名可以让旅游者浮想联翩，但千万不能让旅游者产生歧义，或通过谐音联想产生歧义。例如，"今日旅行社"容易使人联想到该旅行社可能只有今天才存在，"禅之旅"容易让旅游者感觉到该旅行社只会组织"禅宗游"旅游线路。

2. 提升产品质量

（1）设计经营的旅游产品主题鲜明，内容丰富，线路合理，劳逸适度，符合对应细

分市场旅游者物质和精神的需求。

（2）恪守合同，严格按产品计划实施旅游活动，兑现约定的服务质量承诺，保证食宿的档次质量、车船的规格、导游的水平等。

（3）保障游客生命财产安全，处理好团体活动纪律性强与个人活动相对自由的关系。

（4）旅游接待人员讲究职业道德并具有过硬的业务素质。

（5）整个服务过程洋溢着真情、细腻和个性化，以凸显人的服务魅力。

（6）突出产品创新，旅行社要以旅游市场需求新趋势为导向，正确运用市场细分化原则，对旅行社现有的旅游产品进行更新或设计开发新的旅游产品，开拓新的经营领域和经营线路。

3. 做好售后服务

旅行社开展并做好售后服务对创立名牌也十分重要。一则可以培育与旅游者的感情；二则可以游客为镜，知晓服务的不足，以求日后改进；三则可以了解他们的新需求，以便推出更符合潮流的旅游产品。旅行社可建立顾客数据库，通过电话、信函、网络与客户联系，进行售后跟踪服务。

4. 提高推广功效

"好酒不怕巷子深"的理论在竞争激烈的当今社会中已不合时宜。旅游推广已成为旅行社在竞争中得以生存的生命线，旅行社名牌也在推广中诞生。一方面，通过推广，形成和加强了消费者对旅行社品牌的认知，对他们的消费选择会产生较大的影响；另一方面，推广的费用转化在旅行社品牌之中，形成品牌的一部分资产。例如，2009 年广之旅抓住机遇正式签约成为广州 2010 年亚运会旅游服务供应商，亚运会开始前，广之旅动员 10 万外出旅游市民，组建 1000 多个亚运志愿者分赴全球 100 多个城市宣传亚运会。这不仅宣传亚运，也在全球宣传了广之旅，进一步强化了广之旅的品牌，使其国内游、入境游、出境游并驾齐驱，均在国内占据领先地位。

三、旅行社诚信经营

诚信是旅行社品牌之基，树立旅行社的品牌必须加强诚信建设。

（一）旅行社诚信经营的界定

诚信，由诚与信两个字组成，诚意在内化，信意在外化，合在一起可理解为守诺、践约、无欺，即诚实、守信用。诚信又有狭义和广义之分。狭义的诚信指道德自律，是一种自我修养和内在追求的精神境界，自我约束是诚信最初的本义。广义的诚信不仅包括自律，也包括制度约束（他律）、文化自觉。制度约束强调对诚信的规范与监督，如果违反就要受到法律规章的禁止和惩罚，即不诚信就等于违法；文化自觉是指诚信成为一种文化理念和人们日常生活中的自觉行为，是诚信建设的最高目标和境界，也是现代社会最为提倡的。

旅行社诚信经营是建立在广义概念基础上的，是指旅行社在日常经营过程中，遵守道德、法律、文化约束，做到服务守信、合同守信、价格守信，并因此获得企业的品牌效应和产业自信。旅行社诚信经营包括以下含义：一是旅行社诚信经营是以遵守约束为前提的。这些约束既包括道德层面的，也包括法律层面的，甚至还包括文化层面的。二是旅行社诚信具体包括服务守信、合同守信、价格守信。服务守信是指旅行社要严格按照国家制订的有关旅行社服务的国家和行业标准开展经营活动。合同守信是指旅行社必须遵守《合同法》《旅游法》等法规中有关合同签订、履行的规定。价格守信是指旅行社严格按照产品价格提供相关服务，不搞价格欺诈和不正当价格竞争。三是品牌自信，是旅行社诚信经营的最终目标。品质旅游从根本上说就是"诚信旅游"，通过诚信建设可以树立旅行社品牌。当前，诚信建设也是恢复旅行社产业自信的重要路径和平台。

（二）旅行社失信的原因分析

从原国家旅游局公布的全国旅游投诉通报以及一些旅游经营违法案例来看，我国旅行社失信现象不在少数，已经影响到旅行社行业的发展。究其原因，有以下几点：

1. 旅行社经营者诚信动机不强

我国市场经济交易机制正在由现金交易向信用交易转变，在此过程中整个社会的诚信观念还没有建立起来，"守信光荣、失信可耻"的信用道德标准还没有得到旅行社企业的认可，旅行社对于信用的重要性认知不是很清晰；另外，在于一些旅行社的创办者为非旅游专业人士，对企业经营管理缺乏必要的理论知识和战略眼光，只注重短期利益，对"抄袭模仿"等不诚信行为趋之若鹜。

2. 旅行社失信成本很低

旅行社诚信经营，短期之内可能会承受一定的经济损失。选择不诚信经营，不仅能够获得一定的眼前利益，而且由于法律法规不够健全，存在的不诚信经营风险很低，这将导致市场上出现"劣币驱良币"现象，久而久之造成行业利润整体下降，惨淡经营，这便是旅行社失信导致的"囚徒困境"。

3. 旅游者不够成熟

在大众旅游时代，旅游成为人民群众日常生活的重要组成部分。一些刚刚走出家门的旅游者，由于收入水平不高，过于看重产品价格。虽然他们知道"天下没有免费的午餐"，但有时仍然抵挡不住超低价格的诱惑，心存侥幸，消费行为不理性。另外，这些旅游者法律意识淡薄，自我保护意识较差，又缺乏相关经验，因而维权能力很弱，权益受损后担心处理问题麻烦，相当一部分人选择忍气吞声。这样的消费环境助长了部分旅行社的不诚信行为。

（三）旅行社诚信经营的重要性

1. 有利于旅行社产业的健康发展

当前我国旅行社产业已初具规模，截至 2022 年年底旅行社总数超过 4.5 万家，加上一些在线旅游企业，从数量上来看完全可以保证我国旅游活动的需要。推动旅行社诚信经营是旅行社行业由数量增长向质量增长转变的重要途径，也是倒逼旅行社行业转型发展的有力手段。旅行社诚信经营，将规范旅行社的经营管理行为，促进旅游服务品质的提升，从而有利于行业的持续健康发展。

2. 有利于满足人民群众对于美好旅游生活的需求

新时代人们的生活需要正在从物质性需求转向非物质性的精神需要，参加旅游活动将成为满足人们精神需要的重要方式，这对于旅行社来讲是难得的历史机遇。然而，新时代人们的精神需要更加注重"品质"、更加注重美好的生活体验，这给旅行社发展又带来了挑战。旅行社诚信经营则要求旅行社摒弃传统"价格战思维""生产中心思维"，更加注重"以旅游者为中心"的经营理念，提供适应不同群体需求的个性化、定制化旅游产品，不断满足广大游客的旅游品质获得感。

3. 有利于引领整个旅游行业树立自信

近年来，旅游产业链、价值链虽然不断重构，但旅行社作为旅游活动的组织者、旅游信息的重要提供者，依然是连接旅游业相关行业的重要纽带，也是旅游者接触旅游业的前沿。旅行社诚信或失信行为对于整个旅游业形象、品牌的树立有重大影响。当前我国旅游业面临很多问题，离"把旅游业建设成为人民群众更加满意的现代服务业"这一目标还有差距，近年来频频曝光的许多"旅游陷阱"更是危及旅游行业声誉。旅行社通过诚信建设，有利于树立服务诚信形象，从而引领旅游产业发展，重新树立旅游行业自信。

总体来说，旅行社诚信是旅行社的品牌之基，是推动旅行社快速健康发展的必然要求。

（四）推动旅行社诚信经营的对策

1. 加强教育引导，强化道德自我约束

政府部门要加强对旅行社诚信经营的引导。文化和旅游部提出，旅行社诚信教育培训工作应采取国家、省、市三级培训相结合的方式，最终实现对旅行社诚信经营教育培训的全覆盖，这是对旅行社进行诚信教育引导的最好形式。今后，类似的诚信教育还应强化，要形成常态化教育，特别要加强与游客接触最为紧密的导游人员的诚信教育。政府部门应将旅行社诚信培训作为旅游市场秩序整治的重要手段，从源头上增强旅行社的诚信经营意识。此外，对于旅行社企业而言，也要定期对员工加强诚信教育，增强他们的诚信认同感。

2. 加强法制宣传，提升法律约束能力

目前已经实施的与旅行社相关的法律法规数量虽不多，但都涉及了旅行社诚信经营问题。旅游行政管理部门除对这些条款进行宣传解读之外，更应该对一些"强制性条款"做大量宣传，如不签合同且不经游客同意，将游客转让给其他旅行社将受到什么处罚，诱骗旅游者购物又将受到何种处罚，并采用案例形式进行讲解，形成法律震慑。另外，对于一些与旅行社相关的旅游行业标准也要加强宣传，引导企业多做标准化建设，提升服务水平，降低违法经营的概率。

3. 培养文化自觉，努力构建诚信企业

旅行社诚信建设关键在于旅行社企业自身，旅行社应当将诚信纳入企业文化建设之中。在制度建设方面，旅行社要建立一整套以"诚信"为核心的规章制度；在行为建设方面，旅行社管理人员要带头执行企业经营诚信准则，说到做到，以身作则，将旅行社制定的行为规范和规则标准逐渐转化为员工的自觉行为。旅行社员工也应当以此为典范，恪守伦理道德，提高诚信意识，牢固树立"诚信是金"的道德理念。（见表4-5）

第七节　旅行社售后服务

一、旅行社售后服务作用

售后服务，是企业整体服务中重要的组成部分，是实现产品的物权转移之后企业经营理念的后期延伸。良好的售后服务不仅能为企业赢得市场，扩大市场占有率，使企业获得良好的经济效益，而且通过售后服务的实施可以使企业获得来自市场的最新信息，促使企业更好地改进产品和服务，使企业始终处在竞争的领先地位，为企业实现可持续发展战略提供决策依据。

旅行社的售后服务是指在旅游者结束旅游后，由旅行社向游客继续提供一系列服务，旨在加强同游客的联系和解决游客遇到的问题，争取保持已有的客源和开拓新的客源。从性质上看，它是旅行社产品整体效能的组成部分。

美国《旅游代理人》杂志曾对旅游者不愿光顾原旅行社的原因做的调查显示（表4-5），约2/3的客人是原旅行社不重视售后服务和不积极争取回头客造成的。售后服务对于保障旅行社经济效益，提高旅行社服务信誉以及树立良好的旅行社企业形象都有着直接关系。在当前旅游市场日益激烈的竞争条件下，如何保持住旅行社的"忠诚客户"，除了在创新旅游产品、提高服务质量上下功夫外，重视和完善售后服务工作是十分必要的。具体而言，旅行社的售后服务有如下作用：第一，对不满的旅游者，可以化解旅游者的抱怨、不满，尽量减少负面影响；第二，对无所谓的旅游者，可强化其对旅行社良好的印象，尽力促成其重复购买；第三，对满意的旅游者，可以保持已有客源并开拓新

的客源，并帮助旅行社做口碑宣传。

表4-5　旅行者不再光顾原旅行社的原因

不再光顾的原因	所占比例（%）
客人投诉没有得到处理或没有得到令人满意的处理	14
其他旅行社提供了价格更低、服务更好的旅游	9
经朋友建议，转而订购了其他旅行社组织的旅游	5
搬到别处居住	3
由于年老多病、丧偶原因放弃旅游	12
旅行社缺乏售后服务，顾客觉得是否继续订购该旅行社的旅行对旅行社来说是无所谓的	68

二、旅行社售后服务方式

（一）旅行社售后服务体系构建

建立完善而又齐全的售后服务体系，继续为旅游者提供服务，争取每一个旅游者，已经成为世界发达国家旅行社的共识。纵观国内旅行社的售后服务，大多数的旅行社是被动的。对于强烈依赖旅游者消费的旅行社行业而言，稳定而忠诚的顾客对价格波动的承受力强，对服务失误持宽容态度，他们无疑是旅行社宝贵的财富。因此，为了培育旅行社固定的消费群体，建设良好经营的社会环境，应该对传统的服务内涵加以延伸，为旅游者提供周到的售后服务和追踪联系，使良好的顾客关系能得到强化。

1. 培育售后服务意识

售后服务意识的欠缺是当前我国旅行社行业普遍存在的问题，很多旅行社企业认为售后服务可有可无，旅游者参加旅游团，只要按要求做好旅游接待工作，游览结束后就没有再与游客联络的必要；旅行社工作的重点是放在开发新顾客上，对老顾客则不闻不问。但实际上，开发一个新客户的成本是留住一个老客户所花费成本的6倍，20%的重要老客户则可能为企业带来80%的收益，巩固老客户比开发新客户更为经济有效。我国旅行社企业应充分认识到售后服务对企业长期稳定发展的重要性，故对于曾经来参团的客人是宝贵的资源，要尽一切可能留住对企业有价值的客户，满足他们的需求，以吸引他们再次出游，成为旅行社的忠诚客户。

2. 建立档案

旅行社应建立客户管理系统并设立完善顾客档案管理的相关制度以利于开展有针对性的个性化服务。顾客档案要包括以下几个方面的内容：一是常规档案，主要包括旅游者的姓名、性别、年龄、出生日期、婚姻状况以及通信地址、电话号码、职业经济收入水平等。收集这些资料有利于旅行社了解目标市场的基本情况，及时与顾客沟通。二是消费档案，主要包括旅游者获取产品信息的来源，预订产品的方式，出外旅行和逗留时间，购买产品的类型等。掌握这些资料有助于旅行社选择销售的渠道，做好促销工作。三是习俗和爱好档案，主要包括旅游者的爱好、生活习惯、对活动项目的特殊需求、宗教信仰等。了解这些资料，有助于旅行社提供针对性强的个性化服务。

此外，旅行社还可以对旅游者实行会员制度。随着经济水平和居民收入的提高，人们追求更高的生活品质，外出旅游的次数显著增多。对旅游者而言，如果对某一家旅行社提供的服务和产品比较熟悉且相对满意，是不愿意冒更大的风险去购买自己不熟悉或没有把握的旅行社产品的。因此，与顾客建立一种长期的、连续性的会员关系是十分有利的。我国旅行社企业要善于在售后与游客保持联系，鼓励游客再次出游，让第二次参团的游客可以获得一定的折扣，第三次参团就可成为本社会员，享有会员待遇，并逐步丰富和完善对会员的服务，使会员成为旅行社的主要客源。

3. 建立旅游者跟踪联系制度

现代企业往往把争取新顾客作为重要任务，却忽视了对原有顾客的关心。旅行社进行跟踪联系的直接目的在于了解旅游者是否对接受的服务感到满意，发现可能产生的各种问题，并及时予以解决，以示企业的诚信和顾客导向的理念行为，以促使旅游者产生对旅行社有利的购后行为。

旅行社应当建立完善的游客回访制度，具体方式主要有以下几种：一是问卷调查，在旅游活动即将结束时发放问卷，如意见征询单；二是电话回访，在旅游者结束旅游活动的几天后，旅行社可以向旅游者打电话进行回访；三是登门访问，旅行社在旅游者离开后主动登门访问；四是问候信，虽然信件的方式不如电话直接和有人情味，但信件的方式比较委婉，不唐突，而且也给旅游者更多的时间考虑如何答复，更容易被接受。另外，还有寄明信片和节日祝贺信等。这些方式可以让旅游者感到旅行社非常关心他们而对旅行社产生好感，旅行社也可以借此了解旅游者对旅行社服务工作的感受和评价，了解服务存在的缺陷和顾客的需要，以便改进，同时旅行社还可以了解到旅游者可能有的抱怨和投诉，争取主动，早做工作，妥善处理。

随着科技的发展，信息技术逐渐被广泛应用到旅行社中，在条件许可的情况下，旅行社还可以充分利用现代化设施，通过原有顾客数据库资料不断地、有针对性地向顾客传递相关信息，保持与顾客之间的联系和沟通，如设立客户服务热线、投诉电话呼叫中心、"800"免费电话等，设立企业网站或企业网络服务平台，提供在线售后服务功能，开设客户在线论坛或提供顾客能够与企业联系的企业邮箱、企业微信等。

（二）旅行社售后服务的方式

旅行社可以采取的售后服务方式很多，下面仅选择几种做一下简单介绍。

1. 问候电话

问候电话是指旅行社在旅游活动结束、旅游者返回后的几天内，立即向旅游者打电

话，进行问候的一种售后服务形式。如今随着移动终端使用的普及，旅行社也可通过微信语音电话等进行实时沟通，保持稳定的客群关系。这种做法主要达到以下三个目的。

第一，产生亲切感。通过旅行社与旅游者的通话，让旅游者感觉到旅行社非常关心他们，从而对旅行社产生亲切感和良好的印象。

第二，了解情况。旅行社及时与旅游者通电话，可以直接从旅游者那里了解旅游接待服务质量的真实水平和旅游者对旅行社服务质量的评价，从而获得宝贵的服务质量信息。

第三，消除不满情绪。旅行社通过与旅游者的通话，可以及时掌握旅游过程中发生的麻烦及旅游者可能提出的投诉，并进行安抚，可以在一定程度上消除误解或缓解旅游者的不满情绪，甚至可以避免旅游者采取转向其他竞争对手或采取激烈的对抗手段，防止给旅行社造成更大的声誉和经济损失。

2. 意见征询单

旅行社可以采用寄送纸质意见征询表或者发送电子意见征询单的方式，向旅游者提供售后服务。在意见征询表里，应该以总经理的名义向旅游者表示问候，并且请他（她）对刚刚结束的旅游接待服务发表意见。旅行社应注重意见征询表的设计，内容应繁简适当，不应占用旅游者过多的时间；条目必须清楚，给旅游者一种郑重其事的印象；如是纸质的意见征询单，应附有回寄信封，并预付邮资，以提高回收率。同时电子意见征询单应该注意对旅游者的个人隐私的保护。

3. 生日及纪念日的祝贺

旅行社可以通过对客户档案的查询，选择一些特殊的日子，如客人生日或节日之时，向客人发去纸质贺卡或者电子贺卡以示祝贺，也可打电话祝贺，这些祝贺常使客人在惊喜之余，觉得旅行社与他个人的关系很亲近，从而乐意回购旅行社的产品。

4. 游客招待会

旅行社可通过在社内或饭店内举办风景点幻灯片和照片欣赏介绍活动以及旅游者招待会等方式，来与顾客进行直接的面对面接触。这些活动不仅能密切旅行社同客人的联系，还能提高旅行社的知名度和威信。这些直接进行接触的做法使得顾客同旅行社的联系犹如一个家庭那样自然、轻松、愉快，从而给旅行社的推销工作带来诸多益处。

5. 旅行社开放日

为密切和顾客的关系，旅行社可以举行旅行社开放日活动，有针对性地邀请一些顾客到旅行社参观及观看录像、光盘等，并向他们介绍有名望的顾客、旅游专家、飞机机长、旅游新闻工作者或旅游题材的作家。通过这些活动，可以让顾客了解旅行社的各种设备及社会关系，从而使顾客坚信这家旅行社完全有能力为他们提供旅游咨询服务以及为他们安排好旅游活动。这样，顾客就会乐意继续订购该旅行社的旅游产品了。

除以上几种售后服务方式以外，还有以下方式可供选择，如发放促销性明信片（旅行社在考察旅游景区时向顾客寄送有关旅游胜地的明信片），书信往来（挑选一定的老顾客向他们写亲笔信），寄送影音材料（赠送旅游者在旅游过程中的实景拍摄的视频资料）。

 【本章习题与技能训练】

包价旅游产品
说明书编制规范

一、名词解释

1. 旅行社市场细分
2. 旅行社市场定位
3. 旅游线路
4. 旅行社品牌
5. 旅行社售后服务

二、简答题

1. 旅行社目标市场选择策略主要有哪些？
2. 旅游行程单编写的原则有哪些？
3. 旅行社产品常用的定价方法有哪些？
4. 旅行社如何加强品牌建设？
5. 旅行社如何实现诚信经营？

三、案例分析

案例 1

透明报价

在旅行社大打价格战的时候，游客对产品的不信任程度增强，对服务质量有所怀疑。人们不愿意花费更高的价格，不是因为花不起，而是太多的旅游经历告诉他们，旅行社的服务仅值这个价。有调查显示，以北京游为例，有81.6%的人更看中质量而非价格。事实上，这一调查结果在消费者中具有普遍性。所以，旅行社要能在价格竞争中独树一帜，以质量取胜，适当抬高价格，可以在消费者满意的基础上获得稳定、高额的利润。

山西省大同市一家旅行社，在其他旅行社为应对价格战疲惫不堪的时候，逆向打出"优质高价"的线路，更加特别的是他们采用了"透明报价"，从交通、餐饮、住宿、门票到导游，每项服务都标出了具体的价格，然后加上一定数额的客人可接受的毛利润值，就是最后的报价。当有客人拿着别家旅行社的行程和总报价来做比较时，会清楚地看到与该旅行社的服务质量的差距。

请分析：

"透明报价"采用的是哪种定价方法？此种定价方法有何利弊？

现代旅行社经营与管理（第二版）

案例 2

广之旅抛砖引玉"优惠 50~500 元"

广之旅国际旅行社股份有限公司是广州旅行社当中规模最大、实力最强、美誉度最高的旅行社之一，也是国内唯一获得"全国用户满意服务明星企业"称号的综合性旅行社，是全国旅行社中唯一被国家信息产业部指定的"国家电子商务试点单位"，广东省首个旅行社著名商标。在公司成立十五周年纪念日期间，推出一项直接降低旅游费用的SP方式，在一个月内省外游、海外游各线优惠 50~500 元不等。这则广告既突出了降价优惠的促销方式，也强调了"广之旅"的企业形象：追求卓越、质量保证、服务周到、游线广泛。就是说，企业试图用短期促销的方式来引起消费者的注意，由此达到巩固企业忠诚度和企业形象的最终目的。

请分析：

广之旅采用了何种促销技巧？

案例 3

一起放眼"新景界"

深圳国旅全名为深圳中国国际旅行社有限公司，原名为深圳中国国际旅行社，于1954 年成立，是目前深圳乃至全国都有一定影响的区域性品牌旅行社。进入 21 世纪以来，深圳国旅致力于品牌化建设之路，不断提高品牌知名度，在发展的过程中，与其他旅行社创建品牌一样也面临着品牌泛化的问题。在这种背景下，经过对市场的周密调查和分析，针对行业自身的特点和存在的问题，深圳国旅决定推出"新景界"品牌战略，在激烈、低层次且无序的竞争环境下，导入品牌战略，走出一条自己的路来。根据目标客户的需求，走"价值旅游"路线，倡导人性化和个性化的旅游。深圳国旅实施的"新景界"品牌战略在目前激烈的价格竞争中无疑是给行业吹来一股扑面的清风。

何为"新景界"？"新景界"源于"新境界"，它带给消费者的是和以往"到此一游""走马观花"完全不同的经历和感受，是每一次都有新发现的、一生难忘的旅游体验，是人性化、个性化的旅游，是旅行社业一道全新的风景线。"新景界"的品牌定位为"新时代，人性化的专业旅游"，其内涵为：以新的服务理念、服务模式和崭新的形象展现在社会面前，提供高品质和富有特色的产品和服务，既是传统意义上的旅游服务企业，又是新型旅游文化的创造者、开拓者和传播者，更是现代生活方式的创造者。它强调人性的自由、自在、自我；强调对生态环境和特色文化的保护；强调人与自然的和谐新境界；强调生活的质量和品位，推崇积极向上的生活态度；它既充分尊重人，更强调大自然生态环境，注重人和自然的沟通，激发人的灵性和潜力，从心创造有意义的人生体验。

在品牌理念的指导下,"新景界"细分市场并规划了不同子品牌,推出的一系列产品均获得了成功,如"寻源香格里拉""深圳情侣,阳朔有约"等品牌线路产品。"新景界"在推广策略上,全方位推出新旅游概念、新形象推广、新产品包装、新服务体系、新促销举措;所有的媒体宣传、公关活动都围绕"新"字展开,一改旅行社在人们心目中无新意、无特色、无差异、无保障的陈旧印象,塑造国旅"新景界"的崭新品牌形象。其推广口号是:一样的旅游,不一样的新景界!深圳国旅实施新品牌战略,并非一蹴而就,而是有策略、有步骤地从"深圳国旅新景界"到"国旅新景界",再过渡到"新景界",并通过整合品牌营销的一系列手段,一步一步走向健康良性发展的道路。

请分析:

深圳国旅是如何创建企业品牌的?

案例 4

C 旅行社的售后服务

重阳节之际,C 旅行社组织了一个夕阳红团到广西贺州去玩。他们的旅程安排是到了贺州之后先去爬姑婆山,然后再到山下的路花温泉泡温泉。来回时间为一天。这个团的游客平均年龄都在 60 岁左右,这对于该旅行社来说是一项艰巨的任务。他们不仅要考虑到旅客的安全,还要让旅客过上一个愉快的重阳节。在周密谨慎的旅游计划安排下,这次旅程进行得非常顺利,但这并不意味着旅行社的服务结束了。九月初十,该旅行社负责售后服务的工作人员——给参加旅游的游客打电话,向他们问候,顺便还咨询了游客对他们服务的有关意见,并且寄去了节日礼物。这让游客非常地满意,觉得没花错钱。

该旅行社每年都举行一次"旅游节"。旨在邀请一些有代表性的游客参加他们免费组织的持续三天的有意义的旅行。而这些游客都曾经参加过旅行社所组织的旅游,是旅行社的老顾客。而能成为这样的游客的条件是:在一年中参加该旅行社的旅行次数不低于 4 次,且在每次旅行中的表现都比较好。旅行社的这一举措实行以来收到了很好的效果,争取了不少的回头客,同时也引来了很多新顾客。

请分析:

从上例中,你对于该旅行社的售后服务获得了哪些启示?

四、实训项目

将学生分成若干组,每组 3 人,走访当地不同的 10 家旅行社,对当地两大常规线路(可自选,如海南双飞五日游,昆大丽双飞双卧六日游等)的价格进行收集,并进行比较分析,写一篇《如何看待旅行社"削价竞争"》的市场调查报告。报告完成后,以小组为单位进行讨论分析。

五、网络学习

指导学生在当地文旅网上查找相关资料，充分搜集相关餐饮、交通、酒店、景点、购物、娱乐等信息，初步确定所在地范围内的特色旅游线路，线路要突出主题，体现线路设计的原则，线路信息完整。

第三篇　管理篇

第三篇　首乐篇

第 五 章

旅行社战略和经营计划管理

【导入语】

　　旅行社管理起步于旅行社的战略制定、经营计划管理。本章将系统分析旅行社战略管理的相关概念、实施步骤，避免旅行社陷入战略管理的误区；阐述旅行社经营计划的概念，分析旅行社经营计划管理的过程，总结旅行社经营计划管理成功的几个要点。

　　本章知识结构图如下：

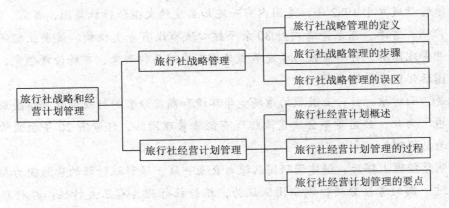

【学习目标】

　　1. 定义什么是旅行社战略、旅行社战略管理、旅行社计划、旅行社计划管理；

　　2. 举例说明旅行社做好战略管理的价值及其主要步骤；

　　3. 运用战略管理理论判断旅行社战略方案的科学性；

　　4. 能设计旅行社战略与经营计划方案；

5.具备战略管理意识，对我国旅行社发展从战略层面树立自信。

 【课程思政元素】

理实一体化学习理念、创新精神、团结奋斗、合作意识。

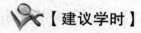 【学习重难点】

1.学习重点：旅行社战略管理的步骤分析；
2.学习难点：旅行社战略管理的问题分析。

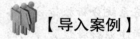 【建议学时】

3学时

【导入案例】

A 旅行社价值链打造

A 旅行社成立于 1982 年，是国内有一定知名度的大型旅行社集团，目前，在北京、上海、广州、香港、东京等海内外 30 余个核心城市设有分支机构。该企业拥有一支稳定的经营管理团队，并一直致力于发展成为拥有卓越品牌形象、市场份额领先、跨地域运营的国际化现代旅游集团。

但是，面对旅行社行业激烈的市场竞争环境和高度分散的行业特性，该企业也面临发展困境。为此，公司董事会决定改组现有经营管理团队，任命有 20 年企业管理经验的李明为总经理。

李明总经理上任后，组建调研团队深入企业一线，了解旅行社的资源能力与现实需求。经过一周的考察分析，调研团队认为，旅行社行业具有三大特性：旅行目的地高度分散、旅行者及其需求偏好高度分散、旅行产品无技术壁垒或差异性较小但具有服务差异。其行业的核心能力是连续性、规模化收集客源能力，规模采购、低成本与价格优势，满足有差异的价格支付与出行品质需求的能力。如果该企业想要成为行业内的领先企业，就必须打造自身的核心能力，确立核心竞争优势。

于是李总经理根据企业发展的历史阶段，总结出"旅行社行业业态进化三阶段"的观点，即中介代理阶段、打通构建价值链阶段、网络运营商阶段，并认为该企业目前处于第二阶段的关键期，如何通过整合行业价值链、变革优化经营模式、确立竞争优势与核心能力，成为现阶段的首要问题。

公司决定通过连锁店、开放式后台、同业并购与发展代理联盟、地方旅社、商务卡、IT技术应用、大会奖业务以及共享营销前后台等举措，内外发力，打通价值链。

同时，旅行社积极向业务上下游延伸，包括：参股收购旅游景点资源、投资酒店、开发旅游地产、旅行产品，形成旅行社行业链条化、规模化竞争优势，确保稳定的收入利润来源。并且，最终将旅行社价值链嵌入公司组织、运营与管控结构中，进行符合新战略的组织架构调整，打造客户开发型组织。经过几年努力，旅行社发展成为国内一流国际知名的旅游集团。

请问：

1. 该旅行社的战略管理有何价值？

2. 旅行社战略管理需要从哪些方面着手？

第一节　旅行社战略管理

一、旅行社战略管理的定义

旅行社战略是指旅行社为了实现长远目标所进行的总体性谋划。旅行社战略管理是指旅行社管理人员对旅行社在一定时期内全局的、长远的发展方向、目标、任务和政策，以及资源调配做出的决策和管理艺术，涵盖战略制定和战略实施的全过程，主要包括五项相互联系的管理任务：

第一，提出公司的战略展望，指明公司的未来业务和前进目标，从而为公司提出一个长期的发展方向，清晰地描绘出公司将竭尽全力推进的事业蓝图，使整个组织的一切行动具有明确的目的性。

第二，建立目标体系，将公司的战略展望转换成公司要达到的具体业绩标准。

第三，制定公司战略，达到期望的效果。

第四，坚决、高效地实施和执行选定的公司战略。

第五，评价公司的经营业绩，采取完整性措施，参照实际的经营状况、变化的经营环境、新的思维和新的机会，调整公司的战略展望、长期发展方向、目标体系、经营战略及其执行步骤。

二、旅行社战略管理的步骤

旅行社战略管理的全过程，包括战略分析、战略目标确定、战略选择、战略实施、战略控制五个步骤（图5-1）。

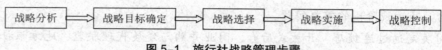

图 5-1　旅行社战略管理步骤

（一）旅行社战略分析

战略分析是旅行社企业经营战略制定的前提，根据分析的内容不同，可以分为企业外部环境分析和企业内部条件分析。

1. 企业外部环境分析

旅行社战略的有效性，取决于战略制定者对企业外部环境的认知程度。因为旅行社战略中所规定的发展目标与行动方案，必须与企业所处的外部环境相适应。只有充分掌握了外部环境的变化，旅行社才能把握由于环境变化所产生的机会，并能有效地降低或消除由于环境变化所出现的威胁。旅行社的外部环境主要包括宏观环境和微观环境两方面。

（1）宏观环境。主要包括：政治法律环境、经济环境、技术环境和社会文化环境。

第一，政治法律环境。是旅行社经营空间范围内的国家或地区的政治制度、政治体制、政治形势、方针政策以及法律法规等方面的状态及其变化。政治法律环境的变化对于旅行社企业的影响，具有直接性、难以预测性和不可避免性。

第二，经济环境。它是旅行社重要的外部环境。一个国家或地区经济发展的总体趋势及其周期性变化，对旅行社经营具有重要的影响。20 世纪 90 年代以来，中国经济一直处于高速增长之中，经济的高速增长带来了人们生活的持续改善，人均旅游消费也直线上升，这为旅行社带来了广阔的客源市场。

【相关资料】

中国市场经济体制的逐渐完善对中国旅行社行业的影响

中国市场经济体制的逐渐完善对中国旅行社行业的影响，主要体现在以下几个方面：

第一，全国统一市场的建立与完善给旅行社行业的网络化建设和集团化发展，提供了全新的市场运作运行空间。第二，中国已经制定颁布了很多鼓励中小企业发展的政策，形成一整套扶持鼓励民营中小企业发展的政策体系。中小企业扶持体系的建立与运行，有利于旅行代理商的分工和旅行社的专业化经营。第三，改革开放以来，民营经济获得蓬勃发展，现在民营经济已经占到了我国国民经济生产总值的 1/3 以上。民营经济的发展壮大，必然会给中国旅行社的产权结构、法人治理结构和企业行为带来较为深远的影响。

第三，技术环境。它是指一个国家或地区的信息技术水平及其技术发展动向。信息技术的发展以及人们接受信息技术的能力会进一步改变旅行社的职能与性质，从而影响旅行社的经营战略。旅行社作为一个服务提供商，市场信息的不对称与旅游成本的不对等是其组织存在的前提。在信息技术没有得到广泛应用时，旅游者外出旅游存在着大量市场信息的不对称性，通过旅行社这个中间商的有效服务，可以使旅游者进一步获得旅游目的地的各种旅游信息。移动互联网时代的到来使得消费者有能力以低成本获得大量的旅游产品信息，从而改变了旅游产品与服务的传统分销渠道。在这种技术环境下，旅行社经营重点就变为要么通过良好的旅游协作网及其形成的经营规模来降低旅游者的旅游成本，要么通过精心的服务与产品设计，提供比"经历产品"更高级的"体验产品"。

第四，社会文化环境。包括一个国家或地区的社会性质、人们共享的价值观，以及人口状况、教育程度、风俗习惯、宗教信仰等方面。从影响企业战略制定的角度来看，社会文化环境可分解为文化、人口两个方面。人口因素对于旅行社企业战略的制定具有重大影响。例如，人口总数量直接影响旅游客源市场的总规模。文化环境对旅行社企业的影响是间接的、潜在的和持久的。文化的基本要素，包括哲学、宗教、语言与文字、文学艺术等。它们共同构筑成文化系统，对企业文化产生重大影响。我国是东方文化的代表，对我国独特文化环境的分析是建立企业文化的前提。企业对文化环境分析的目的，是要把社会文化内化为企业的内部文化，使企业的一切生产经营活动都能经受住环境文化的价值检验。另外，企业对文化的分析与关注，最终要落实到对人的关注上，从而有效地激励员工。

（2）微观环境。是旅行社生存与发展的具体环境，是旅行社经营过程的外部客观因素与条件，主要包括行业的性质和发展阶段、行业的竞争结构、市场需求的状态和需求的变化，以及旅行社产品供应商的状态。

第一，旅行社的经营战略与行业本身的性质和发展阶段有着直接的关系。我国旅行社企业先后经历了从垄断经营到不完全竞争到完全竞争的发展历程，在不同发展阶段，旅行社行业发展都有一些较为明显的约束条件以及特别的约束因素。这些都会对旅行社经营战略产生重大的影响。目前我国的旅行社企业已经基本处于一个完全市场竞争的环境之中，中国旅行社企业将直接面临来自国际旅行社企业巨头的竞争。在这种情况下，我国旅行社企业一方面要充分利用自己熟悉中国旅游者消费习惯的优势，开发具有东方文化特色的旅游产品来满足旅游市场的多元化需求。另一方面，充分学习世界旅行社企业巨头的经营管理和市场营销经验，尽快规范自己的业务操作和旅游服务流程，充分利用中国对外开放的市场机会发展壮大自己。因此，只有了解旅行社行业目前及未来的性质，才能决定企业经营战略的发展方向。

第二，旅行社行业的竞争结构也对企业经营战略的制定具有重大影响。在旅行社经营过程中，存在着大量的竞争者。竞争者的存在，不仅给旅行社带来经营风险，同时也能给企业带来经营机会。一般来讲，竞争者是指与本旅行社争夺市场与资源的经营对

手，是那些提供相同或相似服务的企业。在旅行社经营活动中，不论竞争对手的性质如何，企业与竞争者都存在着两种关系。一是相互争夺客源市场的关系，二是相互削弱经营能力的关系。

第三，市场需求的状态以及需求变化也制约着旅行社经营战略的形成。社会需求的存在为旅行社的生存与发展提供了机会。由于旅游需求是一种奢侈性消费需求，因此会受到一定时期内政治、经济、技术和社会因素的影响而不断发生变化。旅游需求的变化一方面为旅行社经营活动的发展提供了现实与潜在的市场机会，另一方面也蕴含着现实与潜在的市场风险。因此，要想制定正确的企业经营战略，就必须对旅游者的需求进行认真的分析。

第四，旅游供应商的状态也影响着旅行社经营战略的走向。旅行社在其经营活动中，必须拥有大量的供应者与供应商。旅游产品的生产，需要从外部供应商采购各种旅游服务要素，将其组合成旅游者需要的包价产品。旅游要素的供给状况和市场化运营程度，以及要素供给方能否按照市场经济的规律执行与旅行社的契约，都是旅行社产业环境的直接反应。旅行社的供应者，包括企业维持正常经营活动的各种要素（人、财、物、信息、技术）供给单位。这些单位主要由旅游饭店、旅游汽车公司、航空公司、旅游景点、铁路公司等企业组成。在旅行社经营活动中，供应者提供服务要素的数量与质量，直接影响着旅行社经营的规模与服务质量。同时，供应商为了自身利益，也会利用不同的市场环境对旅行社施加压力。例如，提价、限制供应、降低服务质量等。但总的来说，与旅行社业相关的各个供应商已经处于或正在向市场化、企业化方向迈进，对处于完全竞争态势中的旅行社业来说，逐渐形成了一个较为有利的市场环境。即使是铁路、航空、著名景区景点等自然垄断或长期依靠行政力量维持垄断的行业，也正在逐步改革。从这一点来说，旅行社发展的产业环境正在得到逐步优化（表5-1）。

表5-1 中国旅行社外部供应商分析简表

供应商名称	市场供求状况	产业竞争及市场化状况	旅行社采购能力
航空运输企业	供大于求	政府垄断管理，刚刚对民营经济开放，竞争不充分	弱，履约能力差
铁路运输企业	求大于供	行业垄断，基于无竞争	弱
出租车公司	供大于求	竞争较充分	中
饭店企业	供大于求	完全市场化，竞争激烈	强
著名景区景点	求大于供	多头管理，基本无竞争	弱
餐饮企业	供求平衡	企业化运作，竞争充分	中
商业零售业	供大于求	完全市场化运作，竞争激烈	强

2. 企业内部条件分析

旅行社战略是根据企业资源与市场环境相适应的要求制定的。因此，对企业内部条件的分析，也是旅行社制定经营战略的一项重要内容。对旅行社内部条件的分析，是要确定旅行社内部战略要素，其过程是要对旅行社经营状况的各个方面进行调查，并通过相关分析方法，确定内部各个战略要素对形成旅行社经营优势与劣势的影响程度，并结合旅行社市场环境来确定企业的战略地位。对旅行社内部条件的分析，主要通过对以下四方面能力的分析来进行。

（1）资源供应能力分析。资源供应能力的强弱，将影响旅行社企业的发展方向、速度，甚至企业的生存。企业获取资源的能力，直接决定着企业战略的制定和实施。企业资源供应能力，包括从外部获取资源的能力和从内部积蓄资源的能力。企业从外部获取资源的能力，取决于以下一些要素：旅行社企业的规模大小和经营业绩、企业与资源供应者（食、住、行、游、购、娱六大要素）的契约和信誉关系、资源供应者与企业讨价还价的能力、资源供应者前向一体化趋势、企业供应部门的人员素质和效率。旅行社企业内部积蓄资源的能力，涉及企业的整体能力和绩效，但内部资源的配置和利用则是最基本、最主要的。

（2）旅游新产品开发设计能力分析。旅行社的新产品开发能力，主要体现在以下几个方面：第一，旅行社企业高层领导的新产品开发意识。第二，旅行社企业是否对旅游新产品有足够的人力、物力投入。第三，旅行社利用外部智力资源的能力。第四，旅行社企业新产品开发后的市场化能力。简而言之，旅行社企业每年推出的旅游新产品是其能力的具体体现。如传统观光产品的升级换代、增加新的卖点、推出针对某一细分市场人群的新产品，以及新推出的旅游产品给企业带来的经济效益等。在我国旅行社企业中，有很多这种利用产品形式创新、产品内容创新、产品营销手段创新迅速占领旅游市场，成为市场主导者的案例，可供广大旅行社从业者分析研究。

（3）旅游营销能力分析。从战略角度进行旅行社营销能力分析，主要包括三方面的内容：一是市场定位的能力，二是营销组合的有效性，三是管理能力。市场定位的能力，取决于企业在以下四个方面的能力：一是市场调查和研究的能力，二是把握市场细分标准的能力，三是评价和确定目标市场的能力，四是占据和保持市场位置的能力。评价市场营销组合的有效性，主要把握两个方面：一是营销组合是否与旅游目标市场中的心理需求一致，二是是否与目标市场产品的寿命周期一致。评价市场营销的管理能力，主要从旅行社企业市场营销系统的完善性、市场营销的生产率、市场营销的职能是否完备三个方面进行评价。

（4）旅游服务能力分析。旅行社服务能力是旅行社企业进行资源转换的中心环节。它必须在旅游产品的供应数量、旅游服务质量、旅游服务成本等方面符合要求的条件下，形成有竞争性的服务能力。综合分析旅行社的旅游服务能力构成要素，包括以下几个方面：第一，旅游服务的流程化和标准化。旅游服务的流程化和标准化，涉及整个服

务系统的设计。目前，如何才能实现服务系统的最优化还没有统一的定论，在服务方式的选择方面，有的旅行社采取了个人负责制，从旅游咨询服务开始，旅游签约、旅游要素安排、导游安排、服务跟踪、服务回访等全部服务环节，由一个服务人员完成。这种形式在中小旅行社中比较常见。其好处是便于管理，没有任何交接环节，企业的服务质量完全决定于服务人员的个人能力。大型旅行社企业的服务方式是采取流程制，在旅游咨询、旅游签约、旅游要素安排、导游安排、服务跟踪、服务回访等服务环节，进行适当的服务分工，由不同的专业人员完成。这样做的好处，是可以充分发挥每个岗位专业化分工的优势提高工作效率；缺点是增加了管理的难度。第二，旅行社接待服务能力的大小。旅行社接待服务能力的大小取决企业的服务网络是否完善。例如，大型组团社是否在主要客源区域设立了收客机构，是否有较完善的免费电话服务系统；大型接待社是否在主要客源地设立了自己的营销机构等。第三，旅行社的服务能力还取决于企业的人力资源供给和管理状况。其主要内容有：是否建立了企业的培训系统，是否有完善的人力资源招聘、晋升、淘汰体系，是否有完善的绩效考核体系等。第四，服务质量。服务质量决策，是要确保旅行社企业为旅游市场提供高质量的旅游产品和服务。具体内容，包括旅游服务质量的控制体系、质量监测体系、质量保证体系和成本控制体系。以上四个方面的优劣势，可以决定旅行社企业的成败。因此，旅行社企业的高级管理者在制定新的企业战略的时候，一定要对企业的服务能力进行认真的分析，以使企业服务能力系统的设计和管理与企业的发展战略相适应。

（二）旅行社战略目标确定

战略目标是对旅行社企业战略经营活动预期取得主要成果的期望值。战略目标的设定也是企业宗旨的展开和具体化，是企业宗旨中确认的企业经营目标、社会使命的进一步阐明和界定，也是企业在既定战略经营领域，展开战略经营活动所要达到的水平的具体规定。

1. 旅行社企业战略目标的确定过程

一般来说，确定战略目标，需要经历调查研究、拟订目标、评价论证和目标决断四个具体步骤。

（1）调查研究。在制定旅行社企业战略目标之前，必须进行调查研究工作。但在进入确定战略目标工作前还必须对已经做过的调查研究成果进行复核，进一步整理研究，把机会和威胁、长处与短处、自身与对手、企业与环境、需要与资源、现在与未来加以对比，搞清楚它们之间的关系，才能为确定战略目标奠定比较可靠的基础。调查研究的侧重点，是旅行社企业与外部环境的关系，以及对未来的研究和预测。

（2）拟订目标。经过细致周密的调查研究，便可以着手拟订战略目标了。拟订战略目标一般要经历拟订目标方向和拟订目标水平两个环节。首先在旅行社既定的战略经营领域内，依据对外部环境、需要和资源的综合考虑，确定目标方向，同时通过对现有能力与手段等诸多条件的全面衡量，对沿着战略方向展开活动所要达到的水平也要作出初步的规定。这便形成了可供决策选择的目标方案。在确定过程中，必须注意目标结构的合理性，并要列出各个目标的综合排列次序。另外，在满足实际需要的前提下，要尽可能减少目标的个数。在拟订目标的过程中，旅行社企业领导要注意充分发挥参谋智囊人员的作用，要根据实际需要与可能，尽可能多地提出一些目标方案，以便于对比选优。

（3）评价论证。战略目标拟订出来之后，就要组织多方面的专家和有关人员，对提出的目标方案进行评价和论证。第一，要论证和评价目标方向是否正确。着重研究拟订的战略目标是否符合企业精神，是否符合企业的整体利益与发展需要，是否符合外部环境及未来发展的需要。第二，要论证和评价战略目标的可行性。论证与评价的方法，主要是按照目标的要求，分析企业的实际能力，找出目标与现状的差距，然后制定用以消除这个差距的措施，而且要进行恰当的运算，尽可能用数据说明。如果制定的途径、能力和措施对消除这个差距有足够的保证，那就说明这个目标是可行的。第三，要对所拟订的目标完善化程度进行评价。要着重考察目标是否明确，目标的内容是否协调一致，目标有无改善的余地。如果在评价论证时，人们已经提出了多个目标方案，那么这种评价、论证，就要在比较中恰当进行。通过对比、权衡利弊，找出各个目标方案的优劣所在。拟订目标的评价、论证过程，也是目标方案的完善过程。要通过评价、论证，找出目标方案的不足，并想方设法使之完善起来。如果通过评价、论证发现拟订的目标完全不正确或根本无法实现，那就要回过头去重新拟订目标，然后再重新评价、论证。

（4）目标决断。在决断选定目标时，要注意从以下三方面权衡各个目标方案：首先，目标方向的正确程度；其次，可实现的程度；最后，期望效益的大小。企业对这三个方面要作综合考虑。所选定的目标，三个方面的期望值都应该尽可能大。目标决断，还必须掌握好决断时机。因为战略决策不同于战术决策。战术目标决策常常因时间比较紧迫，回旋余地很小，而战略目标决策的时间压力却相对不大。在决策时间问题上，企业一方面要防止在机会和困难都还没有搞清楚之前就轻率决策，另一方面又不能优柔寡断，贻误时机。

2. 战略目标的体系结构和内容

由于战略目标是企业使命和功能的具体化，一方面有关企业生存的各个部门都需要有目标，另一方面，目标还取决于个别企业的不同战略。因此，企业的战略目标是多元化的，既包括经济目标，又包括非经济目标，既包括定性目标，又包括定量目标。

根据其作用期限，旅行社战略目标可以分为长期目标和短期目标。长期目标是指旅行社企业在一个较长时间内所希望达到的经营效果，是与旅行社的企业使命相联系的，主要包括以下几项内容：市场方面的目标，主要衡量指标有营业收入、市场占有率；利润方面的目标，主要衡量指标有营业利润额、营业利润率、投资利润率、销售利润率；旅游产品方面的目标，主要衡量指标是旅游产品系列销售额、旅游新产品开发与投入期；旅游服务质量方面的目标，主要衡量指标是旅游者投诉数。相对于长期目标，短期

目标是一种为实现长期目标而制定的绩效目标。它是在对旅行社长期目标评估和分解的基础上，根据市场变化而确定的经营目标。

按照内容可以将战略目标分为：市场目标、创新目标、盈利目标和社会目标。

（1）市场目标。一个企业在制定战略目标时，最重要的决策是企业在市场上的相对地位。它常能反映企业的竞争地位。企业所预期达到的市场地位应该是最优的市场份额。这就要求企业必须对旅游客源市场、旅游产品或服务、旅游销售渠道等进行仔细的分析。

（2）创新目标。在旅游市场竞争已趋白热化的今天，创新概念受到重视是必然的。创新作为旅行社企业的战略目标之一，即企业获得生存和发展的生机和活力。在每个旅行社企业中，基本上存在着三种创新，即产品创新、制度创新和管理创新。其中，产品创新尤为重要。

（3）盈利目标。盈利目标，是企业的一个基本目标，旅行社企业必须获得经济效益。作为企业生存和发展的必要条件和限制因素的利润，既是对企业经营成果的检验，又是企业的风险报酬，也是整个企业乃至整个社会发展的资金来源。盈利目标的达成，取决于企业的资源配置效率及利用效率。盈利目标主要由经营利润、经营净利润、销售利润率、成本利润率、人均纯利润、资产利润率等指标来体现。

（4）社会目标。现代旅行社企业越来越多地认识到自己对用户及社会的责任，一方面，旅行社企业必须对本企业造成的社会影响负责，另一方面，企业还必须承担解决社会问题的部分责任。旅行社企业的社会目标反映了企业对社会的贡献程度。例如，环境保护、节约能源、参与社会公益活动、支持社会福利事业和地区建设活动等。

（三）旅行社战略方案选择

战略选择阶段所要回答的问题，是"企业走向何处"。战略选择阶段的工作可以分为制订战略方案、评估战略备选方案、选择战略方案三个步骤。

1. 制订战略方案

在制定战略过程中，当然是可供选择的方案越多越好。旅行社企业可以从对企业整体目标的保障、对中下层管理人员积极性的发挥，以及企业各部门战略方案的协调等多个角度来考虑，采取自上而下、自下而上或上下结合的方法来制定战略方案。旅行社企业的整体战略，根据不同企业的不同情况可以分为稳定型战略、增长型战略、紧缩型战略、混合型战略、防御型战略、进攻型战略。在这六种整体战略中，根据旅行社行业的特点，一般旅行社制定的企业经营战略是企业增长型战略。所以下文中所说的战略如果没有特别说明，都是指企业增长型战略。旅行社企业的增长型战略根据增长的形式不同，又可以分为集中型增长战略、一体化增长战略、多角化增长战略。

（1）集中型增长战略。旅行社企业实施集中型战略的原因在于相关旅游市场内有可以利用的缺口，其主要表现为：第一，是在相关旅游市场内缺乏一个完善的产品系列（产品系列缺口）；第二，是通往相关旅游市场或在相关旅游市场内的销售渠道体系不完善或不健全（销售缺口）；第三，是现有市场潜力没有得到充分利用（利用缺口）；第四，是竞争对手的销售缺口（销售缺口）。

集中型增长战略可以通过市场深入、市场开发和产品开发形式来实现。市场深入是指不改变旅游产品的形式和客源市场的类型，而在现有的客源市场上，通过扩大现有旅游产品的市场占有率来实现其发展目标。其主要措施是促使现有客人增加旅游天数或提高重游率，争取竞争对手的客源市场，吸引新的旅游者，特别是潜在旅游需求者购买旅游产品。市场开发是指不改变现有的旅游产品形式，而将现有的旅游产品推向新的客源市场。其主要措施是在现有的客源市场区域内发展新的细分市场，或者是开发新的客源市场。产品开发是指不改变现有的客源市场，而向现有的客源市场提供新的产品或经过改变的产品。

由于业务集中于单一产品或服务，所以集中型增长战略风险较大，一旦产品或服务的市场萎缩，企业就会面临困境。因此，企业在使用单一产品或服务的集中增长战略时要谨慎，但对于我国中小旅行社来说，采取集中型增长战略是一个可以重点考虑的经营战略。中国旅行社界这一类的成功案例屡见不鲜。

【案例分析】

B 旅行社的集中型增长战略

某市 B 旅行社设立之后，由于产品定位和市场定位与大多数旅行社的雷同，结果，企业经营了很长时间也没有起色。后来，该企业的所有者和高级管理者经过调研发现，本地由于市区人口众多，周末出游的潜力很大，而且本市周边旅游资源丰富，各种类型的景点和度假村为旅游者提供了很多选择，但至今却没有一家旅行社企业将其作为战略重点，大家的旅游产品基本雷同。B 旅行社的高级管理者经过慎重考虑，决定将企业定位为"某市短线旅游产品经营商"，采取集中型增长战略，即放弃传统的自己并不擅长的长线观光产品，专业经营本市至周边地区的短线旅游。他们在对本市周边旅游景点、度假村进行深入调查研究的基础上，形成了丰富多样的产品手册。将市场重点放在市民周末度假旅游和商务会议、企业拓展培训市场，由于市场定位明确，产品适销对路，取得了很好的经营业绩，被业界称为"某市短线产品专家"。

点评：

中小旅行社由于资源有限，在传统的观光旅游产品领域与大型旅行社竞争，无疑在一定程度上是处于劣势。在这种情况下如何实现企业的发展是个问题，而上述案例中的管理者巧妙地采用了集中型增长战略，将企业的资源集中于短线产品，首先形成了区别于其他旅行社的产品丰富化和价格竞争优势，实现了"以己之长攻彼之短"的经营构

想，然后在此基础上又进一步开发企业拓展培训等新兴市场，取得了企业经营的成功，值得中小旅行社学习借鉴。

（2）一体化增长战略。如果旅行社的战略经营单位所在行业具有良好的发展前景，特别是在各种形式的联合与合并可以使旅游产品的产、供、销一体化经营取得更好的效益时，旅行社便可采用一体化的增长战略。一般情况下，采用一体化增长战略的旅行社，在某地区已经形成自己的竞争优势，拥有一定的资本实力。一体化增长战略可以分为如下模式：

第一，后向一体化模式。它是指旅行社企业的产品在市场上拥有明显的优势，可以继续扩大市场占有率，但是由于旅游要素供应企业履约率较低，不能满足企业发展的需要或成本过高。在这种情况下，旅行社企业可以实施后向一体化增长战略，即通过收购、兼并旅游饭店、旅游车队、旅游景点、旅游餐馆和各种娱乐场所等措施，拥有或控制旅游产品要素的供应系统，形成旅游产品的供产一体化。后向一体化的条件是旅行社经营的上游盈利水平较高，发展空间与时机较好。通过后向一体化可以减少旅行社服务质量、经营成本受制于旅游供应商的危险，使交易成本降低。

第二，前向一体化模式。前向一体化是向后向一体化相反的方向发展。一般是指旅游产品供应商或旅游运营商，根据旅游市场需要，充分利用自己在旅游要素供应和旅游产品方面的优势和潜力，谋求对旅游产品销售网络的控制，是通过收购或兼并旅游客源地的旅游零售商、中间商等形式实现的。前向一体化，是通过其产品向旅游客源地延伸，以提升销售力量来求发展。航空公司兴办旅行社，大型旅行社集团通过收购一些区域城市的大型组团社都是前向一体化模式的典型表现。

第三，水平一体化模式。水平一体化是旅行社通过争取对同类型的其他旅行社的所有权或业务控制权，或者通过某种形式的经营联合实现的。旅行社的网络化经营是水平一体化增长战略的一种最常见的形式。旅行社在同一城市广泛建立收客门市网络，结合旅游网站的虚拟经营，不但使企业的服务覆盖能力大幅度增加，而且有利于在区域客源市场树立企业的品牌。这充分证明了在一家企业主导下的市场化的水平一体化模式可以获得较好的效果。中国旅行社界已经出现了很多由政府主导的同一城市强强联合的水平一体化的兼并案例，但是由于同一区域的旅行社业务竞争性远大于协同性，能否取得预期的成功还有待进一步观察。

【案例分析】

C 旅游批发商的前向一体化增长战略

旅游批发商 C 利用自己的旅游产品价格优势和服务优势，迅速在 A 市取得优势之后，马上就面临了自己的发展瓶颈。C公司的经营者经过充分的市场分析，咨询相关旅游专家的意见，决定充分利用以自己的核心产品为基础确立的航空资源优势，向票务经营领域延伸。一方面，与航空公司合作，增加一个旅游热点的包机业务；另一方面，收购了一个旅游票台，进入了机票零售领域，开始向潜力巨大的"企业差旅费管理市场"进军。这样C公司在企业资源有限的前提下，利用自己的业务优势，首先确立稳固的客户网络，然后利用在机票方面的采购优势，和其他旅游热点地区有实力的旅游接待社联系，开始进行第三、四个旅游产品的批发，取得了很好的效果。

点评：

旅游批发商C，是中国某地区旅行社的一个营销代理机构。它的前向一体化战略成功的妙诀，在于利用了产品链一体化的协同效应。首先，利用自己母公司雄厚的接待实力，占领较高的市场份额，铺设稳固的销售网络；其次，利用已有航空资源的优势，进入运作模式更为简单的机票领域，票台的收购和包机业务又反过来促进了其他旅游批发产品的开发和运营。由此可见，正确地运用前向一体化战略可以大大增强企业的竞争能力，取得企业经营的成功。

（3）多角化增长战略。当旅行社各个战略经营单位在原有的市场经营领域无法发展时，或当原有的市场经营领域盈利水平大幅度降低时，抑或当原有的市场经营领域之外具有较好的市场机会时，旅行社便可采取多角化增长战略。

多角化增长战略一般会给企业带来以下利益：第一，多角化增长战略可以有效地发挥新旧产品、新老业务的管理功能，市场营销和生产协同效应；第二，多角化增长战略通过选择在不同产业投资，建立与价格波动负相关的产品组合，可以有效地分散企业的风险；第三，多角化增长战略可以使企业拥有更多的市场力量；第四，多角化增长的战略可以通过建立内部银行和内部人力资源市场，来形成内部资本和人力资源市场的收益；第五，多角化增长战略的实施，有利于企业的继续成长。

实施多角化增长战略，同时也需要考虑到一些成本，主要有：第一，旅行社企业在不同业务领域经营，形成的既有的管理方式和经营文化，可能并不适用于新的业务领域，这样就会形成管理冲突，使管理效率大大下降；第二，旅行社企业要进入新的业务领域，必须突破产业进入壁垒；第三，旅行社企业实施多角化增长战略必然会分散企业有限的资金、人才等企业资源，如果没有在旅游领域形成真正的竞争优势，很容易使企业在新旧产业同时陷入困境，造成经营失败。

旅行社的多角化增长战略有同心多角化、水平多角化和综合多角化三种形式。同心多角化是指旅行社新市场、新顾客以原有的技术、特长和经验为基础，开发与原产品服务技术相似，但用途不相同的服务产品。例如，旅行社经营票务代理、信息传播、对外翻译服务和咨询服务等业务。水平多角化是旅行社针对现有市场和现有顾客，采用不同的专业技术增加新业务。例如，旅行社可经营餐馆、饭店、旅游车队、商场和娱乐场所

等。综合多角化是旅行社以新的业务进入新的市场，新业务与现有的旅行社技术和市场没有任何关系。例如，旅行社经营出租汽车业务、房地产等。

2. 评估战略备选方案

评估备选方案，通常使用两个标准：一是考虑备选战略方案是否发挥了企业的优势，克服了劣势，同时是否利用了机会，将威胁削弱到最低程度；二是考虑备选战略方案能否被企业利益相关者所接受。需要指出的是，实际上并不存在最佳的评估标准，管理层和利益相关团体的价值观和期望值在很大程度上影响着战略的选择。此外，对战略的评估，最终还要落实到战略收益、风险和可行性分析的财务指标上。

3. 选择战略方案

旅行社战略方案的选择会对企业未来产生重大的影响。因而，必须做出非常慎重的决策。在实际工作中，旅行社管理者往往在经过对各项可能的战略方案进行全面评价之后，发现好几种方案都是可以选择的，在这种情况下，旅行社管理者需要综合考虑企业过去的战略、管理者对风险的态度、企业对外部环境的依赖性、企业文化和战略方案的时效性、竞争者的反应等因素，进而做出正确的战略选择。

在战略选择实际工作中，最终战略方案的选择可以采取以下几种方法：

（1）根据企业目标选择战略。企业目标是企业使命的具体体现。因而，要选择对实现企业目标最有利的战略方案。

（2）聘请外部机构。企业战略方案制定完成之后，可聘请、咨询外部的行业专家，让专业参与战略选择工作，专家们具有广博和丰富的经验，能够为战略方案的选择和改进提出较为客观的意见。

（3）提交上级管理部门审批。对于中下层机构的战略方案，提交上级管理部门能够使最终选择的方案更加符合企业整体战略目标。

（四）旅行社战略实施

旅行社经营战略在实施之前，只是纸面上的或人们头脑中的设想，而企业战略实施是战略管理过程的行动阶段，因而比战略制定更加重要。由于旅行社属于人力资源高度密集的行业，因此，组织结构调整、关键岗位人才选择是其战略实施的两个关键点。

1. 战略阶段识别

战略实施一般分为战略发动、战略计划、战略运作三个相互联系的阶段。

（1）战略发动阶段。旅行社企业的经理要研究如何将企业战略变为企业大多数员工的实际行动，调动起大多数员工实现新战略的积极性和主动性，这就要求对企业管理人员和员工进行培训，向他们灌输新的思想、新的观念，提出新的口号和新的概念，消除一些不利于战略实施的旧观念和旧思想，以使大多数人逐步接受一种新的战略。在发动员工的过程中，要努力争取战略关键执行人员的理解和支持。旅行社企业的领导人要充分考虑机构和人员的认识调整问题，以扫清战略实施的障碍。

（2）战略计划阶段。战略计划就是将经营战略分解为几个战略实施阶段。每个战略实施阶段都有分阶段的目标、政策措施、部门策略，以及相应的方针等。而且要制定出分阶段目标的时间表，要对各分阶段目标进行统筹规划、全面安排，并注意各个阶段之间的衔接。对于远期阶段的目标、方针可以概括一些，但对于近期阶段的目标、方针则应该尽量详细一些。对战略实施的第一阶段，管理者更应该使新战略与旧战略之间有很好的衔接，以减少阻力和摩擦。同时，第一阶段的分目标及计划，应该更加具体化和操作化，管理者应该制定年度目标、部门策略、方针与沟通等措施，使战略最大限度地具体化，变成企业各个部门可以具体操作的业务要求。

（3）战略运作阶段。旅行社企业战略的实施运作，主要与如下六项因素有关：旅行社企业管理人员的素质和价值观念；旅行社企业的组织机构；旅行社企业文化；资源结构与分配；信息沟通；控制及激励制度。通过这六项因素谋划设计，使经营战略真正融入旅行社企业的日常经营活动中去，成为制度化的工作内容。

2. 组织结构调整

旅行社企业的战略要得到彻底的贯彻实施，必须根据企业战略的要求对组织结构进行相应的调整。组织结构调整主要包括以下三个方面的内容：

第一，正确分析企业目前组织的优势和劣势，设计开发出能够适应战略需求的组织结构模式。第二，通过对企业内部管理层次进行划分，让责、权、利相匹配，使用适当的管理方法与手段进行调整。第三，为企业组织结构中的关键战略岗位选择合适的人才，保证经营战略的顺利实施。

3. 岗位人才选择

旅行社企业战略实施的成败，在很大程度上取决于关键岗位上的关键人才的选择。选择合适的关键人物是进行企业组织战略调整的重要内容之一。在选择关键人员的过程中，要特别注意以下几点。

（1）关键人选的能力与战略要求相适应。旅行社企业战略实施过程中的关键人选，主要包括业务单位负责人和高级管理人员。企业所选择的关键岗位人才，应该适应特定的战略要求，并具有与旅行社企业战略匹配的资质，能在特定的战略领域中，对一些关键性的因素做出独立的判断和有效的把握，在战略实施中发挥中坚骨干作用。同时，这些人才要具备强烈的责任感和事业心，既要有专业水平，又能形成相应的管理风格，并能不断创新。另外，企业还应该从提高这些关键人物的整体水平和优势互补原则出发，对他们进行合理的搭配。

（2）优先利用现任管理者实施新战略。旅行社企业实施新战略的关键人选，一般情况下是由现任管理者来贯彻实施。首先，因为现任人员对新战略中的许多关键因素已经了解，对企业战略，经营方式已经熟悉，所需培训时间短。其次，现任管理者大多在员工心中具有崇高的威信。最后，因为现任管理者能够综合协调企业各方面的利益，增强战略实施的向心力。

（3）在原有管理者无法胜任企业实施新的经营战略的重担时，企业可以通过引进人才来实施企业新战略。引进新的管理者的好处主要表现在：其一，选择对新战略已经有信心的外来人才，可克服现任管理者的惰性。其二，容易振奋人心，焕发活力，"新官上任三把火"可能会"烧"出一片天地。然而，引进新的管理者也同时存在两方面的问题：其一，受聘者来自外部，需要花费较多的时间来建立信誉、威望，这样有可能会贻误战机。其二，在旅行社企业目前管理者掌握大部分业务资料的情况下，"临阵换将"如果操作不当，有可能会导致企业业务的大规模衰退，弄巧成拙，造成一定的混乱局面，难以形成稳定的内部环境。

（4）对关键人选实施及时有效的激励。在目前中国旅行社高层次人才紧缺的情况下，旅行社企业应该对关键人才进行及时有效的激励，以保证企业人才队伍的稳定。旅行社企业对关键人物实施激励时应该注意：首先，将为战略目标取得的进展同已经取得的成果区别衡量；其次，设置股权奖励的办法，让旅行社企业的关键岗位人才成为企业的股东；最后，针对已经取得的成果，进行及时、适度的激励。

（五）旅行社战略控制

战略控制，主要是指在企业经营战略实施过程中，检查企业为达到目标所进行的各项活动的进展情况，评价实施企业战略后的企业绩效，把它与既定的战略目标和绩效标准相比较，发现战略差距，分析产生偏差的原因，纠正偏差，使企业战略的实施更好地与企业当前所处的内外环境及企业目标协调一致，让企业战略得以实现。战略控制阶段主要包括建立控制系统、监控绩效和评估偏差、控制及纠正偏差三个环节。

1.建立控制系统

战略实施的控制系统中，有三个基本的控制系统，即战略控制系统、业务控制系统和作业控制系统。战略控制系统，指以旅行社企业高层领导为主体的控制系统。其关注的是与外部环境有关的因素和企业内部的绩效。业务控制系统，指旅行社企业的主要下属单位，包括战略经营单位和职能部门两个层次。其关注的是企业下属单位在实现企业战略的各部分策略及中期计划目标的工作绩效，检查是否达到了企业战略为其规定的目标。业务控制由企业总经理和下属单位的负责人进行。作业控制系统，指对具体负责旅行社日常运营的工作人员日常活动的控制。其关注的是员工履行规定的职责和完成经营目标的绩效。作业控制由旅行社企业各层级主管人员进行。

2.监控绩效和评估偏差

监控绩效和评估偏差要求旅行社首先要建立企业的战略实施评价标准。一般情况下，评价标准采用定量和定性相结合的方式。无论是定量还是定性指标，都必须与旅行社企业的发展过程进行纵向比较，同时还必须与旅行社行业的竞争对手、行业领先者，以及其他参照企业进行横向比较。评估偏差是将实际的成果与预定的目标或标准进行比较。通过比较就会出现三种情况：第一种，超过目标和标准，即出现正偏差。在没有特定要求的情况下，出现正偏差是一种好的结果；第二种，正好相等，即没有偏差，这也是好的结果；第三种，实际成果低于目标，出现负偏差。这是不好的结果，企业应该及时采取措施纠偏。

3. 控制和纠正偏差

当旅行社企业战略的实施出现负偏差的时候，就应该认真分析偏差产生的原因。战略发生负偏差的主要原因有以下几点：第一，企业制定的战略目标不现实。第二，为实现企业目标而选择的战略是错误的。第三，战略与组织结构不匹配。第四，旅行社经理层或业务运营具体负责人不称职或玩忽职守。第五，缺乏有效的激励机制。第六，旅行社企业内部缺乏信息沟通。第七，外部环境发生变化，产生了强大的环境压力等。战略控制管理人员应该根据以上原因，结合控制过程中的实际情况，采取相应的措施纠正偏差，以保证企业战略的顺利实施。

三、旅行社战略管理的误区

目前，旅行社业对于战略管理的重要性没有给予足够的认识，对于企业管理中出现的问题往往是"头疼医头，脚疼医脚"，没有对问题产生的根源进行认真、系统的分析。笔者在与很多旅游企业的总经理交流时，接触到了许多旅行社企业管理和发展过程中的问题，很多旅行社总经理不知道企业应该向哪个方向发展，在管理上也碰到很多需要解决的问题。这些问题产生的根源，是旅行社企业没有切实的经营战略或企业战略不清晰。目前，对中小型旅行社企业来说，其主要存在的问题是战略意识缺失；对于大型旅行社来说，除了战略意识方面的问题，许多旅行社还有战略虚化、战略与执行脱节等方面的问题。

（一）战略目标与发展远景混淆

很多旅行社企业的总经理把企业的发展战略简化为企业的发展目标，而且将目标只限定在财务目标上，即"每年接待多少游客？实现多少毛利？上缴多少税金？企业净利润是多少？"还有的旅行社总经理意识到了企业经营战略的重要性，到处收集其他旅行社企业经营战略的资料，认为拿到了其他企业的经营战略，学习一下，把别的企业关于企业发展使命、宗旨、发展目标、战略举措的陈述修改一下，在此基础上形成自己的经营战略即可。这种做法，使经营战略流于书面形式，成为企业的一种装饰，根本没有切实可行的战略目标。这些举动，都是源于管理者对企业发展战略的片面认识。

企业的战略框架体系，应该包括"在哪里竞争，如何竞争，以及时间进度安排"三个部分（图 5-2）。

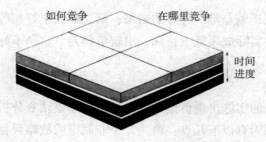

图 5-2　战略三维模型

第一，在哪里竞争。体现在战略和目标层面。主要包括公司主要目标领域是什么（国内旅游市场、国际入境客源市场、出境游市场），公司主要客户是谁（关系型企事业单位客户、观光散客、教育、老年等主题旅游客源市场），公司提供什么样的产品或服务，几大类中哪个大类是重点发展的，各部分市场的发展比例等内容。第二，如何竞争。体现的是手段和方式层面。主要的内容包括公司的核心能力、公司的核心业务单元、公司各业务单元的发展步骤、公司将向客户提供哪些增值服务和产品等。第三，时间进度。体现的是规划和计划层面。主要内容包括 3~5 年发展规划、发展的阶梯、年度发展重点及连贯性等。

在企业战略编制实践中，完整的企业战略体系应该包含远景、使命、战略、目标体系、实施方案和策略、企业文化价值观 6 个部分（图 5-3）。

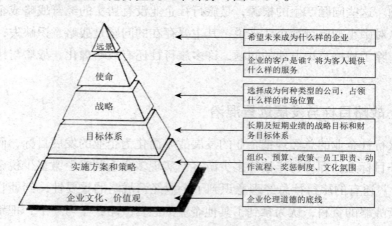

图 5-3　企业经营战略体系示意

（二）发展战略与执行脱节

虽然也有少数旅行社总经理有远见，聘请了专业咨询公司为企业制定了发展战略，同时根据发展战略制定了年度经营计划，还引进了时间管理方法来管理自己和主要领导者的时间，提高自己和企业管理层的工作效率，但是后来实践证明，由于企业战略计划在制定时没有与中高层进行充分的沟通，难以得到中高层的有力支持，也没有具体的行动计划；同时，由于没有对企业的组织结构和业务流程进行变革，建立与企业经营战略相配套的组织结构，"老瓶装新酒"必然导致经营计划和工作计划根本没有办法实施，企业战略和执行严重脱节。因此，企业战略需要分解为业务战略，而业务战略的实现又需要有管理风格、组织结构、人力资源、核心能力、管理制度、共同价值观等与之配套的支持系统才能顺利地执行。麦肯锡 7S 模型 (Mckinsey 7S Model) 简称 7S 模型，是指在企业发展过中，需要考虑的 7 个以英文 S 字母为首的情况，分别是战略（Strategy）、结构（Structure）、制度（Systems）、共同价值（Shared Values）、技能（Skills）、员工（Staff）、风格（Style），该模型由全球最著名的咨询管理公司美国麦肯锡咨询公司设计，它指出了企业在发展过程中必须全方位考虑的七项要素。战略、结构和制度被认为是企业成功的"硬件"要素，而风格、人员、技能和共同的价值观被认为是企业成功经营的"软件"要素。相比较而言，硬件部分相对容易改变，往往是组织变革的切入点与常用杠杆；软件部分是组织的内涵与核心，需要一定时间的沉淀；共同价值观是企业的遗传基因，是最难改变的部分（图 5-4）。

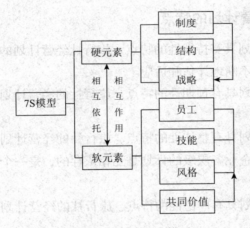

图 5-4   麦肯锡 7S 模型

（三）市场和竞争环境认识盲目

目前，中国旅行社界存在的很多问题可以归结为企业对旅游市场和中国旅行社企业的竞争环境缺乏足够的认识和量化分析。一些旅行社总经理抓住了一两次做大型产品（包机、专列）或主题旅游产品的机会，迅速地占领了当地散客旅游市场，由于并没有形成真正的业务持续发展能力，没有建成有效的市场销售网络，不能准确地预测旅游市场的风险，将几次业务活动成功的经验进行盲目移植，没有进行科学的市场调研，导致后来的失败，在红火一阵之后又归于平静。这就说明靠抓住机会或机遇取得一时的成功，并不代表可以取得永久的成功。只有在企业发展战略的指导下，认真进行市场吸引力和企业竞争力分析，在产品创新、质量管理、市场营销、人才培育、管理变革

等各方面努力提升企业的核心竞争力，形成可持续发展的业务能力，才能确保企业的成功。

第二节 旅行社经营计划管理

一、旅行社经营计划概述

旅行社经营计划，指旅行社根据经营思想、经营方针和经营战略的基本要求，所制定的一定时期内（通常为一年）的经营目标，以及为实现这些目标所进行的各项经营活动的安排、管理与控制工作。因此，旅行社经营计划是对经营战略目标体系按年度、季度、月度进行分解和落实，是旅行社经营战略得以顺利实施的最重要的一环，也是旅行社企业一年经营活动的行动指南，同时也是企业绩效考核的标准。

（一）旅行社经营计划的特点

（1）旅游社经营计划具有持续性的特点。旅行社经营计划的制订、实施和控制，是一个持续的过程，需要不断地评估和适应。

（2）旅游社经营计划具有预期性的特点。旅行社的经营计划，是基于对未来旅游市场的预测而制订的。

（3）旅游社经营计划具有整体性的特点。旅行社的经营计划包含了企业、经营单位及各职能部门的计划。企业各层级的计划是互相依存的，是一个整体，需要各个层次的互相支持才能完成。

（4）旅游社经营计划具有广泛性的特点。旅行社的经营计划涉及企业中的每个部门和每个工作人员。

（5）旅游社经营计划具有行动性的特点。旅行社的经营计划必须通过各经营单位、各部门的实际经营行动去落实和贯彻。一个没有行动的计划是无效的计划，同时，对于企业来说，没有计划的行动是致命的。

（二）实施旅行社经营计划管理的意义

（1）旅行社的经营计划，提供了一个企业所有行动的正确方向，使企业能够有效地运用、安排、协调各种资源和要素，实现各要素间的协调配合。

（2）旅行社的经营计划，可以协调组织系统内各子系统的行动，使之协调一致，为整体目标的完成提供服务。

（3）通过经营计划的制订、实施和控制工作，可以让旅行社企业有效地把握未来的机会与风险，促进企业核心竞争能力的形成。

（4）企业经营计划管理的有效实施，可以帮助旅行社企业培养一批执行能力强的中层干部，通过经营计划的拟定和实施，可以培养旅行社中层干部和员工的岗位意识和较强的管理约束意识，提高员工的执行能力。

（5）企业经营计划管理工作，为企业提供了控制和衡量绩效的标准，可以帮助企业建立科学的员工评价标准，减少高层管理者"任人唯亲"等错误的发生。由于经营计划的制订和执行情况可以用数字清楚地衡量出来，因此这样可以极大地调动员工的工作积极性，为企业选拔到合适的人才。

二、旅行社经营计划管理的过程

旅行社经营计划的管理工作，可以分为经营计划编制准备、经营计划编制、经营计划实施和控制三个阶段。

（一）经营计划编制准备阶段

旅行社企业在经营计划编制的准备阶段必须收集一系列的资料，然后在详细分析研究这些资料的基础上，进行相应的经营分析和机会研究，需要收集的资料主要有：

（1）与国民经济有关的各种统计资料，尤其是和旅游市场规模直接相关的人口数量、人均消费能力、人均收入、人均 GDP 等数据。这些数据的准确程度，将直接影响对整体区域旅游市场规模的预测。

（2）政府行业主管机关、各主要新闻媒体的资料。了解当地旅游行业主管机关的资料可以为企业确立良好公共关系奠定扎实的基础，可以确保企业的主题旅游活动策划、大型团队接待等主要业务活动得到主管机关领导的支持。了解各新闻媒体的资料，可以获得各媒体记者对企业的关注，可以有效地利用与其良好的关系为企业做一些软性宣传，同时在企业遭到投诉时，通过良好的沟通可以有效避免企业形象受到严重损害。

（3）行业竞争对手的资料。竞争对手的市场份额、下年度策划的主要业务活动，及其主要业务骨干、主要上游资源等，都是企业在制订针对性年度经营计划时所必需的资料。

（4）企业内部业绩资料。通过对企业业绩资料的收集和分析，可以找到企业的优势和劣势，同时可以总结一些业务操作规律。

（5）对旅游市场预测的资料。对于旅游市场预测资料的取得，可以帮助企业在制订经营计划时确定下一步的市场营销重点，增加市场营销计划的针对性和有效性。

（6）旅游要素资源客户的相关资料。有效地掌握旅游要素资源客户的相关资料，可以帮助企业在制订经营计划时，建立更加有效的采购体系，提高旅游服务的可靠性。

（7）国家旅游行业相关政策的资料。对这些资料的收集和掌握，可以帮助企业在制订经营计划时，准确把握国家的政策走向，从而抓住有可能因为政策变化而出现的市场机会。

完成资料收集工作后，下一步就是开始经营分析和机会研究的工作。经营分析，分

为对外部市场的分析和对企业自身的分析。对外部市场的分析，主要是对旅行社经营环境和客源市场状态进行科学的调查、分析和研究。市场分析是旅行社经营计划编制的基础，也是旅行社经营目标确定的基本依据。在一个特定的时间内，旅游市场的短期变化会对旅行社经营产生一定的影响。因此，根据客源市场的短期变化，可以分析掌握整个市场及旅行社行业的经营状况和发展方向；同时，对企业自身进行认真的分析，认清企业的优势和劣势，结合本企业近年来的经营变化趋势，以及产生变化的原因，在外部市场分析和企业自身分析的基础上，做出旅行社年度的经营预测。机会研究，指根据旅游市场环境的短期发展，结合本旅行社的优势与劣势，确定企业利用市场机会的程度与经营走向，为经营计划的编制提供调节因素。

（二）经营计划编制阶段

旅行社经营计划的编制，主要有两项工作：一是确定经营目标，二是确定经营方案。经营目标是旅行社经营计划的核心，由各种定性目标和定量目标构成。在一般情况下，经营目标是在市场预测的基础上，根据旅行社经营战略、经营思想和经营方针，经过自下而上的充分研究讨论而确定出来的。经营目标是一个预期的结果，实现目标可以有多种途径。因此，企业必须制订与经营目标实现途径相适应的多种经营方案。下面简单介绍一下经营计划编制阶段的两个工作难点——经营目标体系的确定和经营目标的分解。

1. 经营目标体系的确定

在旅行社经营计划体系中，确定经营目标体系是一项十分重要的内容。所谓经营目标，是指旅行社经营活动在一定时期内（通常为一年）的奋斗方向，及其所取得的经营成果。旅行社的经营目标体系主要有以下两大类：首先是数量目标。它用来表示旅行社在计划期内经营活动应达到的数量要求，且通常以绝对数表示。这些目标，主要有接待人数、接待人天数、营业收入总额、营业收入净额、营业成本总额、营业费用、管理费用、财务费用、利润总额。其次是质量目标。它表示旅行社计划内经营活动达到的质量要求，其通常是以相对数或平均数来表示。旅行社的质量目标，主要有人均停留天数、接待人天收入、资本金利润率、营业利润率、全员人均利润额、全员人均营业收入、应收（应付）款占营业收入总额的比率、坏账占营业收入总额的比率等。

2. 经营目标的分解

在旅行社经营计划中，对各项经营目标的分解非常关键，所谓经营目标的分解，是指以一定的分配基准对各项经营目标进行的细化，以及对实现经营目标的具体方法及程序所做的规定。经营目标的分解，要有利于旅行社经营活动的开展及各项经济目标的实现。因此，在经营目标分解过程中，旅行社首先应充分考虑每项旅游产品的市场占有率、竞争力、市场形象与地位，以及上年度的经营业绩，其次，旅行社还应考虑旅游客源市场的规模和市场成长率，最后，旅行社也要考虑旅行社网络及销售人员的基本情况。根据上述参考因素，旅行社经营目标分解的方法主要有以下四种。

（1）按产品类型分解。旅行社在一个特定时期内，拥有多种形式的产品。每种产品的生命周期不同、市场规模不同，对旅行社经营目标实现的意义也有所不同。旅行社可以根据其经营的团队观光旅游产品、散客观光旅游产品、度假旅游产品、商务旅游产品、主题旅游产品等产品的经营水平，决定分解经营总目标的比例，规定每项产品所必须完成的年度经营指标。

（2）按经营的地区范围分解。旅行社在一定时期内，具有一定的地区销售机构，特别是建立地区性代销点和分支机构的旅行社。此类旅行社在经营目标分解中，可以根据地区的客源量、市场销售潜力及本企业地区性市场占有率，对经营目标进行分解，从而决定各类产品及各个部门在不同地区的经营指标。

（3）按职能部门分解。在经营目标分解过程中，旅行社可以将企业的总目标分解为不同部门、不同业务的分目标。通过总目标的部门分解，能使各部门分工负责。例如，为保证企业经营网络的正常拓展，人力资源部可承担相应的人员招聘和培训指标，财务部则可以负责相应的投资、融资指标等，以保证总目标的实现。

（4）按经营时间分解。在经营目标分解过程中，旅行社还可以将总目标按照经营的季节进行分解，形成时间进度表。按经营的时间分解经营总目标，有利于总目标的分段实施、定期检查，以及准确掌握经营目标实现的进展情况，有利于对经营活动进行有效的控制与调节。

三、旅行社经营计划管理的要点

旅行社经营计划管理，在具体的企业管理实践中有时会面临失败，其失败的原因主要体现在：外部环境的多变性导致了经营计划的失效；管理人员对经营计划的态度影响着经营计划的成败；员工心理的不变性导致了经营计划的失败；缺乏明确的授权和足够的控制技术，直接影响了经营计划的成败。对于旅行社企业来说，要想成功地实施企业经营计划管理，需要掌控以下几个要点。

（一）总经理负责制订和落实经营计划

目前，许多中国大型旅行社企业成立了企划部或战略管理部门，但是企业经营计划的制订不能只放在一个计划部门，或者把计划工作放给具体的业务人员去做，计划的制订一定要由企业最高负责人来主导。因为，企业负责人最终要向董事会汇报企业的经营计划，要给投资者回报，且要对经营计划进行检验。如果企业的最高负责人不是经营计划的策划者，没有参与经营计划的制订，这个计划便很难有效实现。

（二）经营计划必须数字化

所有计划的目标必须规范，必须量化，且一定要有数据。例如，企业营业收入目标考核是5亿元，那么企业应该怎样进行市场目标考核？这5亿元的营业收入目标，应该分配到哪些经营部门？国内游、入境游、出境游分别需要完成多少业务指标？企业应该提供给经营部门多少资源？企业各职能部门之间的关系是怎样的？职能部门应该如何支持经营部门的经营目标的实现？职能部门的目标如何考核？这样层层分解后，一直到每个部门都必须有足以量化考核的目标，才能形成完整的经营计划。同时，旅行社的经营计划，不仅需要对目标进行层层分解，还可以根据月、周等时间跨度进行进一步分解。假如 A 旅行社要实现 10 亿元销售额，企业应该具体分解到每个季度、每个月，乃至每周完成多少？若按产品类型来说，观光型旅游产品应完成多少营业收入？度假型旅游产品应完成多少营业收入？主题旅游产品应完成多少营业收入？若按客户来源来讲，关系型客户、旅游散客、同业客户分别占多大的比例？由此可见，目标分解，是经营计划实施过程中一个非常重要的步骤。在目标分解过程中，制订者一定要与企业的每个员工进行充分的沟通，不能得到员工认可的指标，最终是无法落实的，一切计划都必须按客户群、产品、时间、地理位置这四个坐标轴做下来，并落实到每个部门、每个人。这样，经营计划才能从纸上落实到企业的实际经营中去，各计划指标才能有具体的承担者。

旅行社的经营计划往往可以把笼统的概念细化。例如，在某个创新主体型旅游产品上市之前，很多人认为这个产品可以有效地启动市场、可以盈利，但结果却有可能是在做了一段时间后，要么收入没有原来想象的那么高，要么实现理想中的营业收入还需投入非常大的成本。在这样的计划制订、落实、反馈过程中，企业的经营者也就会逐渐掌握应该如何有效地量化企业的经营计划，同时根据具体的业务实践情况进行相应的调整。

（三）经营计划的制订必须统一思想

由于旅行社企业缺乏计划管理的具体应用实践，很可能其第一次的计划会做得不理想。导致企业的很多人还搞不清楚成本和费用的区别，且刚开始实施经营计划管理时，业务人员可能会因制订计划占用很多做业务的时间，丢掉很多客户从而产生一定的抱怨情绪，甚至会把抱怨直接反映给总经理。这时，旅行社总经理应该坚持实施计划管理的信心和决心，要求各经营部门的负责人坚决按照制订经营计划的要求去做。企业既然要做经营计划，就一定要坚持做好。尤其是旅行社的一线经理人员和销售人员，在填写经营计划的相关表格时，可能会感觉这些表格没有意义，但是不能因为一线人员这种感觉而放弃整个经营计划的制订和实施过程。因为经营计划的和实施本身，就是一个认识市场的过程。企业第一年可能对市场不了解，导致做计划时出现了很多的错误。但通过对这些错误的分析，第二年就会做得更好。做了三四年后，企业经营单位的负责人会突然发现，如果连续 5 年做一个计划，自己的业务是可以实现数字化管理的。企业经营计划管理的实践证明，没有实施经营计划管理的企业，业务做得好，却不知道为什么；做得不好，也发现不了问题；不知道哪个旅游产品，在哪个地方形成了最好的利润点；什么样的旅游产品有成长性；什么样的客户群成长不好收入却比较大。这些问题都是非常关键的，若企业没有这样一个经营计划的制订、实施、控制体系，就没有办法管理一家有规模的旅行社企业，也就没有办法使企业成长。最终出现的局面，就是企业的高层管理者认为其根本无法管理和约束各经营部门，进而导致"承包有理"结论的出现，而各业务单位的负责人也会以同样的理由要求更大的权限，最终导致企业管理的全面失控。

（四）经营计划的实施与控制必须有保障

经营计划的实施，要求企业设立专职的经营计划管理机构，且一般由企业最高管理者担任负责人，同时，企业还需健全经营计划责任制度，把经营计划的落实与每个员工的业务工作联系在一起；最后，企业也要建立健全经营计划考核与评价制度，将经营计划的执行情况，及时反馈给每个员工，并将其与员工的待遇体系紧密挂钩。这样可以让经营计划管理走向一个良性的循环，最终使旅行社企业的经营计划管理得以成功。旅行社经营计划的控制是经营计划能否顺利完成的关键。经营计划下达之后，企业高层应该按时间分解的进度进行及时检查，一旦发现实际经营指标与计划指标出现严重偏差，应该及时分析偏差出现的原因，以便在下一步工作中采取相应的应对措施。

【本章习题与技能训练】

一、名词解释
1. 旅行社战略
2. 旅行社战略管理
3. 旅行社经营计划
4. 一体化增长战略

二、简答题
1. 旅行社战略管理的步骤有哪些？
2. 旅行社战略管理的误区有哪几个？
3. 旅行社经营计划管理成功的要点有哪些？

三、案例分析
案例 1

D 旅行社经营战略思路的梳理

D 旅行社是我国某著名旅游目的地的大型旅游运营商，在当地的旅游接待业务中占有较大的市场份额。该旅行社高级管理者抓住国内旅游市场蓬勃发展的契机，在国内主要旅游客源地都设立了营销机构，年接待人数超过了 10 万人。但企业下一步该如何发展，如何才能将企业打造成为一个百年老店，如何让企业成为一个具有可持续发展能力的旅行社，如何才能提升企业的客源市场结构……该旅行社就这些问题与专业咨询人士

进行了接触，他们在专业人士的帮助下，认真梳理了企业存在的问题。

问题呈现：

· 如何实现 D 旅行社"旅游综合运营商"的战略定位，实现企业健康、快速的发展？

· 如何凭借已经形成的竞争优势，迅速扩大市场份额，尽快构筑规模经济效应，防止其他强力竞争对手凭借资源优势进行疯狂打压？

· 如何提升主题旅游产品的创新和包装能力，尽快走出目前价格竞争的怪圈，树立 A 旅行社品质旅游第一品牌？

· 如何建立旅行社统一高效的质量管理体系和售后服务体系？

· 如何迅速提升各地分支机构对总社的向心力，从而防止关键分支机构的出走风险；提高总社与各分支机构、各分支机构之间整合营销、统一行动的能力？

· 如何改善目前企业的组织结构和管理体系，使之与将要实施的产品创新、质量管理相吻合，将突出的个人竞争力转化为企业组织结构和流程的竞争力？

· 如何改善企业目前缺乏核心竞争力的局面，化有形竞争力为无形竞争力？

· 如何解决高速发展中的人力资源建设问题？

请分析：

该旅行社在企业经营战略思路梳理过程中还需要注意哪些问题？

案例 2

两家旅行社的经营战略

E 城市某旅行社的管理层经过认真分析，认识到旅行社的常规业务竞争越来越激烈，毛利率也越来越低。然而，他们没有想办法进行市场的细分和产品的创新，反而选择了进入培训和咨询行业来拓展业务，由于业务基础不稳固，在新兴业务还没有取得进展的时候，常规业务的业务额和利润率已经出现了大幅度的下滑，最后不得不暂时放弃对新业务的开拓，重新回归主业。

F 旅行社是一家实力雄厚且比较知名的旅行社，在入境游客源市场竞争日趋激烈、利润率越来越低的情况下，没有进行旅游市场的系统分析，在中国公民旅游市场蓬勃发展的大好形势下，为了获得更高的投资回报，进入了房地产业等与旅游业务毫不相关的行业，虽然获得了较好的投资回报，却错失了占领中国公民旅游市场的大好时机，相反，与之相竞争的其他知名品牌由于专心经营中国公民旅游市场，不但获得了较好的经营收益，而且品牌知名度和美誉度也迅速得到了提升。该旅行社在中国公民旅游市场上随后被竞争对手远远地抛在了后面，错失了发展的良机。

请分析：

1. 上述两家旅行社分别采用了什么战略方案？

2. 这两家旅行社经营战略失败的主要原因是什么？

案例 3

某旅游批发商的经营目标体系

某旅行社结合自己批发商的企业定位，将企业经营目标首先按照业务收入和营业费用进行了细分，然后又分解了企业的分销网络建设指标、旅游专线批发指标、主题旅游产品指标、市场营销工作指标、人力资源工作指标，如下表所示。

业绩指标	A1	同业批发人数		
	A2	同业批发营业额		
	A3	同业利润		
	A4	地接人数		
	A5	地接营业额		
	A6	地接利润		
	A7	实现利润总额		
费用指标	B1	人员工资		
	B2	通信费		
	B3	房租及水电		
	B4	差旅费		
	B5	市场营销费		
	B6	公关招待费		
	B7	办公费用		
	B8	其他费用		
	B9	费用总额		
纯利指标	C1			
分销网络建设指标	D1	分销商数量		
	D2	VIP 分销数量		
	D3	地理分布		

旅游专线 批发指标	E1	旅游专线数量			
	E2	旅游专线批发人数			
	E3	旅游专线销售额			
	E4	旅游专线总利润			
主题旅游 产品指标	F1	主题旅游产品数量			
	F2	主题旅游游客人数			
	F3	主题旅游营业额			
	F4	主题旅游总利润			
市场营销 工作指标	G1	市场营销费用			
	G2	同业客户拜访数量			
	G3	企事业客户拜访数量			
	G4	电话拜访总数			
人力资源 工作指标	H1	人员数量及素质			
	H2	员工学历结构			
	H3	培训科目、时数、人员			

请分析：

1. 上述经营目标的分类是否科学？

2. 进行战略目标细化分类有何重要意义？

四、实训项目

在实习教师的带领下，参观一家当地经营效果较好的旅行社，与其总经理及部门经理进行座谈，了解其旅行社战略与经营计划的有关情况，并撰写一份访谈报告。

五、网络学习

请从网络上查找企业战略和经营计划的相关资料，了解我国一些大型旅行社集团的战略与经营计划制订与实施情况。

第 六 章

旅行社组织管理

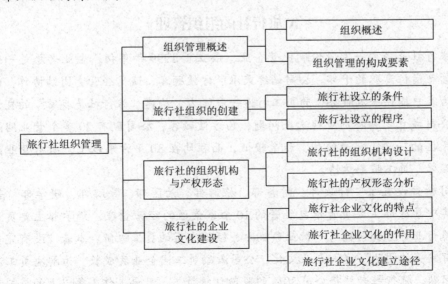

【导入语】

　　旅行社作为一类企业组织，要实现其组织目标，必须实施有效的组织管理。旅行社企业的创建是组织管理的前提，旅行社组织机构和产权形态是组织管理的基础，组织文化的建设是组织管理的有效保障。本章将介绍旅行社的组织创建的条件与程序，旅行社的组织机构的设计、分析旅行社的产权形态，并对旅行社企业文化的构成、作用及创建途径进行系统阐述。

　　本章知识结构图如下：

```
                                    ┌─ 组织概述
                     ┌─ 组织管理概述 ─┤
                     │              └─ 组织管理的构成要素
                     │
                     │              ┌─ 旅行社设立的条件
                     ├─ 旅行社组织的创建 ─┤
                     │              └─ 旅行社设立的程序
旅行社组织管理 ─┤
                     │              ┌─ 旅行社的组织机构设计
                     ├─ 旅行社的组织机构 ─┤
                     │   与产权形态     └─ 旅行社的产权形态分析
                     │
                     │              ┌─ 旅行社企业文化的特点
                     └─ 旅行社的企业 ─┼─ 旅行社企业文化的作用
                         文化建设     └─ 旅行社企业文化建立途径
```

【学习目标】

1. 复述组织的概述及组织管理的构成要素；
2. 掌握旅行社的设立条件及程序，能够自行完成实际工作；
3. 熟悉旅行社的组织机构设计，了解旅行社的产权形态；
4. 了解旅行社企业文化的构成及创立途径。

【课程思政元素】

团体精神、职业自信、管理意识、社会主义核心价值观。

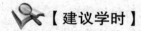

【学习重难点】

1. 学习重点：旅行社组织的创建及程序，旅行社组织机构的设计；
2. 学习难点：组织管理相关理论阐述，旅行社产权形态的分析。

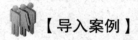

【建议学时】

3 学时

【导入案例】

A 旅行社的组织管理

A 旅行社是省内一家股份制民营企业，成立于 1999 年年初，企业老总是一位从国有企业管理岗位离职的干部。公司始终秉承"方便顾客、诚信经营、团结协作"的服务理念，为客户提供一流服务，为员工打造一流能力，构建"旅行社是我家"的良好企业环境。公司成立之初特别重视选址问题，为方便顾客，公司现有 20 多个营业网点均选择在居民区的一楼，交通便利，租金较低，面积均在 30 平方米以上，所有营业网点内部布置温馨，员工服务热情。

公司精心设置了"行政部、财务部、旅游部、景区部、导游部、研学部"等相关部门，其中景区部主要负责承包经营的 10 余家景区的经营管理，研学部主要负责中小学研学旅行业务。公司拥有一批业务娴熟、经验丰富的员工队伍。本着"没有完美的个人，只有完美的团队"这一企业文化，公司激励员工同企业共成长。为解决员工流失率较快的问题，旅行社老总将公司 30% 的股份让给员工，只要工作 1 年以上的员工都有持股的机会，并对员工定期进行职业技能培训、职业道德培训、相关业务培训。公司现有120名员工中，工龄在10年以上的就有20名，所有员工每年至少接受过20天的培训。为加强组织建设，公司构建了完善的考勤、教育培训、档案管理、财务管理、安全管理等规章制度，并建立了完整的台账记录。公司老总亲自抓制度建设，督促执行相关制度，将落实制度情况与员工绩效直接挂钩，有效调动了员工积极性，规范了公司的运营管理。

经过20余年的发展，公司已经成为省内知名旅行社，成功创评五星级旅行社，并成为当地旅行社协会会长单位。

请问：

1. 该旅行社选址有何特色？

2. 该旅行社组织机构设计有何特点？

3. 旅行社企业文化建设情况如何？

第一节　组织管理概述

一、组织概述

（一）组织的定义

按照系统论的观点，组织可以被看作是一个合作系统，这个合作系统包括人、财、物等要素。因此，一个旅行社就是一个组织。组织之所以有其存在的必要，是因为人们可以通过组织完成仅凭个人之力无法完成的工作或达到靠个人之力无法达到的目标；同时，人们可以通过组织实现比个人单独工作时更高的工作效率。这既是组织工作所要追求的目标，也是组织工作的意义。否则，组织运行的成本费用将会使组织的存在失去意义。

在上述理解的基础上，我们可以为组织一词归纳出如下四层基本含义：

（1）组织为实现特定目标而存在。这样的目标往往具有两个特征：依靠个人之力无法达到的，通过合作能更加高效地达到。

（2）组织是实现特定目标的手段，这一手段在本质上是一种合作。

（3）组织职能的任务是采取措施使这种合作合理化，从而有效和高效地实现组织目标。

（4）使合作合理化的措施涉及分化与整合两个方面的内容。其中，分化是对为实现组织目标而要求完成的各项工作任务进行划分并分配给组织各成员承担；整合是将组织因分化而形成的各部分结合成一个整体。显然，组织的各项工作任务不是一个人所能承

担的，所以这必然要求组织将任务分配给组织各成员承担。但是，各成员分别承担的任务在最后结合起来后必须能够实现组织的目标。因此，使合作合理化是指对组织工作的合理分化与有效整合。

（二）组织的分化

在分化方面，组织至少可以在以下五种基础上进行内部分化。

1. 以职能为基础的分化

按职能进行的分化具有明显的优点，即明确各主要职能的权力与威信；体现职业专门化原则；有利于提高劳动力的利用效率；简化培训。但是，这种分化也存在自身的缺点，主要包括：导致各职能部门的工作人员过分专业化和目光狭隘，只忠于自己所在部门而不把企业看成一个整体，从而阻碍各部门的协调；高层领导要对企业利润负全部责任；不利于培养全局型管理人才。因此，以职能为基础的分化方法仅适合于小型组织。

2. 以产品为基础的分化

按产品进行分化的优点在于使设备和技能以产品为中心实现专业化，有利于生产与销售；在产品部门内各项职能的协调比较容易；将利润和经济效益的责任下放到各个部门，也为未来的全局型管理者提供了训练机会。主要的缺点在于要求组织中有更多的全局型管理人才；最高层对各产品部门的协调与控制难度增大；使本可以在一个部门中完成的职能分散到多个产品部门，造成简单重复，成本增加。

3. 以地区为基础的分化

此种分化的优缺点基本上等同于按产品进行的分化，只是此种分化强调的是地区性市场，因而有利于与地区中的有关团体和顾客保持密切的联系。

4. 以市场为基础的分化

以市场为基础的分化也称服务对象部门化，这种分化方法的突出优点在于各部门能够更好地了解和服务于顾客的需求，并有利于在某些市场／顾客领域内形成并发挥企业的专长。主要的缺点在于各市场／顾客部门之间的协调有困难；当市场／顾客群体不稳定，或者市场需求不足时，专业人员与设备将得不到充分利用。

5. 以工艺流程或生产设备为基础的分化

这种分化方法的优点在于能够实现生产操作的专业化，有利于提高生产效率，可以简化培训。其缺点在于各部门之间受专业化的限制难以沟通，从而造成各部门之间协调困难。

（三）组织的整合

组织在分化基础上的整合也存在不同的形式，主要概括为以下两种图式：

1. 机械论的科层制图式

马克斯·韦伯（Max Weber）是著名的论述科层制组织的学者。韦伯认为，科层制组织指的是以理性组织原则为基础的组织体系。韦伯理想中的科层制组织具有如下特征。

（1）有对组织目标的清晰阐述。

（2）以达到目标的理性步骤为基础，从目标中引申出规定明确的组织制度、程序、规章。

（3）对组织成员的任务进行划分，使每个成员都有一个与其能力相匹配的确定的活动范围。

（4）金字塔式的结构，上级比下级拥有更多的权力。这样，权力就倾向于集中在最上层。

（5）决策应以那些约束决策者个人的规则和尺度为基础。

（6）每个岗位都由详细的规则和程序所规定和约束。

（7）组织人员的选择应以个人的技术能力为基础。

概括起来，韦伯的科层制组织是一种纯理性的、不带个人感情色彩的、机械的、等级分明、权责分明、制度森严的硬性组织，是通过集权与森严的规章制度来实现整合的。对这一整合图式的批评有：它不能适应变化的环境；忽视了非正式组织的作用；否定了殊途同归的可能性，认为只有一条达到目标的最佳途径；硬性的制度规章倾向于阻碍为适应新环境所进行的变革。

2. 有机适应性图式

有机适应性图式的组织倾向于具有与科层制组织相反的特征。在这一图式的组织中，制度规定比较灵活，组织权力的集中度比较低。它基本上克服了科层组织的缺点，是面临动态环境的组织整合其组织任务的比较适当的工具。但是，我们并不能因此而得出有机适应性图式的组织要比科层制组织优越的结论，这要视组织所处的环境而定。

由上可以看到，组织可以采取不同的方式对其任务进行分化和整合，所以在组织设计过程中可供选择的组织结构也是多种多样的。各种组织结构都有其优点与缺点，并不存在适合于一切组织的某一最优结构，只能说在某一特定情况下，对某一组织来说采用某一结构是合适的。而且，我们可以依据实际需要在同一组织中混合采用上述结构类型中的若干种，以互相取长补短。

二、组织管理的构成要素

倘若把组织结构看作一个因变量，则影响与决定它的自变量至少应当包括以下方面：组织所处的外部环境；组织客源市场的特征；组织的战略目标；组织所要完成的任务；企业家和管理者的管理理念；所采用的技术；组织成员的工作能力及个性；组织规模与地域分布。然而，不论是哪一种因素在起作用，组织设计都应遵循一个总的原则，即衡量组织结构是否合理的总的标准是其是否有利于有效和高效地实现组织的既定目标。1961 年，斯科特提出了古典组织理论所赖以存在的四个支柱，即分工、指挥系统

（等级与职能结构）、控制范围和结构。当前这四大支柱仍然可以看作是组织设计与管理的基本构成要素。

（1）分工。分工是对组织经营目标的恰当分解与定位，包括在产品和服务流程设计的基础上，对服务岗位和管理岗位进行最优化配置，并明确工作标准、职责、内容和程序设计。

（2）指挥系统。指挥系统是管理指令的传输通道、方式及服从、反馈机制。如层级管理制、授权与分权、沟通与协调、质量管理制度、管理作风优化制度和员工合理化建议制度等。

（3）控制范围。控制范围指管理层级与管理跨（幅）度。如组织管理层次与管理跨度之间的反向替换、窄的管理跨（幅）度与宽的管理跨（幅）度之间的选择、助理与总监的设置等。

（4）结构。结构反映的是各管理层级与部门之间的关系。在一个组织系统中，随着部门分化而来的是各部门之间权责利的分割，这种分割有时会在组织运作中损害组织整体利益的最大化。所以，在组织设计与管理过程中，应该有一种合理的结构关系来协调各层级和各部门之间为实现组织总体目标的过程中可能出现的种种冲突。

第二节　旅行社组织的创建

一、旅行社设立的条件

旅行社设立的条件可以从硬件和软件两个方面来分析。

（一）硬件条件

1. 固定的营业场所

创建旅行社需要一定的营业场所，这些场所可以是旅行社拥有的固定资产，也可以是旅行社租用他人的场所（租赁期最少为1年）。旅行社作为固定的营业机构，营业场所面积不能过小，要能够满足旅游业务开展的需要，一般情况下最好不要低于30平方米。营业场所的选址对于旅行社而言是至关重要的，这一点并没有因为互联网时代的到来发生根本性变化。旅行社营业场所的确定应依据以下几大原则：第一，市场性原则，即旅行社要接近客源地（如中等收入家庭相对集中的地区、附近有较大规模的企业）、靠近目的地（如主要旅游景区，周边环境较好），设定在人流量较大的地方；第二，便利性原则，即旅行社要设立在易停之地（有足够的停车场所，便于公众停车）、交通易达、位置醒目之地，一般以底楼为好；第三，经济性原则，旅行社的选址要与自身的营利能力相匹配，不能一味地追求设立在繁华的商业区；第四，长远性原则，旅行社选好址后，要保持地址的相对稳定性；第五，关联性原则，旅行社的营业场所应当和自己的市场定位有关联。

【案例分析】

昆明旅行社服务网点选址的经验和教训

昆明市内的北京路曾被当地誉为"旅行社一条街"。形成原因是所处的北京路南段距离昆明国际机场仅 3 千米，乘车 10 分钟可以抵达。此外，昆明火车站恰好位于北京路南尽头。这里是云南省域范围内的交通枢纽，进出客源较为方便。同时，这里还汇集了昆明早期建立的多家高档星级酒店，因此这里也是商务客人的聚集地，易于招徕到较大数量的外来游客。这样的营业场所使得旅行社最接近目标客源，不仅给游客带来了很大便利，而且使旅行社最近距离地接触抵达昆明的游客。由于扩散效应，这里吸引了越来越多的旅行社入驻，从而形成了闻名的"旅行社一条街"。

不同的门市选址带来不同的市场效果，门市店的选址与门店的存亡直接相关。B 旅行社和 C 旅行社门门市店的分布各有特色，下面就这两家旅行社的门市选址进行比较，从中获得门市选址的经验和教训。

1. B 旅行社下设 8 个门市店，其分布特色如下：

（1）门市店相对集中。8 家门市店中有 4 家位于北京路南段附近，设置相对集中，各服务网点之间的步行距离不超过 30 分钟。

（2）门市店深入社区。8 家门市店中有 2 家位于北市区，1 家在月牙潭公园正门口，1 家在白龙路佳园住宅小区附近；1 家位于南市区的上海沙龙商住楼附近。

（3）门市店进入酒店。君乐门店位于昆明君乐酒店内。君乐酒店位于昆明主城中心小西门商业区，紧邻翠湖公园，是一家五星级酒店。

2. C 旅行社下设 3 家门店，其分布相对分散：

（1）C 旅行社的 2 家门店分别与云南省的两大型企业合作，对外称云南 C1 旅行社和云南 C2 旅行社。两家门店分别位于两大型企业的办公大楼内，显然这两家门店的目标客户群并非终端游客而是直接针对两个企业团体。

（2）C 旅行社 1 家门店位于昆明某大型服装批发商场 5 楼。

分析：

B 旅行社的门店相对集中于北京路南段商业繁华区，有利于在更大范围内深入地吸引目标客户群，招徕更多旅游者前来咨询和购买旅游产品，也有利于促进门店的竞争，促使各门店改善产品质量，提高服务水平；B 旅行社服务网点根植于社区，能够充分利用与顾客直接打交道的便利，更能接近终端客户，扮演好"零售商"的角色，使旅行商更贴近市场，为消费者提供更便捷、更周全的服务；B 旅行社门市店进入酒店，一方面可以把旅行社的品牌延伸至以酒店为中心的周边商业区，另一方面可以招徕入住酒店的商务客人。

C 旅行社门市选址不当，必然造成门店"昙花一现"！C 旅行社的 2 家门店目标市场的单一使得这两个门店抗风险能力极低，加之其门店又位于隐蔽的办公大楼内，普通散客对它们一无知晓。一旦影响市场的因素发生变动，这两家门店的经营将会受到极大的影响，甚至走向倒闭。C 旅行社还有 1 家门店位于服装批发商场内，众所周知，服装批发市场只有成堆的服装、日用品批发摊，其吸引的是服装零售商，到那里的人流会有多少驻足关心旅游资讯呢？真正想旅游的客人会到那里咨询吗？此外，门店又在商场五楼，有多少人会注意到它呢？加之此批发商场附近交通拥堵，停车不便，就算知道那里有旅游门店的客人也未必会前往咨询。事实证明了两家门店选择的失败：由于与两个企业合作的终止，这两个门店苟延残喘了很短的时间后都关闭了。试想，如果这两个门店做出合理的选址，不躲藏在隐蔽的办公大楼的角落，那么就算失去了两个大客户，也还会有很多散客上门，不至于快速销声匿迹。

因此，营业场所的选择对旅行社的经营会产生深远影响。然而，旅行社经营者在做决策时往往都忽视了选址的重要性。他们考虑得更多的是新建旅行社的规模、目标市场定位、人员配置等一系列对经营产生直接影响的因素。希望旅行社经营者能改变思想，关注选址，选择好的地段，争取更大的商机。

资料来源：刘惠娟. 浅析旅行社选址［J］.知识经济，2011（8）.

2. 必要的营业设施

旅行社必要的经营设施包括传真机、直拨电话、电脑以及业务用车等，其数量可根据旅行社的业务量来具体确定。营业设施的齐备性不仅影响旅行社业务的正常开展，而且也会影响到游客对旅行社服务质量的评判，最终影响旅行社产品的销售。旅行社的设施外观要整洁大方，标牌要醒目；设备要布局合理，宜将接待区、展示区和休息等候区分开设立。

（二）软件条件

旅行社创建的软件条件包括一定数量并符合要求的经营人员和符合规定的资金。

1. 人员要求

旅行社的工作具有服务的直接性、业务的时效性、工作的繁杂性、知识的广博性和联系的广泛性等特点，这些特点对旅行社的从业人员的素质提出了一定的要求。首先，从业人员要有正确的从业动机：做旅行社工作繁杂、辛苦、回报不高，从业人员在旅行社的实际工作中要踏实、用心、努力。其次，从业人员要有合理的知识结构：作为旅行社的管理人员，知识结构应包括广博的经营管理知识和丰富的旅游知识；作为旅行社的普通从业人员，要具备各个职位相应的行业知识。再次，从业人员要有一定的能力水平：旅行社管理人员必须具备决策能力、业务开拓能力、应变能力和人际交往能力；旅行社的普通从业人员要具备快速反应能力、人际交往能力、较强的记忆力、亲和力，并且要有耐心和细心。最后，从业人员还要有良好的身心条件：所有的旅行社从业人员应当具有良好的心理品质和健康的身体，心理品质包括工作热情、耐心与决心、乐观的态度和自我控制能力。

2. 资金要求

根据《旅行社条例》的规定，非出境社（经营国内旅游业务和入境旅游业务的旅行社）注册资本不少于 30 万元，并应当存入质量保证金 20 万元；需经营出境旅游业务的旅行社，注册资本不少于 30 万元，并应当增存质量保证金 120 万元，即共 140 万元。需要特别指出的是，2014 年 2 月，国务院批准了《注册资本登记制度改革方案》，该方案规定实行注册资本认缴制并放宽注册资本登记条件，旅行社注册资本实缴制改为认缴制，这意味着企业在前往旅游主管部门申请《旅行社经营许可证》时，无须再提交 30 万元注册金的验资报告，只需企业股东在章程中认定 30 万元认缴金额、出资期限等即可。

3. 协作网络

众所周知，做旅游就是做网络，旅行社能够正常营业与其协作网络有密切联系。协作网络包括客源网络和企业网络两大块。其中一定的客源网络必须与一定的企业网络相匹配，旅行社才能正常运行（图 6-1）。

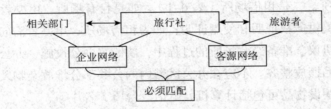

图 6-1　旅行社协作网络

二、旅行社设立的程序

旅行社的设立需要经过酝酿、准备、申办三个阶段（图 6-2）。

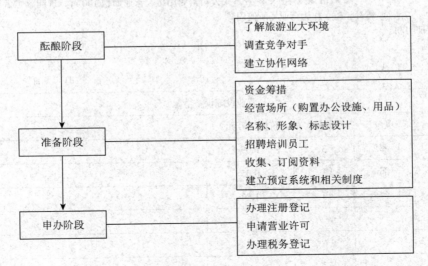

图 6-2　旅行社设立流程

1. 酝酿阶段

（1）了解旅游业大环境。即了解世界旅游业、国内旅游业的发展状况趋势、该地区旅游业的发展水平和发展趋势等，此外还必须了解国家有关政策与法律规定。

（2）调查竞争对手。要对本地旅行社的经营动态、主营路线、竞争优势、产品特色、价格策略、目标群体等进行调查，做到知己知彼，从而找准有别于他人、有利于自身发展的市场定位，这样才能保证旅行社前期运作的成功。

（3）建立协作网络。旅行社需要同提供包含"食、住、行、游、购、娱"在内的众多旅游服务供应商和相关旅行社建立合作关系。

2. 准备阶段

（1）筹措资金。开办旅行社所需的资金由创办费用和营业费用两大部分组成，创办费用是指因旅行社开张而必须支付的各种费用，如申请营业许可证费用、咨询费、营业场所租金等。营业费用是指正式开业后与业务经营有关的各项费用，如工资、宣传费用等。

（2）准备经营场所，购置办公设施、办公用品。旅行社的经营场所来源有两种，一是申办人自有场所，二是租借场所（表6-1）。如是自有场所，申办者在申办时应向旅游行政管理部门提供产权证明和使用证明；如为租借场所，申办者需向管理部门提供不短于1年的租房协议。准备经营场所的过程中，要购置办公设施、办公用品。经营场所要光线明亮，物品摆放整齐。不应在办公区域内的公共部分堆放杂物及个人物品，接待台面保持整洁，摆设物品可包括计算机、电话、台历、名片等。

表6-1　租借营业场所及其设施设备情况

营业面积	100 ㎡	用房来源		租期	2 年
地址	××市××路××号			邮编	
提供单位证明和意见	××市××路××号系我公司营业用房，营业面积100 ㎡，现同意租借给××旅行社（筹）作为营业场所使用。 ××公司 单位盖章 年　　月　　日				
营业设施设备情况					
名称	单位	数量	价值（万元）	备注	
电话	部	3	0.09		
传真机	部	1	0.05		
电脑	台	3	1.50		
合计					

【相关资料】

营业场所内的装饰要求

旅行社营业场所内的装饰，应重点考虑采光、声音、色调、墙壁、地面、家具与其他装饰物等因素的搭配和协调。

采光：因为旅行社工作人员的工作量比较大，所以室内可以安装比较明亮的吸顶灯，以此来改善采光条件，有助于员工消除视觉疲劳，提高工作效率和降低差错率。

声音：为了消除噪声，可以采取铺地毯、摆放木制家具和安装布幔等措施。另外，适当的音乐能够让旅游者感到惬意，也能调节工作人员的情绪，因此，可以在等候区域播放怡人的轻音乐。

色调：应避免使用浓重的颜色，因为这会使人产生一种压抑感，并使房间看上去比实际面积还要小。选择颜色的原则是"淡妆胜于浓抹"，以乳白色、米黄色等中性色调为宜，尽量保持简洁明快的基调。

墙壁：可以选用油画、大幅地图、布幔、彩色挂毯、异域风景图片装饰，这样不仅可以美化室内环境，还可以有利于宾客和工作人员之间的交谈。另外，还能够起到吸收部分噪声的作用。

地面：可以在进口的地方铺设一小块瓷砖或地板，其他地方铺设地毯，这样可以让整个环境变得更加卫生、温馨。

家具：家具的色调应该与整个房间相配。一般来讲，木制家具的色调比较好。

其他装饰物：在营业场所可以配置一些绿色的植物、花草，以烘托房间的气氛。

（3）设计名称、形象、标志。名称、形象和标志都属于企业的 VI，即视觉识别体系。建立旅行社的视觉识别体系是建立旅行社品牌的基础，应考虑很多因素，如旅行社的发展定位、市场细分、价值理念等。

（4）招聘培训员工。根据预先设想的规模组建管理层班子，如副总或总监，然后招聘中层管理者、普通员工和导游。一般而言，财务部、人事部、总经办等日后成为辅助功能部门的建制应先期做好。人事部将主要承担招聘培训员工的职责。

（5）搜集、订阅资料。搜集、订阅资料是指旅行社要做好旅游资料的收集、订阅旅游刊物、杂志、报纸，做出本社的旅游资料，包括旅游线路总汇、旅游线路推荐、景点推荐、各单项服务、单位介绍等宣传资料。

（6）建立预订系统和相关制度。如车票预订系统、旅行社导游管理制度等。

3. 申办阶段

（1）办理营业执照。在准备阶段完成后，拟创建旅行社就进入了申办阶段，申请人首先应当持相关材料到当地市场行政管理部门办理登记注册手续，获取组织机构代码、

营业执照、税务登记证等"多证合一""一照一码"的工商营业执照等。

（2）办理业务许可。办完工商营业执照之后，旅行社申办者要向旅游主管部门申请旅行社业务经营许可。在申办时要提交很多相关文件，文件汇总如表6-2所示。

表6-2　申请设立旅行社要提交的文件

①工商行政管理部门出具的企业法人营业执照
②设立申请书：内容包括申请设立的旅行社的中英文名称及英文缩写，设立地址，企业形式、出资人、出资金额和出资方式，申请人、受理申请部门的全称、申请书名称和申请的时间
③法定代表人履历表及身份证明
④旅行社的章程：内容包括旅行社的宗旨、经营范围和方式、经营性质、注册资金额和来源、组织机构和职权、财务管理制度、劳动用工制度，对旅游者承担的责任和其他应说明的问题
⑤经营场所的证明（办公地房产证明或一年期以上租房协议书），营业设施、设备的证明或者说明
⑥有3名以上导游签订的劳动合同

【相关资料】

申请书

_____

　　兹有_____申请在_____设立一家旅行社，英文名称为_____（英文缩写：_____）。该旅行社采取_____方式设立，主要投资者及其投资额、出资方式为：

　　1.

　　2.

　　3.

　　总投资额为_____万元人民币。

　　特此申请，请按规定审批。

申请人签章：

年　　月　　日

　　在整理好上述资料后，即可按流程办理各项手续。旅行社设立申请认定如图6-3所示。

　　第一，由申请人登录国家文旅部网站全国旅游监管服务平台旅行社和行业组织入口，按照操作要求线上申请设立旅行社。

　　第二，省级旅游主管部门或其委托的设区市、省直管县旅游行政管理部门在接到申请人的线上申请后，在 5 个工作日内对申请人的经营场所、营业设施、设备等进行现场检查或委托县级旅游行政管理部门现场检查，作出是否受理的决定。若申请人资质申请材料不正确，在线点击不予以受理并说明理由。

第三，省级旅游主管部门或其委托的设区市、省直管县旅游行政管理部门自受理申请之日起 7 个工作日内作出是否准予经营国内旅游业务和入境旅游业务的旅行社许可的决定。予以许可的，通知申请人到设区市旅游行政管理部门办证窗口签字领取《旅行社业务经营许可证》。不予许可的，在线通知申请人并说明理由。

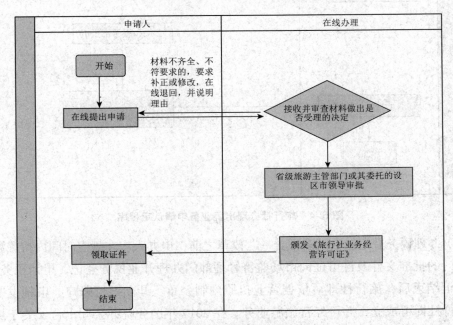

图 6-3　旅行社设立申请认定程序

如果旅行社申请经营出境旅游业务，旅行社首先应当到市场监督管理部门变更营业执照经营范围（增加出境旅游服务项目）。然后向国务院旅游行政主管部门或其委托的省、自治区、直辖市旅游行政管理部门提交原许可的旅游行政管理部门出具的证明，证明其经营旅行社业务满两年且连续两年未因侵害旅游者合法权益受到行政机关罚款以上处罚的文件和经工商行政管理部门变更经营范围的《企业法人营业执照》。接着按以下程序办理（图 6-4）。第一，旅行社登入全国旅游监管服务平台录入相关信息后提出申请；第二，文化和旅游部予以受理初审（20 个工作日），省级旅游主管部核验（5 个工作日）；第三，文化和旅游部批准后，向成功申请出境旅游业务的旅行社发放新证，并收回老证。

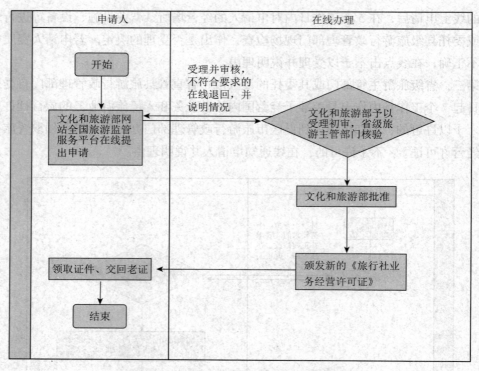

图6-4 旅行社办理出境业务申请认定程序

（3）办理税务登记。在"多证合一"改革之前，申办人应在规定时间内持旅游行政管理部门的批准文件及许可证向市场监督管理部门办理开业税务登记，申请税务执照。税务登记结束后，旅行社即可依据营业执照刻制公章、开立银行账户、申领发票。至此，旅行社即可成立，并可经营旅游业务。在2017年国务院办公厅出台《关于加快推进"多证合一"改革的指导意见》之后，旅行社的税务登记在办营业执照时就已办好，无须单独办理。

旅行社在设立完之后，还要设立分支机构的，可按以下流程来做：

旅行社设立分社的，应当持旅行社业务经营许可证副本向分社所在地的市场监督管理部门办理设立登记，并自设立登记之日起3个工作日内向分社所在地的旅游行政管理部门备案。旅行社每设立一个经营国内旅游业务和入境旅游业务的分社，应当向其质量保证金账户增存5万元；每设立一个经营出境旅游业务的分社，应当向其质量保证金账户增存30万元。设立分社无须增加注册资本。

旅行社设立专门招徕旅游者、提供旅游咨询的服务网点应当依法向所在地市场监督管理部门办理设立登记手续，并向所在地的旅游行政管理部门备案。设立服务网点无须增加质量保证金和注册资本。

第三节 旅行社的组织机构与产权形态

一、旅行社的组织机构设计

组织结构是一个企业正常运转的基础框架，旅行社若要正常运转，必须建立合适的组织机构。组织机构设计是旅行社经营的基础工作，也是旅行社管理的一项重要职能。

（一）旅行社组织机构设计的原则

旅行社组织机构设计是指把为实现组织目标而需完成的工作，不断划分为若干个性质不同的业务工作，然后把这些工作"组合"成若干个部门，并确定各部门的职责与职权。其要点是确定目标、分配任务、设计权力。一般而言，旅行社组织机构设计应遵循以下原则：

1. 因事设职

旅行社的一切活动都是以实现决策目标为目的，旅行社组织机构的设置、调整必须为决策目标服务。在其他因素不变的情况下，为了增加利润，用尽量少的人力保质保量地完成尽量多的任务，旅行社应将任务、职责作为依据，做到因事设岗、因岗配人，决不能因人设职、因职找事。

2. 分工合理

一方面，管理学原理告诉我们，在组织设计中，为了保证工作效率和减少协调的困难，一般应遵循"宁简勿繁"的原则，即可以由一个人或少数几个人完成的工作，就尽量避免人为的复杂化。另一方面，旅行社是旅游产品零部件的组装者、采购者，而不是生产者，在许多情况下，完全可以由一个人同时扮演组装者、采购者、销售者三种角色。因此，旅行社的分工不宜过细。但是，旅行社工作的复杂性和联系的广泛性，使得旅行社始终处于与其他部门错综复杂的关系之中，为保证合作关系的稳定与巩固，旅行社采用专人协调的做法具有更大的优势。因此，旅行社的分工一定要合理。

3. 命令统一

这要求从旅行社最高管理者到一般员工之间组成一条上下相连、没有间隔的等级链，各部门之间、上下级之间，职责、权限清晰而不交叉；旅行社所有部门在业务、行政上都实行领导人负责制，以避免出现分散指挥或无人负责的现象；上级只能指挥、命令直接下级，不能越级指挥，但可以越级进行检查，下级只能向上一级请示汇报，不能越级请示，但可以越级上诉；职能部门只充当主管领导的参谋和助手，不能直接指挥其他业务部门。

4. 管理跨度与管理层次适当

管理跨度又称管理宽度或管理幅度，是指一个管理人员所拥有的直接下属的数量。管理层次是指组织指挥系统分级管理的层次。管理跨度等于组织规模除以管理层次，因此，在组织人员既定的情况下，管理跨度与管理层次呈反比关系。

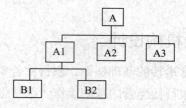

图 6-5　管理跨度与层次

如图 6-5 所示，管理层次为二层，管理跨度的一级管理为 3，二级管理为 2。

对于旅行社而言，高层组织有效管理的跨度为一般 4~9 人，基层组织为 8~12 人。具体还应该根据不同组织的具体情况来确定合适的跨度和层次：第一，管理人员的能力越强，则跨度越大；第二，就任务本身而言，需要协调与统筹的工作量越大，则跨度越小；第三，工作人员的素质越高，跨度越大。当然，素质过高时跨度也要适量减小。

（二）旅行社组织机构设计的模式

旅行社组织机构的基本模式有直线制、直线—职能制和事业部制三种。

1. 直线制

顾名思义，直线制是按直线垂直领导的组织形式。旅行社企业的命令和信息，是从企业的最高层到最底层垂直下达和传递，各级管理人员集合各种所需的管理职能于一身，统一指挥，兼顾多种业务。其特点是组织结构简单、责权明确、层次分明、互相间的矛盾和摩擦较少，工作效率较高。直线制组织形式比较适合规模较小、业务较简单的旅行社企业（图 6-6）。

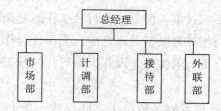

图 6-6　旅行社直线制组织机构

2. 直线—职能制

我国旅行社企业的组织形式，目前较多采用直线—职能制，也称"业务区域制"，在总经理领导下设置相应的职能部门，实行总经理统一指挥与职能部门参谋、指导相结合的机构形式，职能部门不能直接指挥业务部门，但可以起到为旅行社的经营管理提供决策咨询与监督指导的作用。旅行社把所有的机构和部门分为两大类：一类为业务部门，另一类为职能部门。这种组织结构比较适合中、小型企业或产品品种单一的旅行社企业，对于产品种类繁多、多角化经营的大企业不太适用（图6-7）。

这种模式采用将相同或相似的业务集中到一个部门处理，实行职能工作的专业化，在一定的程度上能满足旅行社组织管理和业务发展的需要。但随着旅行社业务的增大，这种模式的不足之处便会日渐暴露。各部门利益不均，小部门控制大部门，内部冲突增大，难于管理，各自为政，容易出现"外联买菜、计调做菜，接待吃菜，总经理洗碗筷"的局面。

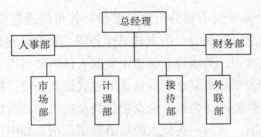

图6-7 旅行社直线—职能制组织机构

3. 事业部制

由直线—职能制演变而来，且比直线制更趋向于分权管理的现代旅行社机构设置模式。事业部制即设置若干个与细分市场有关的事业部，授予其营利的责权，由其独立负责细分市场范围内产品设计、外联组团、采购接待的"一条龙"过程。事业部制有按产品划分的，也有按地区划分的，这种结构的特点是"集中决策，分散经营"（图6-8）。

这种模式的优点主要有：管理高层可以集中精力研究公司的战略方针；事业部可发挥主动性，灵活经营、内部协调有力；有利于业务专业化发展；有利于培训、全面管理人才。当然其缺点也不少，主要表现为：各层次重复；管理人员多；各事业部之间形成竞争，忽视公司整体利益。一般而言，这种结构各部门的协调难度较大，只适用于大型旅游集团公司和综合旅游企业。

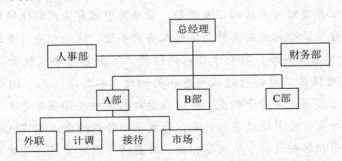

图6-8 旅行社事业部组织机构

二、旅行社的产权形态分析

旅行社产权是指旅行社资产的所有者对旅行社的资产所拥有的排他的使用权、独享的收益权和自由的转让权。不管是哪种产权制度，其构成要素如下："产"指资产，"权"指对财产的所有权、使用权、收益权、转让权。旅行社的产权形式是多样的，但都应做到产权明晰。我国旅行社目前主要的产权形态有股份有限公司、有限责任公司两种，这两种产权形态均实行有限责任制度。

（一）股份有限公司

股份有限公司将全部的资本划分为等额股份，并可以通过股票的形式上市自由交易，公司可通过发起设立或募集设立的方式组建公司。发起设立是指发起人认购公司应发行的全部股份而设立公司；募集设立是指由发起人认购公司应发行股票的一部分，然后通过向社会公开发行股票募集其余部分资金的方式设立公司。股份有限公司可以大规模地向社会筹集资金，并能给予为社会公众提供资金的机会，而且公司的经营状况会受到社会公众的监督。目前，我国一些较大的旅游集团公司，如中国国旅集团、中青旅控股集团、重庆海外旅业集团等都属此类型，他们大多是由早期的国有旅行社进行公司化改造之后产生的。

【相关资料】

广之旅股份制改造

广州广之旅国际旅行社股份有限公司于1998年整体转制为股份有限公司，是广州地区首家转制的国有大型旅行社企业，当时注册资本为3800万元人民币。由35个股东发起，其中原广州市旅游公司国有股占41.8%，原广州市旅游公司工会社团法人股占26.9%，其他企业法人股占21%，自然人股东占10.3%。

国有股就是原广州市旅游公司投入股份公司的资产。建立多元化投资主体的复合型经济模式，使企业具有较为灵活的经营机制，带动其中国有资产的保值增值。其他企业法人股，就是部分与旅游相关企业作为发起人共同参股。这些相关行业的投资参股，与股份公司形成了利益共同体，有利于公司的经营。工会社团法人股由公司职工参股构成，其设立可以增强员工对公司的认同感和关切度、参与度，充分调动职工工作积极性。自然人股东由公司业务骨干构成，通过在股权机构中设置业务骨干以自然人股资参股的自然人股，与股份公司结成共同利益，形成了一种新的企业运作机制。

广之旅在公司在转制过程中从实际出发，既盘活了国有资产，又建立了投资主体多元化的复合型经营模式，形成所有权、决策权、经营权、监督权四权分离、相互依存、相互制约的法人治理机制。转制后的广之旅，所有权属于全体股东，股东通过股东大会，依《公司法》和《公司章程》行使所有权和履行股东义务，股东大会是股份公司的最高权力机构。股东大会选举出的董事组成董事会行使决策权。

资料来源：戴斌，杜江.旅行社管理［M］.北京：高等教育出版社，2002.

（二）有限责任公司

有限责任公司是指不通过发行股票而由为数不多的股东集资组建的公司，股东数量为 1~50 个，国家授权的部门也可以设立独资公司。有限责任公司的资本无须划分等额的股份，也不发行股票。股东确定出资金额并交付资金后即由公司出具股权证明作为股东在公司享有权益的凭证，出让的股份公司股东有优先购买权。有限责任公司，董事会成员和高层经理具有股东身份，大股东一般亲自经营和管理公司，公司股权和法人财产权分离程度不高。有限责任公司的财产状况也不必向社会公开，公司的成立、歇业和解散的程序比较简单，管理机构也不复杂，产权规模也比股份有限公司要小。这是我国目前中小旅行社普遍采用的产权形态。

第四节　旅行社的企业文化建设

一、旅行社企业文化的特点

旅行社企业文化是指旅行社在长期经营管理实践中逐步形成的共同的文化观念，是由旅行社经理所倡导、为全体员工所认同的本企业的群体意识和行为准则，具体包括：物质文化如企业内部的设备、设施、企业环境、员工形象、产品形象等，制度文化如企业的领导体制、各项规章制度、组织机构及内外人际关系等，精神文化如企业的经营哲学、行为规范、价值取向、道德观念等。

（一）服务性

服务性是旅行社企业文化的一个显著特点。旅行社是以向旅游者提供旅游服务为主要经营业务的服务性企业，其产品是无形的旅游服务。对于旅行社来说，旅游者对其产品的满意程度是评价其产品质量的最终标准，也是旅行社能否在激烈的市场竞争中生存和发展的关键。尽管旅游者的满意度可能受到很多因素的影响，但是，对旅游者满意度影响最大的是旅行社员工的服务意识、服务态度和努力程度。因此，旅行社必须把培养员工的服务意识作为其企业文化建设的中心任务。旅行社的服务应该要有三个境界：一是让游客满意，二是让游客惊喜，三是让游客感动。

（二）文化性

旅行社向旅游者提供具有浓厚的文化气息的各种服务产品，使旅游者获得文化性的享受。许多旅游者的旅游动机带有强烈的文化色彩，希望了解和欣赏旅游目的地的传统文化。旅行社应该加强对员工的培养，使其对当地文化有深入的了解，以满足旅游者的文化需求。另外，旅行社的员工还应努力学习和熟悉有关客源国或地区的文化背景和价值观，以便提供具有针对性的服务。因此，旅行社应该将提高员工的文化素养和培养员工的文化意识作为企业文化建设的一项重要内容。

（三）协调性

旅行社的产品具有高度的综合性，涉及旅游者旅游过程中食、住、行、游、购、娱等方面。其中许多服务是旅行社自身所不能提供的，需要通过旅游服务的采购来满足其产品组合的需要。其中任何一个环节的产品质量，都会直接影响旅行社最终服务的质量和旅行社的形象。这就要求旅行社的各级管理人员和全体员工具有强烈的协作意识，以确保各个环节的服务质量和整个服务过程的顺利完成。

（四）经营性

经营意识是每个企业都需要培养和树立的基本意识，对旅行社这样的企业尤其重要。旅行社业务的特点决定了旅行社会经常面临市场供求关系的不断波动和激烈市场竞争所带来的强大压力，经营难度很大。为了保证生存与发展，旅行社需要在全体员工中树立明确的市场导向观念、市场竞争观念和经济核算意识，即要求全体员工具有强烈的经营意识。

二、旅行社企业文化的作用

（一）转变观念

旅行社进行企业文化建设，有利于帮助旅行社员工转变价值观念。一方面，旅行社应鼓励员工继承和弘扬优秀传统文化，积极主动地为旅游者提供优质服务。另一方面，旅行社应引导员工摒弃错误或落后的价值观念，努力学习国外先进的管理思想和经营方法，自觉地按经济规律办事，为实现企业的目标而努力。

（二）激励员工

旅行社实行企业文化建设，能够充分调动旅行社员工的积极性与创造性，以激励他们为企业的生存与发展做出自己最大的努力，创造更多更高的企业成果。旅行社企业文化建设不仅要用先进的观念去鼓励员工，还应用生动活泼、丰富多彩的企业文化对他们加以熏陶，激励员工为企业的生存与发展做出自己最大的努力。例如，港中旅的"爱国、爱港、爱中旅""敬业、奉献、务实、创新"的企业文化很好地激励了公司员工。此外，旅行社通过企业文化建设，可以使员工产生对本职工作的自豪感和使命感，对本企业的认同感和归属感，因而将自己的思想、目标、行为融合到企业中，从而产生强大的凝聚力。

（三）增加辐射力

旅行社企业文化作为一个系统，不仅在企业内部产生影响，还要与外部环境进行交流，并相应地对外部环境产生反作用。旅行社员工在与社会各方面交往中，会反映出自身企业的价值观念和文化特点，旅行社产品的销售、服务也会反映出该旅行社的文化内涵。旅行社企业文化的这种社会影响，能够加深社会对旅行社的精神、理念和作用的理解。此外，企业文化建设有助于旅行社的群体识别，使其与竞争对手之间出现明显的区别。这种群体识别能够帮助旅游者比较容易地在众多的旅行社中间进行选择，并成为本旅行社的忠实顾客。

（四）加强约束力

一方面，旅行社通过企业文化建设，鼓励员工参与制定和修订企业的各项制度，从而实现企业制度的完善与落实，并保证企业的正常运转。另一方面，旅行社的企业文化是一种软约束，能够对全体成员的行为形成一种无形的群体压力。这种压力包括舆论的压力、理智的压力和情感的压力。企业文化带来的这种无形的、非正式的和不成文的行为准则，使员工们能够按照价值观的指导进行自我管理和控制，从而弥补了规章制度产生的硬约束所造成的不足和偏颇。

三、旅行社企业文化建立途径

（一）提高旅行社的物质文化

旅行社在建设企业文化的过程中，应大力增加对企业物质文化的投入，改善旅行社的企业环境。旅行社应努力做到：第一，整顿旅行社的社容、社貌、社风；第二，加强职工教育，注重智力投资和人才培养，丰富员工的业余文化生活，营造活跃的思想氛围；第三，提升旅行社产品与服务的美誉度，树立旅行社完美的社会形象。

（二）加强旅行社的制度文化

旅行社的管理者应该加强企业的规章制度建设，切实弄清企业的家底，了解员工的心态，把握企业运行的脉搏。同时，旅行社的管理者还应该正确审视国家的政治、经济气候，把握政府的政策，掌握并预见市场动态，和外界的变化保持动态调适，为旅行社创造一个良好的制度环境。

（三）丰富旅行社的精神文化

旅行社的管理者应努力促进企业文化的不断演进，建立起本企业的价值观，构筑出企业真正的，能反映企业特点并被员工所普遍认可的理念。另外，旅行社的管理者必须树立起能够真正鼓舞员工的斗志，激发员工热情、激励员工为企业的目标而拼搏的企业精神，从而促使企业管理体制步入更高境界。

【本章习题与技能训练】

中国旅游集团企业
文化

一、名词解释

1. 组织

2. 组织设计

3. 旅行社企业文化

4. 股份有限公司

二、简答题

1. 旅行社选址应遵循哪些原则？

2. 旅行社组织机构设计应遵循哪些原则？

3. 组织管理的影响因素有哪些？

4. 请简述我国出境社设立的程序。

5. 旅行社的产权形态有哪些种类？

三、案例分析

案例 1

旅行社非法承包的恶果

2023 年 1 月至 2023 年 2 月，黎某、杜某等人以北京某旅行社接待部的名义，租用北京某饭店 203 房间作为经营场所，并以北京某旅行社的名义发布广告，在收取旅客大量旅游款和购票订金后携款潜逃，此案共涉及游客 355 人，金额 99 万余元，堪称旅游业大案。此案系该旅行社内部管理混乱，管理者将部门随意承包所造成的，北京市文化和旅游主管部门在认定责任后，依据有关规定对该社进行了停业整顿，并动用了其 20 万元旅游服务质量保证金对游客进行补偿。

请分析：

从上面的案例中，你获得了哪些启示？

案例 2

中国国际旅行社的企业文化

国旅精神："诚信为本、服务至上、拼搏奉献、永争第一"的国旅精神是 CITS 六十多年历史形成的宝贵财富，是国旅总社重要的无形资产，它培育了一代又一代国旅人。

核心价值观："不做则已，做则必全力以赴，永争第一"是国旅人的信念。"为客户提供全方位服务，面向市场，培育旅游主业核心竞争能力；追求企业价值与个人价值的共同提升"是国旅总社的企业核心价值观。

精神文明建设：长期以来，国旅总社坚持两个文明一起抓，用物质文明创造更好的条件，开展多种形式的、活跃的精神文明建设，以良好的精神文明建设保障物质文明的持续发展，使企业弘扬正气，展示主流，不断地取得新业绩。

请分析：

中国国际旅行社的企业文化有哪些优势？

四、实训项目

1. 在老师的指导下参观当地一家旅行社的服务网点，观察其坐落地点、门市装饰、内部环境气氛，从中发现一些合理的地方和需要改进的地方。

2. 将同学分组，每组 3~4 人，到当地旅行社进行实地调查，了解旅行社的经营状况，组织结构设计情况（机构设置，部门分工，权力分配），并画出组织结构图。

五、网络学习

请从网络上查找相关资料，了解我国一些大型旅行社集团的企业文化，组织机构设计情况。

第 七 章

旅行社人力资源管理

【导入语】

组织管理为旅行社的运行提供了可供依托的框架，但是这个框架的正常运转必须依靠人来完成。在合理的组织管理基础上，管理人员必须为这一机构不同岗位选配合适的人员，合理地配置员工，系统地对员工进行培训，最大限度地调动员工的积极性与创造性。这就需要旅行社管理人员掌握旅行社人力资源管理的特点，了解职业经理人的职责与素质要求。

本章知识结构图如下：

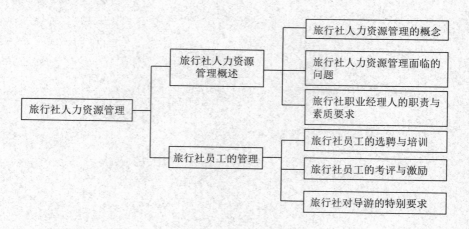

【学习目标】

1. 记忆旅行社人力资源管理的概念、特点，解释旅行社职业经理人的职责与素质要求，概括导游引导游客文明旅游行业标准的有关内容；

2.比较并分析旅行社与其他企业人力资源管理的特殊性，判断导游对游客文明旅游引导的重要性；

3.设计一份科学合理的旅行社招聘与培训计划；

4.树立对建立旅行社职业经理人制度的自信，增强文明服务意识。

【课程思政元素】

职业自信、行业认同、法制观念和法律意识、社会责任感和使命感。

【学习重难点】

1.学习重点：旅行社人力资源管理的存在的问题分析；

2.学习难点：旅行社员工的选聘；旅行社对导游的特别要求——文明旅游的引导。

【建议学时】

6学时

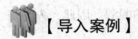

【导入案例】

A 旅行社的"员工第一"

A旅行社是一家知名旅行社，在20世纪70年代还是一家中小型旅行社，到20世纪90年代，公司有3000多名员工，50多个办事处，15000多家大中型公司客户，年营业额达数百亿美元。

该公司的成功主要取决于稳定的员工队伍。在旅行社行业，由于工作强度大、收入普遍不高，普遍流失率高达50%以上，而在该公司，年流失率仅为6%。公司在人才招聘、新员工培训等方面也形成了一套成熟的做法。

在公司招聘方面：每一位职位候选人均被仔细审查以确保公司招聘合格的人才。在挑选的过程中，公司把亲和力，爱心及对工作的狂热放在比工作经验、过往薪金等更重要的位置。应聘基层职位的求职者要经过3~4小时的面试。对于高层位置，公司总裁罗森布路斯会亲自同候选人见面。例如，对于销售主管这个位置的候选人，他会邀请该候选人及其妻子同他和他的妻子共度假期，在假期的第三天，就有录用结果了。

在新员工培训方面：新员工上班的第一天不是填写各种表格，而是参加一个幽默短

剧的演出，比如让新员工表演服务不成功的经历，然后对这样的经历进行分析，学会如何把它变成成功的服务，这样做是为了让新员工感到有趣，让他们尽快融入企业，同时也是给员工一种特别的学习经历。所有新员工都要进行2~8周周密的培训，通过培训，员工基本都能适应这种团队工作环境。

这些做法均与公司独特的员工管理理念有关，他认为企业管理应将员工放到顾客之上，他还认为当人们对常见的工作障碍感到担忧时，他们就不可能把注意力放到为顾客服务上，他们必须为自己担心。只有把对员工的服务放在首位，才有可能服务好公司的顾客。为此，他要求公司管理者竭尽所能为员工提供一流的服务。

请问：

1. 你愿意为这样的旅行社工作吗？

2. 快乐的员工是否能产生更大的工作绩效？

3. 旅行社如何提供一流的人力资源管理？

第一节　旅行社人力资源管理概述

在传统的营运模式下，个别部门甚至业务骨干控制着旅行社的核心资源——客户，然而，人力资源管理的不当很容易引起员工流失，以及由此带来的客户资源流失。这种由员工流动导致的商业机密泄露暴露了旅行社人力资源管理工作的漏洞。因此，人力资源管理对旅行社具有重要意义。

一、旅行社人力资源管理的概念

（一）旅行社人力资源管理的定义

20世纪60年代末期，随着生产的发展和科学技术的进步，企业管理由原来对物的重视转向对人的重视，对人力资源的管理也逐渐被认为是企业极为重要的一项管理工作。此后，伴随着管理理论和实践的发展，形成了现代人力资源管理的理论、观点及其方法。目前学术界对人力资源管理的认识不尽相同，概括起来，主要有两大类：一是从人力资源管理的实质内涵出发，侧重于人力资源规划、开发性研究和一般化策略探讨的描述。例如，我国学者李美云对人力资源管理的定义是："人力资源管理是指在人力资源的取得、开发、保持和使用等方面所进行的计划、组织、激励和控制的活动。"二是从人力资源管理最具体、最实际的形态出发，着重强调为实现人与事的恰当配合而进行的招聘、选拔、录用、调动、提升、培训、考核、奖惩、工资、福利等管理职能的内涵及其运作。

综上所述，旅行社人力资源管理是运用现代管理的科学方法，对旅行社组织中的人力进行合理的组织、培训和调配，使人力、物力经常保持最佳比例，同时对人的思想、心理和行为进行恰当的引导、控制和协调，充分发挥人的主观能动性，使人尽其才、事得其人、人事相宜，以实现旅行社的发展目标。

【相关资料】

旅行社人力资源体系

旅行社人力资源管理的对象是旅行社的全部人力资源，包括决策层、管理层和操作层，这三个层次的员工各有不同的职能，共同构成了旅行社的人力资源体系（图7-1）。

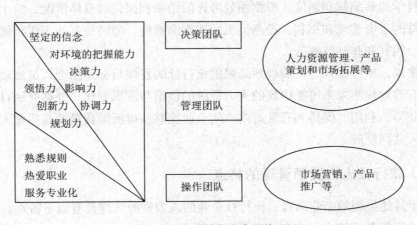

图7-1　旅行社人力资源体系

（二）旅行社人力资源管理的基本内容

旅行社人力资源管理涉及了从人力资源的总体规划到人员的招聘、培训、绩效考评、薪酬管理等多个方面，具体包括以下几种。

1.战略规划

根据旅行社的经营目标和发展规划，结合当前旅行社的人员状况，分析旅行社对人员需求的数量和标准，做好人力资源开发管理的规划，进行旅行社人力资源管理的数量预测和质量评估。

2.员工招聘

旅行社根据所需人员的数量和质量，采用恰当的招聘方法吸引优秀人才前来应聘。按照公平公正、任人唯贤的原则，选拔合适的人员安排到适合其自身发展的岗位上，做到事得其才、人尽其用。

3. 开发培训

旅行社是知识密集型服务企业，所处的行业发展迅速，涉及的知识日新月异，十分广泛。作为旅行社的员工需要不断更新知识、提高技能、温故知新。除了员工自发的学习之外，旅行社企业内部的培训也非常重要。旅行社应该针对不断发展的外部环境，对企业的全体人员进行适合各自岗位发展的、连续有效的素质培训和专业培训。同时，旅行社还应该结合每个人的自身特点和能力，进行个人职业生涯规划，充分发挥个人才能，实现人员与岗位相匹配。

4. 绩效考核

利用科学合理的绩效考评制度对员工进行绩效考评和素质评估。以绩效考评结果为依据对员工进行动态管理，如晋升、奖罚、岗位调动等。

5. 薪酬管理

建立科学的薪酬福利制度。根据绩效考评的结果和岗位的具体情况，给予员工与自身贡献相符的工资奖励和福利，提高员工的工作满意度，激励员工的工作积极性，具体包括工资、福利和非经济酬劳。

总的来说，旅行社人力资源规划是根据旅行社的发展目标，结合人员流动情况和职位特点，有效地预测未来可能出现的人力资源的供给与需求变化，并据此制订出合理的人力资源获得、利用、保持和开发策略，使企业能够获得所需数量的高质量人才，促使企业和个人共同发展。

（三）旅行社人力资源管理的特点

相对于其他类型的企业而言，旅行社企业的人力资源管理具有以下特点。

1. 企业规模普遍偏小，存在一人多岗现象

在我国现阶段，中小旅行社占行业的绝大多数。企业规模偏小导致人员分工不够明晰，员工往往需要一专多能，并在不同情况下从事不同工作，如既做计调又带团做导游等。这种一人多岗的情况，从某种意义上讲，节约了一定的人力成本。但由于分工的不明确，人员归属的不确定，使各部门的管理往往难以奏效，又加大了人力资源管理的难度。

2. 工作内容较为灵活，绩效考核难度较大

旅行社的业务涉及面广，旅行社员工的工作性质也非常灵活。尤其是导游人员，经常性地在外面带团，在旅行社的时间很少，管理者很难了解员工工作的全过程；同时，旅行社对旅游者提供的是无形服务，对其服务质量的评价标准很大程度上来自于旅游者的感受，不像有形产品一样易于按照明确的标准来考核。这就大大增加了旅行社人力资源管理部门对员工绩效考核的难度。

3. 员工流动性较大，管理任务比较繁重

旅行社行业是一个人员流动极大的行业，企业间、行业间的人员流动现象都很普遍。因此，旅行社的人力资源管理部门就要经常性地招募新员工补充到员工队伍当中。

同时，各行业、各企业的操作规范、企业文化也都有所差别，旅行社管理者还必须对新加入的员工进行必要的培训。这加大了旅行社管理的成本，导致旅行社管理任务增加。而如果在员工队伍相对稳定的行业，这方面的工作就轻松得多。

【相关资料】

人力资源管理与传统人事管理的区别

人力资源管理是适应现代人力资源发展特点的管理方式。与传统的人事管理方式相比：传统的人事管理是依照企业管理职能的划分而形成的一项具体职能，它将企业中的人只是作为一种简单的生产要素来进行管理；人力资源管理则是"以人为本"，将人作为管理中最关键的因素，认为具有良好素质的专业化员工队伍不是自然形成的，而是通过管理人员的精心选择、培养和积累才能形成、维持和发展的。人力资源管理的核心思想是"以人为本"。具体区别见表7-1。

表7-1　人力资源管理与传统人事管理比较

序号	比较项目	传统人事管理	人力资源管理
1	管理观念	视员工为成本负担	视员工为有价值的重要资源
2	管理目的	保障企业短期目标的实现	企业长远利益与员工自我发展的统一
3	管理性质	就事论事、属战术性、业务性管理	重视整体开发、预测和远景规划，属战略性、策略性管理
4	管理模式	以事为中心	以人为中心
5	管理视野	狭窄性、短期性	广阔性、远程性
6	管理形式	静态（事后式），多为被动反应，注重管好	动态（事前式），多为主动开发、立体开发，注重对员工的培养性和使用的有效性与政策性
7	管理内容	简单	丰富
8	管理方式	制度控制	人性化管理，充分考虑员工的情感、自尊和价值体现，强调透明、参与
9	管理地位	处于执行层，按上级命令办事	处于决策层，参与企业决策
10	管理态度	命令、独裁、管理、控制	尊重、民主、帮助、服务
11	管理关系	对立、抵触	和谐、合作
12	管理技术	照章办事，机械呆板	在变化中不断追求科学性和艺术性
13	管理手段	简单粗糙	立体细致
14	管理体制	强调按领导意图办事	强调按企业发展要求办事
15	管理属性	非生产与效益部门	生产与效益部门

二、旅行社人力资源管理面临的问题

在旅游业中，旅行社作为整个行业的促进者起着相当重要的作用。然而，目前旅行社行业在人力资源管理方面普遍存在以下问题。

（一）人力资源管理观念落后

大多数旅行社人力资源管理意识淡薄，将主要精力都放在如何拓展业务方面，很少考虑内部的人力资源管理问题。在小规模的旅行社管理中，基本上是家长式管理，管理随意性强；在粗具规模的旅行社中，设立人力资源部的也是寥寥无几。整体而言，当前绝大多数旅行社对人力资源管理的认识仅停留在招聘、简单培训及待遇提升等方面，很少涉及职业系统培训及绩效考核等。

（二）管理人才与专业技术人才缺乏

现有旅行社的管理人员大多有着丰富的实践从业经验，但由于种种原因，大多数管理人员缺乏良好的教育背景，员工的综合素质有着相当的局限性。随着人们生活水平的不断提高，以旅行社竞相杀价为特色的低价格、低层次的市场竞争最终会逐渐过渡到以高质量、个性化服务为特色的有序市场竞争中。在当今日益激烈的旅游业竞争中，如何吸引更多的游客、留住游客，如何开发特色旅游产品便成为决定旅行社发展的重要前提。而只有高素质、高层次的管理人才及专业技术人员才能帮助旅行社真正形成自己独特的市场竞争优势。

（三）社会认同度降低导致人力资源供给困难

十多年前，旅行社在招聘人才方面的优势非常明显，可以从院校、社会上招聘到众多优秀的员工，不少人为能在旅行社工作而自豪。而如今情况已发生了明显的变化，其他行业的薪水、福利、工作环境、学习条件逐渐优于旅行社，加上各种旅行社的负面报道不断在社会中出现，造成旅行社的认同度不断下降，旅行社吸引人才的优势在逐渐丧失，"人才难招"逐渐成为众多旅行社管理者们的同感。

现代化企业的实践证明，企业人力资源管理的水平决定着企业的兴衰成败。由于旅行社具有规模偏小的特点，在人力资源管理上存在问题引发的后果，可能在短期内表现不会特别明显。但是，我们可以看到，一些大型旅行社已经意识到行业发展的瓶颈和问题，并已经开始着手建立人力资源部门，提高人力资源管理水平，提升企业素质，这标志着旅行社业的发展进入了一个新的阶段。可以预见的是，随着旅行社行业的市场竞争的加剧，为了提升旅行社的竞争力，确保生存和不断发展，旅行社需要逐步建立健全的，是既与现代管理制度接轨，又适合旅游业发展需要的人才培养和开发机制，使旅游人才供给在数量、质量、结构上适应行业发展的需要。

三、旅行社职业经理人的职责与素质要求

（一）旅行社职业经理人的内涵

1. 旅行社职业经理人的定义

"职业"作为一个名词来解释，指的是参与社会劳动并获得社会认可的一个标志；从其他角度来讲，所谓"职业"就是"以此为生，精于此道"。换句话说，不以此为生就难以做到精于此道，不精于此道就不足以此为生。经理人以管理为生，精于管理。中华人民共和国国家标准中《职业经理人相关术语》（GB/T 26999—2011）提出：职业经理人是受聘于企业，担任不同层级的领导和管理职务，承担相应的义务和责任，从事经营管理活动，以此为职业的人。

职业经理人这一职业起源于美国。1841年，因为两列客车相撞，美国人意识到铁路企业的业主没有能力管理好这种现代企业，应该选择有管理才能的人来担任企业的管理者，世界上第一个职业经理人就这样诞生了。19世纪中叶，美国铁路货运进入大规模正式运营阶段。当时，由于轨道、机车、车辆等分属各区业主所有，货物在铁路运输途经各区时，需要频繁地更换车体与押载人员，进行区段计价核算，经常性地造成大比例的货物缺损和不可控制的日期顺延。而不同中转区段货运计划的连贯性、对接性的欠缺，所造成易损品、易腐品的中途损耗也不鲜见。基于此，世界上第一批职业经理人——专业货运计划人员应运而生。专业货运计划人员接受政府统一付薪，不得接受各区业主所支付的工资、奖金乃至贿赂，并严格按照铁路货运行业规则行事，借以对运程货物进行综合调配、取价，然后按各区段运营吨公里数向各区业主进行利润分配；如果一旦违反本行业规则或出现收受非法利益等问题，即予以开除，且此生终身不得再从事此种行业。

因为这些专业货运计划人员所得薪酬标准，几乎是当时美国工业熟练工人的薪酬的两倍，而且在社会上、家庭中受尊重、受重视的程度更远远超出其薪酬水平所能代表的社会价值，每一个专业货运计划人员极其珍惜自己的工作，视自己的职业前途如生命。

目前中国旅行社业正在转型升级，现代旅行社对管理的制度化、专业化、规范化、流程化的职业化要求越来越高，旅行社职业经理人应运而生。旅行社职业经理人包含两层含义：一是旅行社职业经理人的职业化，随着社会主义市场经济的迅速发展和旅游新业态的不断涌现，旅行社经营管理已经成为一种科学性、专业性极强的社会职业，有其专业化的职业体系与行为规范；二是具有职业资格的旅行社经理人，将其工作视为职业生命，受相应的职业道德和社会责任的约束，在社会选择机制的作用下，工作不仅仅是追求物质利益的满足，更重要的是体现职业文化、职业精神。

2. 旅游企业家与旅行社经理人的区别

如果说旅游企业家是旅游企业创新的源泉和生生不息的动力，那么旅行社经理人则

是实现创新的转化器和维持旅游业良性运作的内在力量。职业经理人可能不像旅游企业家那样具有创新性和冲击力，但是更有持久性。一旦一家旅行社走出创业期进入成熟期，或者摆脱危机步入平稳，旅游企业家的舞台空间就所剩无几了，但是这个时候也许正是旅行社经理人充分展现自我价值的时期。一个旅游企业家可能今天从事旅行社业，明天从事饭店业，后天又会从事航空运输业，在自己的创业生涯中经常会出现理性思考与感性冲动相互交替的状况。但是，一个旅行社职业经理人却一定会是一个长期从事本领域工作的资深专业人员。他们有着良好的专业背景，有着长期的职业经验，有着丰富而广泛的业缘和人际关系网，以理性思维主导着自己的职业生涯，对旅游企业的国际运作惯例、民族历史文化、员工与客人的需求特征与激励途径等烂熟于胸，他们不一定从事开创性的工作，却一定在从事着旅游企业家创新意图的现实转化工作，以自己独到的管理方案和管理艺术激励着旅游企业家的创新。如果说旅游企业家是为旅游业的需求而存在的话，旅行社职业经理人则是为旅游企业家的需求而存在的。

一个从未接触过旅游的人完全有可能成为旅游企业家，只要他／她以企业家的精神在推动旅游业的市场创新和制度创新，以企业家的目光关注着旅游者与旅游业界人士的欢乐和忧伤，这样的人物本身就是一个传奇。但是一个旅行社职业经理人却一定是要在旅游行业内真正做过管理和经营工作，有过本领域长期工作经历的人员。这样的人物可能没有让业内人士津津乐道的传说，但是因为他们的存在，充满传奇色彩的旅游企业家才能有一个上演故事的舞台，才能有一个聚集传说的载体。

（二）旅行社职业经理人的职责

1. 为资产所有人创造更大的价值

职业经理人是人才市场中最有活力与前景的阶层。旅行社经理人最重要的使命就是经营管理旅行社，使其获得最大的经济效益。所以对旅行社职业经理人有其独特的评价标准、就业方式和利益要求，其报酬及社会地位的高低取决于经营业绩的好坏，他们必须承担经营失败后的职业风险。旅行社经理人的职业化，必须将旅行社经理人的利益与企业的经营绩效结合起来，将他们的命运与企业的生死存亡联结起来，从而形成同舟共济、荣辱与共的关系格局。

2. 为旅行社发展处理疑难问题

作为一名优秀的旅行社职业经理人，他必须要有管理艺术、领导水平和组织才能，对处理各种疑难问题的穿透力要很强，辐射范围要广。特别是能透过事物的现象看到本质，能准确地抓住问题的要害，善于从错综复杂的事物中理出头绪，对上对下都要有很强的穿透力及辐射力。做旅行社管理工作，主要是与人打交道，人是有思想意识的，也是最难管、最头痛的。通人性、讲道理、尊重人、关心人、理解人和信任人，看到人才的价值，重视人才的作用，挖掘人才的潜能在旅行社管理工作中尤为重要。

（三）旅行社职业经理人的素质

一个旅行社职业经理人只有同时具备如下条件时才称为合格的经理人：

1. 热爱旅游行业

旅行社职业经理人必须对旅游业有着发自内心的热爱，把旅游业视为展示自我才华的神圣舞台，对旅游行业有极强的职业忠诚度。这就要求旅行社职业经理人树立敬业爱岗的观念，将职业升华到"爱好"，把自己所从事的工作作为一项重要的事业来看待。

2. 具备高超能力

旅行社职业经理人必须熟悉旅游业运行环境、操作技能并具有卓越的组织管理能力。这就要求旅行社经理人需要熟悉或掌握与旅行社运行有关的法律法规和行业惯例，了解对客服务和内部操作流程的基本技能。旅行社职业经理人作为企业的决策者，必须有良好的决策能力，为企业的长足发展确定好策略和战略。在现阶段，尤其强调旅行社经理人的投资能力以及对现有市场资源的再利用能力，才能推动旅行社企业的可持续发展。

3. 有人文精神底蕴

由于旅游业是典型意义上的服务业，现代旅行社已不仅是为外出旅行的人提供简单的代购票证、外出向导和迎来送往的小型代理机构，更重要的是还提供相关的文化背景信息和审美、体验功能。所以，旅行社经理人肯定不会是只知道追求利润的人，而是能够以自己的行为提升相关群体的精神水准，并能够以关怀的心境对待自己所从事的事业和为自己工作的员工。

4. 较强创新能力

对旅游企业的规模、服务水准、市场开发、组织运行结构等要素有着强烈的创新欲望并且具有较强的创新能力。这就需要旅行社职业经理人有创新思维方法，包括逆向思维、侧向思维、联想思维、灵活思维和灵感思维等。

【相关资料】

旅行社经理人最令人欣赏的品质

1. 为人正直、坦率、诚恳，值得信赖，有人格魅力
2. 胸襟开阔，能宽容、体谅别人，气度恢宏
3. 有能力，办事效率高
4. 待人友善，能与人合作，能配合别人
5. 脑子灵活，善于推理，善于思考，总能提出解决问题的办法
6. 能带领团队，鼓舞士气，决策果断，能为团队指明方向
7. 对公司忠心，忠诚可靠
8. 有经验、有智慧、有深度

第二节　旅行社员工的管理

一、旅行社员工的选聘与培训

（一）旅行社员工的选聘

招聘和选择是人力资源管理的重要内容之一。所谓招聘就是通过各种信息途径寻找和确定工作候选人，以充足的数量和良好的质量来满足企业（或组织）的人力资源需求的过程。所谓选聘就是从候选人中挑选最有可能有效胜任工作的人员的过程。旅行社选聘员工的基本目的，是要争取以最低的花费去最大限度地获取满足旅行社需要的合格员工。员工的选聘工作主要包括四个阶段。

1. 确定招聘需求

确定旅行社用人需求是员工选聘的第一个阶段。人员变动导致职位空缺，必然会引起招聘的需要，而工作分析可以说明工作的性质和对工作责任人的要求，这种分析可以发现工作效率不高有时是因为人力资源使用不当导致的，这就需要管理人员调整人力资源的结构，而这种结构调整也会导致招聘的需要。同时，旅行社由于不同时期对人员有不同需求，特别是旅行社到了新的发展阶段，会由于业务扩大，规模扩大或调整结构等原因而需要进行人员招聘。

2. 制订招聘计划

在决定招聘后，管理人员要制订招聘计划。包括确定招聘的数量、类别和条件，组成招聘工作小组，制定招聘政策，选择招聘方案，以及制定预算等。招聘的人员数量、类别和条件是由职务分析或人力资源规划决定的，实际上是由于对人的要求决定的，这个要求在使用前一般应经过高级主管人员和使用部门的认可。招聘小组的组成有多种形式，可以由使用部门支持，而人力资源部门提供参谋，或由人力资源管理部门来单独完成。对于大型的招聘，可以由一名高级主管人员主持，形成专门的招聘小组负责招聘。也可以委托人才市场或有经验的招聘公司进行招聘。招聘政策是指企业需要确定选择内部招聘还是外部招聘。在市场经济时代，用人单位与应聘者之间是双向选择的关系，作为旅行社当然是想挑选满意的员工。为此，在选聘人才时，企业可采用旅行社内部招聘和外部招聘相结合，尽量把旅行社的目标与应聘者个人的目标，旅行社的需要与应聘者个人的需要统一协调起来，兼顾双方的利益。事实上，内部招聘和外部招聘各有优劣（表7-2）。招聘方案的选择就是指企业要确定用何种方法进行招聘，采用哪种招聘形式，在多大范围内招聘等。另外，在招聘计划中还包括预算的制定，一般而言，预算的多少受下列因素影响：招聘方法的选择，该项工作具备资格的申请人的可获得性，岗位工作的类型和在旅行社的地位，该项工作应付的报酬等。

表 7-2　内部招聘和外部招聘的优劣比较

	内部招聘	外部招聘
优点	· 可以提供员工的发展机会 · 对新用人员了解更多 · 促进组织内人员的合理流动 · 稳定人心 · 适应期短	· 新知识和新经验 · 新的工作方法和新思维 · 可能更了解外部情况 · 一般招之即用，不用专门培训
缺点	· 近亲繁殖，不利于创新 · 易于形成职位继承观念和争斗	· 新成员适应期长 · 选择起来很困难 · 影响内部员工的积极性

3. 实施招聘计划

招聘计划制订之后，工作人员要准备一定的招聘信息，并开始实施招聘计划，包括准备旅行社的基本情况、岗位的具体要求、工作条件、工资福利、必备能力等信息，选择适当的方法和途径（即内部招聘或外部招聘）做好招聘工作。

4. 挑选录用

选择是招聘工作的后续工作，也是整个招聘工作的重点，其目的就是从应聘者中选出能胜任工作的优秀人才，保证招聘的质量。人员选录的一个重要前提条件是应聘人员必须具有相应的资质条件，符合选聘的需要。从应聘者中筛选符合资质的人员，再通过笔试、面试和心理测试三个步骤完成选拔录用。

（1）笔试。笔试是我国选拔人才最常用的传统考核方法。一般采用论文式笔试和直答式笔试两种。论文式笔试，通常是应试人按照论文题目，写出一定字数的文章，发表自己的观点、看法和主张。该方法主要是了解应试者的创造能力、决策能力、推理判断能力和综合分析能力以及应试者对某一问题的独特见解和态度。直答式笔试，是通过填空、判断、选择、问答等形式来测试应试者的知识水平，主要考察应试者的学识以及记忆能力和理解能力。

（2）面试。面试是挑选员工的一种重要方法。面试人员可由人力资源和管理人员或用人部门的工作人员来担当或由双方组成面试小组共同承担。面试可让面试官有机会直观地了解应聘者的外表、举止，表达与社交能力，以及某些气质和对人的基本态度等。面试为旅行社和应聘者之间提供了一次交换信息的机会，有利于加强双方的相互了解，有利于双方做出是否录用或是否应聘的决定。

（3）心理测试。所谓心理测试，就是在控制相关因素的情境下，相应地提供一组标准化的刺激，以所引起的反应作为代表行为样本，从而对其个人的行为，做出评定。心理测试的目的是用以判断应试者的心理品质与能力，从而考察应试者对招聘职位的适应

性和显示应试者在某些工作上的可能达到的成就。

在经过各种程序并得到了可以录用的结论之后，旅行社要做出正式的录用决定，并将录用决定正式书面通知或电话通知被聘者。在经被聘者认可接收后，双方要依法签订录用合同，旅行社的选聘工作到此完成。

【案例分析】

聘用无证导游员的教训

Y市的B旅行社的总经理史某为了降低员工工资成本，聘用了一些没有获得导游人员资格的人充当旅游接待人员。对此，该旅行社的副总经理李某曾经提出过异议，但是史某不予理睬。B旅行社在短短的一年里，连续接到旅游者的多次投诉。更为严重的是，2017年5月，该社雇用无证人员接待旅游团队，并因接待人员工作失职，导致旅游者受伤，旅游者遂向法院提出起诉。

2017年8月，当地法院开庭审理此案。在法庭上，原告方提出B旅行社雇用无证人员接待游客，违反了《旅游法》《旅行社条例》《导游人员管理条例》的相关规定，属于违法行为。法庭最终判决B旅行社向刘某道歉，赔偿原告医疗费、营养费、误工费、精神损害赔偿金，合计10万元，并承担全部诉讼费用。在判决书中，法庭特别强调，B旅行社无视国家的相关法规，擅自雇用无证人员接待旅游团队，已经构成了主观上损害原告合法权益的故意，因此，必须予以重罚。事后，Y市旅行社质量监督管理所以B旅行社违规雇用无证人员接待旅游团为由，对其进行了相应的处罚。

分析：

B旅行社遭遇法庭败诉和旅游行政管理部门的处罚，完全是咎由自取。归根结底，B旅行社所蒙受的损失应归咎于其错误的人力资源开发与管理方式。该旅行社总经理史某不听劝诫，贪图一时之利，违反国家的相关法规，聘用无证人员充当旅游接待人员，结果却因所聘用的无证人员不能胜任旅游接待工作，给旅游者造成损失。B旅行社在人力资源管理方面的失误和教训，应引起旅行社经营者的高度警惕。

（二）旅行社员工的培训

1. 培训的流程

在培训过程中应当制定培训计划和流程，明确培训内容，做好培训记录，建立培训档案，并对培训效果进行评估和改进。

（1）做好培训的需求分析。从个体层面来看，企业可以通过对员工个人绩效状况、知识技能的分析比较，决定谁需要参加培训以及培训的内容；从组织层面看，企业可根据旅行社的组织战略目标、组织绩效和现有人力资源状况确定旅行社的培训需要和内容；从战略层面看，分析组织未来的工作重心、预测组织未来的人力资源需求和供给、收集组织成员的态度和满意程度的信息可作为企业培训规划的依据。

（2）选择适宜的培训方法。课堂讲授法也称课堂演讲法，即通过培训人员在课堂上向受训人员讲授达到培训目的。这是一种传统模式的培训方法，基本上是老师讲，学员听，受训人员参与讨论的机会少，培训者较难获取培训效果的反馈，针对性差；较适用于向大批学员介绍或传授某一专题内容。

操作示范法一般适用于新设备的引进、工作流程的改进或新员工的入职培训。为了使受训人员了解和掌握新的工作程序和新技术的操作方式，培训人员可在工作现场利用实际设备采用边演示、边操作、边讲解的方法进行培训，学员反复模仿练习，经过一段时间的训练，使操作逐渐熟练直至符合规范程序的要求，达到运用自如的程度。例如，目前各大旅行社在兴建网站的过程中，为让员工熟悉网站的建设、维护和网页的更新设计，通常采用此种方法进行现场培训。

视听法是通过运用电视机、录像机、影碟机、幻灯机、投影仪等视听教学设备为主要教学手段对受训人员进行培训的方法，该方法可以提高培训工作的趣味性和生动性，较适用于外语培训、操作规范程序、礼节培训等内容。教学内容也可以由旅行社运用摄像机自行摄制培训录像带，以增强培训的效果。

随着网络技术的发展，旅行社可以充分利用互联网这一新型快捷的培训方式，及时、迅速地更新网页，为受训人员持续提供最新的培训资料，使培训循环和更新变得方便、容易、简单，还可为旅行社节省成本。开展这种培训方式的前提是旅行社的员工熟悉互联网的相关操作。

（3）加强培训效果的评估与反馈。培训效果评估是为了检验培训方案实施的有效性，分析开展培训活动所取得的成绩，找出培训过程中的差距，发现新的培训需求，加以改进和完善，制订新的培训计划。因此，工作人员要根据参与培训人员的反应，考核参与培训人员是否学到知识、是否把学到的知识应用于工作实践以及绩效是否有进步。

2. 培训的内容

培训的内容应该包括职业道德、基本知识、基本技能、安全教育培训。

（1）职业道德的培训。职业道德培训要使员工了解国家发展旅游业的意义和旅行社在旅游业中的作用，帮助员工树立主人翁的意识、职业自豪感和荣誉感；使员工了解本旅行社的经营目标、经营理念，自觉维护企业形象；培养员工建立正确的劳动态度和敬业精神，树立良好的服务意识，养成良好的职业道德；增强员工的团队意识与合作精神，培养精益求精的工作作风；提高员工的遵纪守法意识和道德水平，自觉遵守国家法律，遵守旅行社行业的规章和本旅行社的各种规章制度，树立正确的价值观。

（2）基本知识的培训。旅行社要顺应时代，适应环境的需要，必须实现现代化、知识化，而这首先便要求旅行社的人要实现现代化、知识化，要求员工掌握现代科学知识和技能，具有现代人的意识、行为方式和适应能力。同时，旅行社是知识密集型企业，这就要求员工必须具备渊博的知识和敬业爱岗的精神，因此，旅行社员工的知识培训显得必不可少。知识培训应包含专业知识、旅游理论知识和相关学科知识。

（3）基本技能的培训。技能培训包括业务能力（导游接待能力、旅游采购能力、应对突发事件能力）、管理能力（决策能力、计划能力、组织能力、协调能力、财务管理能力）、经营能力（市场开拓能力、创新能力和资本运营能力）和学习能力（严肃的学习态度、严谨的学风和理论联系实际的学习方法）的培训等。

（4）安全教育培训。旅行社需建立完善的安全管理制度，明确分工，明确各岗位安全职责等。安全培训包括学习旅游安全法规、交通安全、食品卫生、消防安全等相关知识。提高旅行社全员的安全意识和安全操作技能，增强事故预防、突发事件处置、应急救援的能力，在节假日和重大接待活动前必须进行安全宣传教育。另外，在岗安全教育的培训时间应进行分级管理：专（兼）职安全管理人员每人每年不应少于 30 小时，一般员工每人每年不应少于 8 小时；负责人及管理人员每人每年不应少于 16 小时。

此外，还可以在培训中宣传企业历史，介绍先进员工事迹，宣扬企业价值观念和企业文化，促进员工思想转变，同时也有助于增强企业凝聚力和向心力。

3. 不同培训对象的培训

（1）员工培训。任何新员工，首先要接受入职培训，这是帮助新员工了解和适应旅行社，接受企业文化的有效手段。在新员工正式开始工作之前，企业应主动向新员工提供相关信息，以增进相互了解、并减轻他们可能面临的紧张和压力。员工需要通过入职培训，了解旅行社的基本结构、各部门的职能以及员工管理的基本制度，涉及岗位的内容则包括岗位素质要求、岗位基本工作流程和常用的基本工作方法等。当然，企业要尽快让员工掌握组织的重要核心价值观，并运用到工作中去，更快地提高员工的生产率并持久地保持这种高生产率；培养新员工的责任感，提高其忠诚度，降低员工流动率。

其次，旅行社要设计较为实用的岗位培训，以岗位专业知识培训为主要内容。培训内容应该与岗位需要直接挂钩，帮助员工及时获得适应旅行社发展所必需的知识和技能，完备上岗任职资格。岗位培训根据不同需要可以采取在职培训和脱产培训两种方式，前者成本低，适用性强，后者的培训成本较高，适用于那些需要更新知识、存在晋升空间的管理人员。

（2）管理人员培训。管理人员培训是指旅行社所开展的通过向管理人员传授知识、转变态度和提高技能的方法来改善各部门管理绩效的培训。管理过程和方法与员工培训基本相同，只是由于对象不同，所用的方法有所区别而已。

在职培训主要包括工作轮换、工作替换和出席高层管理会议三种方式。工作轮换，也称为交叉培训。即旅行社有计划、有意识地安排那些赋予较高期望的员工或管理人员，在不同部门的岗位之间从事几种不同的工作，以丰富他们的工作经验、确认自己优缺点的一种培训方式。工作替换即旅行社有计划、有意识地安排那些赋予较高期望的员工和管理人员，在即将接替某一职位的管理人员身边工作一段时间，以加深其对该职位的了解，增长工作经验，培养有关能力的一种管理开发方式。出席高层管理会议又被称为多重管理开发，即旅行社为丰富中层和基层管理人员分析问题的经验，邀请这些管理人员出席企业的高层管理会议，为企业的全局政策提出建议的一种管理开发方式。

脱产培训则主要包括案例研究法、角色扮演法和会议研讨法三种方式。案例研究法即通过向受训的管理人员书面展示某旅行社现存的管理问题，供他们私下或集体讨论，并提交其新发现和解决问题思路的一种管理开发方法，培训讲师通常设置一个可能发生的案例或者收集一个现成的旅行社管理案例，让受训人员进行分析评价，在此基础上提出可行的处理方式并进行相互交流。这种方法使得受训人员的参与程度较高，与会议研讨法不同，该方法通过对企业成功经验或失败教训进行探讨，不仅为了解决问题，更侧重培养和提高受训人员独立思考、分析和决策能力，帮助他们学习如何在紧急状况下处理事件。角色扮演法即创造或模拟旅行社的一个真实情景，让两个或两个以上的受训人员分别扮演不同角色，通过演出内容，使其真正体验到所扮演角色的感受与行为，以发现并改进自己原来职位上的工作态度与行为表现，这种培训方法多应用于改善人际关系的训练。会议研讨法即通过在旅行社之外举办或安排那些赋予较高期望的管理人员参加管理开发研讨会，由培训人员领导讨论某一专题问题，通过讨论的形式，使众多受训人员就某个主题进行意见的交流和沟通，谋求观念看法的一致。这种培训方法的特点是信息交流为多向传递，受训人员参与性高，培训费用低，适用于巩固知识，主要训练受训人员分析问题、解决问题的能力以及与人交往的能力。

【案例分析】

C 旅行社的员工培训

多年来 C 旅行社是华东地区旅行社企业中顾客满意度排名前十的旅行社，其员工培训制度值得推广和学习。

C 旅行社在对新进员工培训时，员工不是走进课堂，而是在模拟公司客服中心的培训中心受训。该中心所有的陈设，小至办公桌的摆设，都与真正的客服中心一样，以便员工了解实际的工作情形。新进员工接受在线培训课程后，使用在线角色扮演、回答模拟的顾客来电。员工如果出错，会立刻获得回馈及建议。公司会记录每名员工的表现，如果发现学习进度落后，会请培训中心处理。这种形式的培训为期 32 天，取代过去长达 12 个星期的传统课堂培训。

当初中心之所以设计新的培训方式，是因为过去许多新进员工在接受传统课堂培训时，表现似乎都没有问题，但是正式在客服中心工作时，却因为办公室环境太嘈杂，或无法应付太快的工作步调而辞职。现在，客服中心新进员工的辞职率较低，不适合这份工作

的员工，无论公司或员工自己都会提早发现，因此替公司节省了许多培训经费。此外，公司也较容易预测员工将来的实际表现，主管可以根据员工在培训时的表现，规划他们正式工作后需要的个别培训。

二、旅行社员工的考评与激励

（一）旅行社员工绩效考评

单纯从语言学的角度来看，绩效包含成绩和效益的意思。从管理学的角度，绩效是组织期望的结果，是组织为实现其目标而展现在不同层面上的有效输出。绩效考评是一种正式的员工评估制度，它是通过系统的方法、原理来评定和测量员工在职务上的工作行为和工作效果，它是管理者与员工之间的一项管理沟通活动。绩效考评的结果可以直接影响到奖金的发放、职务升降等员工诸多的切身利益。

1. 旅行社绩效考评的目的

绩效考评的最终目的是改善员工的工作表现，以达到企业的经营目标，并提高员工的满意度和成就感。美国组织行为学家约翰·伊凡斯维奇认为，绩效考评可以达到以下八个方面的目的。

一是为员工的晋升、降职、调职和离职提供了依据；二是提供组织对员工的绩效考评的反馈；三是对员工和团队对组织的贡献进行评估；四是为员工的薪酬决策提供依据；五是对招聘选择和工作分配的决策进行评估；六是了解员工和团队的培训和教育的需要；七是对培训和员工职业生涯规划效果的评估；八是为工作计划、预算评估和人力资源规划提供信息。

2. 旅行社绩效考评的种类与内容

旅行社绩效考评的具体目的不同，考评的种类也各不相同。常见的对员工的考评可分为以下几种。

（1）职务考评。职务考评主要从两方面入手：一是考察员工对本职工作的熟练程度；二是考察员工的工作能力和适应性，以决定是否需要调动工作或调整职务。伴随着职务的调整，可能带来岗位职务工资的变化。

（2）奖金考评。奖金是对超额劳动的报酬，奖金考评实际上是对员工工作成绩的客观考评。

（3）提薪考评。提薪考评的结果会影响员工的收入，但它与奖金考评不同。奖金考评是"回顾性"的，是根据被考评者过去的工作成绩决定报酬的多少；提薪考评则是"展望性"的，是预计被考评者今后可能发挥多大的作用，以决定未来相应的工资水平。提薪考评既然是预计今后可能的贡献，当然要参考过去的工作成绩，同时还要对工作能力的提高程度做出评价。

（4）晋升考评。这是对晋升对象的特殊考评，由于晋升工作关系到旅行社管理者队伍的素质，关系到旅行社的发展前途，因此历来受到旅行社的高度重视。晋升考评是对被考评者的全面、综合的考评，主要依据是平时积累的考评资料。晋升审查过程中的重点内容，也是依据平时的考评资料确定的。

上述旅行社绩效考评的种类与内容可做如下概括（表7-3）。

表7-3　旅行社绩效考评的种类与内容

考评种类	考评因素	考评手段、方法	考评对象	主要目的
职务考评	职务熟练程度、能力、适应性	熟练度评定表、能力评定档案、适应性考察	符合考评条件者	工作安排
奖金考评	成绩、工作态度	考评档案	全体员工	分配奖金
提薪考评	能力、成绩、工作态度	考评档案	全体员工	决定提薪与否
晋升考评	能力、成绩、工作态度、适应性、人品	考评档案、晋升推荐书、面谈答辩、适应性考察、论文审查	符合考评条件者、被推荐的晋升对象	决定晋升与否

3. 旅行社员工绩效考评的基本方法

在员工绩效考评过程中，应采用适当的方法。常见的绩效考评方法有相对标准法、绝对标准法、目标管理法、直接指标法。

（1）相对标准法。相对标准法是对各项考评项目，在员工之间进行相互比较和研究分析，确定相对标准，评估员工相对绩效的方法。例如，直接排序法、交替排序法、两两比较法、等级比例分配法等。

（2）绝对标准法。绝对标准法是对员工的工作情况直接考评，而不与其他员工相互比较的考评方法。例如，关键事件法、打分检查法、直接选择法等。

（3）目标管理法。目标管理法是事先制定具体、明确的目标，如经营额、利润、竞争地位、接待人数、接待收入、顾客投诉次数等，考评时通过工作实绩与目标比较，确定员工绩效的考评方法。这是现代企业管理中运用广泛的考评方法。这一方法的关键在于科学、合理、公正地制定和调整考评目标。

（4）直接指标法。直接指标法是如实记录能够体现员工工作状态的相关数据，通过对有关指标的量化分析进行绩效考评。

（二）旅行社员工的激励

旅行社员工的激励主要包括物质激励和精神激励两种。物质激励包括增加工资、发放福利、奖金，赋予股权等，在旅行社行业，这是最基本的激励方式，也是最有效的方式，这将是下文要阐述的重点。精神激励是指通过鼓励、表彰等多种方式吸引员工参与管理以此满足员工的成就感和荣誉感，它包括目标激励、荣誉激励、培训激励、晋升激励、参与激励、环境激励。相比物质激励，精神激励的作用会更持久，但短期效果相对要差一些。不论是哪种激励方式，一定要掌握以下激励技巧：一是激励要将企业能够给的和员工最需要的结合起来；二是激励要公平；三是信任是最廉价又收效最高的激励。

由于薪酬激励是旅行社普遍采用的激励手段，也是比较重要、简单的激励手段，因此，如何实现薪酬效能的最大化，是一门值得讨论的艺术。

1. 员工薪酬激励制度设计的依据

（1）绩效考评的结果。绩效考评结果是收入分配制度设计的基本依据之一，只有将绩效考评结果与报酬挂钩，才能将员工的贡献与收入联系起来。但绩效考评结果并不能与员工对企业的贡献简单画等号，在同类职务之间，绩效考评结果通常体现了该员工在本次考评期间内对企业的贡献，但它一般难以体现不同类型职务之间员工的贡献，以及员工的历史贡献和预期贡献。

（2）职务的相对价值。旅行社应当系统地评定各种职务的相对价值，依据每种职务的工作性质、重要性、所需知识和技能含量、职业风险等因素，评定各种职务之间工作绩效的价值差异，作为收入制度设计的依据。

（3）员工的历史绩效。收入制度还应考虑员工以往的工作绩效，即员工对旅行社的历史贡献。历史绩效通常以员工的年龄、在旅行社工作时间、以往的特殊贡献和历史荣誉等因素来衡量。

（4）员工的预期绩效。收入的确定具有一定的前瞻性，在确定某员工的基本收入时，要考虑员工可能给企业带来的绩效。员工的学历、职称、经验、特殊技能等，与员工未来可能创造的绩效一般成正比，也是确定员工收入分配的依据。

2. 员工薪酬激励制度方案

（1）薪金方案。薪金方案包括薪金、支付方式及薪金的调整等内容。其中薪金又可分为基本薪金、加班薪金、节日薪金三种形式。这里主要介绍基本薪金结构方案、包括薪金结构形式和结构差异。

①薪金结构形式。薪金结构形式有结构式薪金模式、岗位等级薪金模式和计件薪金模式。结构式薪金主要由基础工资、职务工资、工龄工资、效益工资和津贴等部分组成。基础工资是工资中相对固定的部分，岗位工资根据不同岗位的差异确定，工龄工资根据工龄或在旅行社的工作时间确定，效益工资以浮动形式根据企业效益和员工完成工作任务的情况确定。结构式工资操作较简单，直观、明确，比较适合于小型的旅行社。岗位等级薪金是按照各个不同岗位和每种岗位中不同等级而确定薪金标准的薪金结构形式。岗位等级薪金要根据不同岗位的相对价值确定不同薪金水平，并在每种岗位内，进行合理分级。岗位的分类和岗位内的分级都是比较复杂的工作，需要深入的调查、分析、研究，并适时进行合理调整。计件薪金是按照员工完成工作的数量和质量，如接待人数、完成收入数、顾客满意度等指标，根据事先规定的计算标准核算，而支付员工劳

动报酬的一种薪金形式。计件薪金形式在旅行社的接待业务人员中运用较广。计件薪金形式还可以与其他薪金结构形式相结合运用。

②薪金结构差异。薪金结构差异是指薪金结构中员工薪金等级和薪金额的差异度。有的企业薪金结构差异度小，员工间薪金水平接近；有的企业薪金结构差异度大，员工之间薪金水平相差较大。企业可根据其报酬政策，合理选择薪金结构差异度。

（2）奖金方案。奖金是旅行社对员工付出的超额劳动或优秀表现而支付的一种劳动报酬，它是员工薪金的必要补充，能够比较及时、准确地体现出员工劳动数量和质量的实际变化情况，起到薪金难以起到的激励作用。

奖金方案包括奖金种类、金额、对象、支付方式等内容。就奖金种类而言，旅行社常见的奖金种类只有综合奖和单项奖。综合奖以综合考虑多项指标为依据，确定奖金等级。这种方法需要事先制定能够反映员工贡献的综合奖金考核指标，按员工完成考核指标的得分或分级情况作为计奖基础。综合奖通常覆盖面广，与旅行社的企业效益挂钩，对企业经营起综合促进作用。单项奖以员工完成专项工作指标情况作为奖励条件。旅行社可以针对经营中的重点问题或薄弱环节，设立多种单项奖，通过专项考核和奖励，改进有关工作并提升员工的水平。单项奖的种类有合理化建议奖、服务标兵奖、特殊贡献奖、销售佣金奖等。单项奖的设立应当突出重点，以达到提高服务质量和提高经营效果的目的。

（3）福利方案。福利泛指旅行社向员工支付的间接报酬，一般不直接以金钱形式支付，而以实物或服务形式支付。福利通常不以按劳动报酬方式确定，而趋向于平均或根据特定需要确定，同一旅行社员工之间福利差别不明显。福利的主要作用是满足员工的保障需要和安全感，培养员工对企业的认同度和忠诚度。常见的福利类型有：

①公共福利。主要指法律规定的一些福利，如医疗保险、失业保险、养老保险、工伤保险等。

②个人福利。例如，住房津贴、交通费、通信费、工作餐、人身意外险、高温与防寒补贴、个人体验、女职工特殊津贴、奖励旅游等。

③带薪假期。例如，公休、节假日、婚丧假、法定节假日和各种形式的休假安排。

【相关资料】

"马太效应"与员工奖励

"马太效应"源于《圣经》旧约全书中的"马太福音"，即"已经有的，还要给他"。罗伯特·金·默顿（Robert King Merton）于1968年首次提出的，它是广泛存在于奖励分配中的一种不公正现象，即奖励受惠于其所得的既得利益或既得成就，使那些在声望比较高的部门工作的人得到偏高的承认，认为他们的工作值得重视，而不公正的评价那

些成就差不多的不知名的人。即本来有的，却又给他，让他更富有，对没有的反而不给他。

旅行社对员工的奖励要避免"马太效应"，即旅行社的奖励不能偏重于某一两个重要部门，对一些相对不是很重要的部门也要有针对性地考虑，尽量做到公平。

三、旅行社对导游的特别要求

在旅行社员工管理中，导游的管理是非常关键的，因为导游服务是唯一由旅行社可以全面提供的服务类型。导游的职责，主要包括两个方面：一是旅行服务，二是文明旅游引导。其中，导游在引导游客文明旅游过程中应体现服务态度、坚持服务原则。有关旅行服务的要求在《导游业务》的相关教材当中均会涉及。本书将对导游的文明旅游引导进行系统阐述。

（一）合同引导

《旅游法》当中有多个条款涉及游客文明旅游：第41条，要求导游应向旅游者告知和解释文明行为规范，引导旅游者健康、文明旅游；第66条，旅游者从事违法或违反社会公德的活动，旅行社可以解除合同。导游人员应该熟读旅游法，并利用合同来引导游客文明旅游。一是导游在旅游过程中，做好文明行为规范的告知和解释（提醒：领队务必在出境前），并请游客签字确认，保留书面材料，这也可视为是一种合同形式，不仅可以起到提醒游客的作用，也可以在游客发生不文明旅游行为后，为导游在法律维权过程中提供重要证据。二是提醒游客，文明旅游是旅行社和旅游者的一项合同约定，是法律规定的行为，如果旅游者不遵守相关规定，旅行社是可以解除合同的，由此造成的后果是由旅游者承担的。

（二）讲解引导

导游讲解是导游活动过程中的一项重要内容，以往，导游讲解比较注重的是目的地的概况、沿途景观、旅游安全等内容。当下，导游讲解在注重上述内容时，更应该增加文明旅游的内容。文明旅游讲解要注意以下两点：一是要重点突出，针对性强。不文明旅游的表现形式很多，涉及的面很广，因此导游在带团过程中，应该就我国不文明旅游的最普遍现象（如公共场所吸烟、车内乱扔果皮纸屑、随意涂污等）做重点讲解，而领队的讲解则更应该关注目的地国或地区与众不同的风俗习惯、法律法规等。二是要紧跟形势，讲解有方。目前我国出台了不少文明旅游行为规范，如《中国公民国内旅游文明行为公约》《中国公民出境旅游文明行为指南》等。这些规范是导游讲解的主要题材。以往很多导游采用逐字逐句的方法进行解读，大多效果不佳。导游可以对这些规范进行归类，编成一些讲解的段子，用简洁明快的、风趣幽默的语言形式，有效传达给每一位旅游者，让不同层次的旅游者欣然接受。

（三）专项引导

游客是认同文明旅游的，他们经过导游的引导后，也是能够做到文明旅游的，但仍有一部分游客的不文明旅游行为比较顽固，而且对导游的提醒始终不够重视。对于这一部分游客，可以采用专项的方式进行引导。这里所说的专项引导包括三块内容。一是单独对部分游客私下做文明旅游的重点引导，必要时告知不文明旅游的法律后果及给自己可能带来的麻烦（如原国家旅游局针对不文明旅游者出台的黑名单制度）。二是在导游活动过程中，通过对游客不文明旅游的负面案例（其作用主要是对游客进行警醒教育）展示（视频展示）来引导游客文明旅游，这就要求导游平时做好案例的搜集整理工作，一般来说要选择最近发生且公众关注度高的典型案例。三是对于其他旅游的特殊团体：如对于未成年人较多的团队，应侧重对家长的引导，并需特别关注未成年人特点，避免损坏公物、喧哗吵闹等不文明现象发生；对于无出境记录旅游者，应特别提醒旅游目的地风俗禁忌和礼仪习惯，以及出入海关、边防（移民局）的注意事项，提前告知和提醒。

此外，导游在旅游过程中必须时刻以身作则、倡导文明，体现良好的职业素养和职业道德，用实际行动感召游客，做文明旅游的践行者。

【本章习题与技能训练】

要帮助旅行社保住
"人才家底"

一、名词解释

1. 旅行社人力资源管理

2. 旅行社职业经理人

3. 旅行社激励制度

二、简答题

1. 旅行社人力资源管理有哪些特点？

2. 旅行社人力资源管理存在哪些问题？

3. 旅行社职业经理人与旅游企业家有何区别？

4. 旅行社员工培训的方式有哪些？

三、案例分析

案例 1

旅行社员工跳槽事件

旅行社员工跳槽事件相当频繁。2018 年 7 月、8 月，国内某旅行社总社欧美部的10 余名业务骨干，未经批准和办理相关手续，便集体跳槽加入另一旅行社总社，并将

其在工作中使用、保管的本旅行社客户档案大部分带走。与此同时，他们新任职的旅行社用这些人组建了欧美二部，致使原任职的旅行社的国外客户在一周的时间内纷纷以种种理由取消了原定 8 月至 12 月的旅游团队 151 个，约占同期预订团队总数的 2/3。此举使原任职的旅行社减少计划收入 2000 多万元，损失利润 300 多万元。在旅行社行业中，此类集体或重要员工跳槽事件时有发生，许多旅行社因此遭受重要损失。

请分析：

1. 你认为旅行社员工跳槽现象的主要原因有哪些？

2. 要减少本企业员工跳槽现象，你认为旅行社应从哪些方面加强工作？

案例 2

古代"职业经理人"——刘邦

刘邦是中国历史上比较有名的一个皇帝，他打败项羽，统一天下。有一天，他大宴群臣，席间他借着酒兴问大家知不知道他为什么能够打败项羽，众臣纷纷议论，所有回答没有一个令刘邦满意。刘邦笑着说道，我之所以能夺取天下，在于我善于识人用人。要说运筹帷幄之中，决胜千里之外，我不如张良；管理国家，安抚百姓，做好军队的后勤工作，我不如萧何；统率百万之众，战必胜，攻必取，我不如韩信。这三个人是人中之杰，我能大胆地使用他们；而项羽有一个范增却不能用，这就是我夺取天下的主要原因。

请分析：

1. 如果将国家看成是一个旅行社的话，刘邦相当于什么职位，张良、萧何、韩信又相当于什么职位？

2. 此案例给你带来哪些启示？

案例 3

D 旅行社的"总经理选举"

J 市 D 旅行社的总经理张某因年满六旬而退休，该社所属的 TBS 旅游发展集团（控股）决定派总公司的纪律检查委员会孙副书记、人力资源部刘总监和工会李副主席前往 D 旅行社，召集中层干部以上的人员，进行民主测评，推选新的总经理人选。然而，D 旅行社是一家成立时间较早的国有企业，由于历史原因该社存在着严重的派性。其中，该社散客部王副总经理曾任接待部经理，三年前，他因擅自向旅游者索要小费和多次带旅游者到非定点商场购物，收取大量回扣，遭到旅游者投诉。当时，该社石副总经理在社务会上提出，应该给予王某行政处理，并且调离接待部门。张总经理接受了石某的建议，给予王某行政记过处分，并将其调到散客部任副经理。另一名副总经理赵某为了拉拢王某，私自将会议情况告诉了王某。从此，王某便对石某怀恨在心，伺机报复。另外，销售部经理许某认为，石某年富力强，是其升迁的障碍。于是王某找到许某，说明将联络其他人反对提名石某继任总经理，而要推选赵某出任此职，两人一拍即合。随后，他们便分头私下串联，煽动对石某的不满情绪，极力吹捧赵某。总公司派来的孙某、刘某、李某来到D旅行社后，不做任何调查研究，立即召开中层会议，宣布进行民主测评，推选总经理的继任人选。孙某甚至在会议上说，这次充分发扬民主，谁得的选票多，谁就是下一任总经理。当时张总经理曾表示异议，向他们提出忠告，建议他们谨慎行事。但孙某等人置若罔闻，我行我素。选举后，孙某将选票带回总公司。不出所料，赵某获得的选票最多，顺理成章地当上了总经理。

赵某就任总经理后，王某等人认为他们为赵某的"荣升"立下"汗马功劳"，要求赵某予以"报答"。赵某不顾其他副总经理的反对，擅自决定为王某"平反"和"恢复名誉"。不久，赵某又提拔许某为总经理助理。赵某的做法，在员工中间引起强烈的不满。另外，由于赵某只善于拉帮结派，以小恩小惠收买他人，对于旅行社业务一窍不通，特别是他顽固地认为，旅行社开展促销活动是"浪费金钱"，应该实行个人承包，导游员接待旅游团应向旅行社缴纳"人头费"。结果，不到两年，D旅行社在赵某的领导下，市场份额日渐缩小，接待质量下降，旅游者投诉不断，经营效益连年滑坡，甚至到了亏损的地步。D旅行社开始拖欠员工工资，一部分业务骨干纷纷跳槽，到其竞争对手那里去另谋出路。

直到此时，总公司的领导们才发现赵某不能胜任该职位，决定将其调到总公司担任"处级调研员"，行政级别不变。同时，总公司的领导们考虑派孙某等人到D旅行社，召开中层干部会，进行民主推荐，选举该社的总经理。

请分析：

1.旅行社该如何选择合适的管理人员避免出现案例中的现象？

2.该案例的失败教训，给予了旅行社的人力资源管理什么启示？

四、实训项目

1.在教师的带领下参观当地一家大型旅行社，以职业经理人的视角对旅行社经营管理中存在的问题提出合理化的建议。

2.近年来，某旅行社接到了较多有关导游的投诉，投诉主要集中在导游的服务态度、讲解水平等方面，如果你是该旅行社的人力资源部经理，总经理请你设计一个培训计划，以减少投诉，提升企业形象。

五、网络学习

请从网络上查找人力资源管理的相关资料，了解我国当前旅行社人力资源管理机构设置情况。

第 八 章

旅行社服务质量管理

【导入语】

质量是企业的生命线，对于旅行社来说，旅游服务质量直接影响到旅行社的生存与发展。旅行社服务质量管理是指旅行社为了保证和提高服务质量，综合运用一整套质量管理的体系、思想、手段和方法所进行的系统的管理活动。据此，本章设定将对旅行社服务质量的内涵和旅行社服务质量管理的实施与方法两部分内容进行探讨。

本章知识结构图如下：

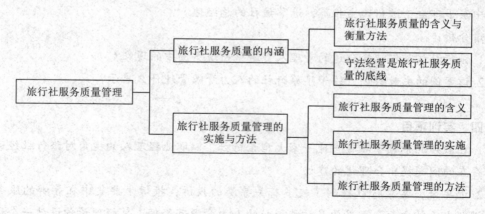

【学习目标】

1. 识记旅行社服务质量、服务质量管理的含义；
2. 列举说明旅行社服务质量管理差距在业务实践中的具体表现；
3. 概括旅行社服务质量管理的四个环节；

4. 对获评星级的旅行社设计旅行社服务质量调查问卷，并进行分析；

5. 树立旅行社服务质量的管理意识，增强对我国旅游服务整体水平提升的自信；培养职业自信心。

【课程思政元素】

服务理念、质量意识、求真务实、工匠精神。

【学习重难点】

1. 学习重点：旅行社服务质量管理的方法，旅行社的守法经营；

2. 学习难点：旅行社服务质量管理的方法。

【建议学时】

3 学时

【导入案例】

春秋国旅的"质量管理"

上海春秋国旅成立于 1981 年，四十余年来，公司由小到大，从单一经营发展到集团化综合经营，业务涉及旅游、航空、酒店预订、会议等多个行业，是中国第一家开办全资航空公司的旅行社，上海市旅行社中唯一著名商标企业，近几年均步入中国旅游集团 20 强。

春秋国旅的成功与其高度重视服务管理息息相关。早在 2006 年，公司就开展 ISO 9001 质量管理体系贯标工作，2007 年通过了 ISO 9001 质量管理体系国际认证，2010 年作为上海市唯一的旅行社代表被推荐为国家旅游服务标准化试点单位。

公司视质量为企业的生命，始终贯彻"99+0=0"的质量方针，坚持"找碴挑刺、外行进行质量访问、原汁原味、小题大做"四大质量管理原则，在质量访问工作中做到"每团必访、每周必会、每月必报、每人建档"，即每个旅游团必须有回访，每周一次质量通报会，每月一份质量周报，每位游客建有质量档案。以每团必访为例，春秋国旅对每个回程的旅行团，都要上门听取游客对所有细节的反馈，员工对待游客的一言一行都可能被评价，这在国内很少有旅行社能做到。

为解决游客对旅游消费信息不对称的担忧，春秋国旅针对跟团游中涉及的食、住、

行、游、购、娱、导等细节，推出"透明团"这一概念，明确规定所有产品均需做到以下九点：全部景点介绍、行程透明、详尽告知酒店资讯、购物店信息预先清楚告知、航班信息提前公示、行车里程清楚说明、推荐项目预先公布、告知团餐比例、确定游玩时间。

正是通过这种质量体系自我完善机制，旅行社构筑了一个闭合的质量环系统，在内部运作上由平面分工转入垂直分工，实行进货、销售、采购、调度、接待、质量控制的流水线运行，并运用信息化手段来保证旅游协作运行环节的衔接。

请问：

1. 何为旅行社的质量管理？

2. 旅行社应如何建立质量保证体系？

第一节　旅行社服务质量的内涵

一、旅行社服务质量的含义与衡量方法

质量是企业的生命线，对于旅行社来说，旅游产品的质量直接影响到企业的生存与发展。由于旅行社产品涵盖了游客旅游过程的各项需求，所以，旅行社产品与一般产品相比，质量更加难以控制和管理。因此质量管理是旅行社经营管理的核心内容之一。有关质量的定义，学术界还未达成一致的意见。莱威特（Levitt）认为，质量是符合标准；科洛斯贝（Crosby）认为，质量为符合要求；格鲁诺斯（Gronroos）认为，质量是满足或超过期望。结合服务业的特点及以上学者的观点，本书认为：服务质量应该是符合标准及满足要求。

（一）旅行社服务质量的含义

一般而言，旅行社服务质量包括三个方面：一是产品设计质量，如旅行社对饭店、餐馆、交通部门、游览景点、娱乐场所、购物商店等的采购；二是服务接待质量，如门市接待人员和导游人员的服务水平；三是服务环境质量，包括硬件环境质量和软环境质量两个部分，硬件环境质量是指旅行社在接待旅游者的整个过程中，所利用的各种设备及其他辅助硬件项目的水平，软环境质量是指旅行社内部各部门之间的协调和旅行社与相关旅游服务供应部门之间的合作水平。

尽管以上三个方面的内容有很大的差异，但三者的目标是一致的，即都是为了让旅游者满意，而让旅游者满意的核心概念就是要有一个明示囊括以上三个方面内容的旅行社产品，因此我们可以把旅行社的质量概括为旅行社产品的服务质量。

本书认为：旅行社产品服务质量是指旅行社的产品符合标准的程度及能满足旅游者的要求的程度（包括：物质需求和心理需求），是旅行社赖以生存和发展的基础。

由于旅行社产品的提供者包括旅行社及与旅游相关的各个部门，因此旅行社产品的质量也包括两个方面：一是指旅行社人员所提供的产品的质量，这是狭义的定义，即主要是指旅行社的产品开发设计质量和旅游销售人员（业务人员）及接待人员（导游）的服务质量。二是旅行社及相关旅游部门整体提供的产品质量，这是广义的定义，即不但包含旅行社各部门的服务质量，而且包含旅游活动中涉及的要素提供商（饭店、餐厅、交通、景点、旅游购物商店、娱乐、保险）的服务质量。

（二）旅行社服务质量的衡量方法

旅行社服务质量的定义主要包括两个方面的内容：一是符合标准的程度，这相对较容易衡量；二是满足旅游者需求的程度，由于顾客不同，其对服务的预期不同，对服务的感知也会不同。所以不同的旅游者对同一产品的满足需求的程度也往往不同，因此旅行社产品的质量是非常难以确定的，控制的难度也较大。

为了推行规范化管理，尽量量化旅行社产品质量，我们也可以结合旅游产品本身的一些特点和客观标准来推行一些国家标准和行业标准，如《导游服务规范》《星级饭店客房客用品质量与配备要求》《旅游汽车服务质量》《饭店（餐厅）卫生标准》等。事实上，旅游产品质量的好坏，在很大程度上受旅游者主观感受的影响，这就要求旅行社要重视研究旅游者的不同需求，有针对性地提供服务，从而有效地满足旅游者的需求。

在实际操作中，我们一般从旅游者的旅游预期和旅游感知的角度来确定旅行社产品的质量。口碑、个人需求、过去的经验是预期服务的来源。预期服务、感知服务都来源于服务质量要素的履行程度，服务质量感知的结果。其中预期服务质量是指旅游者在接受旅行社提供的实际服务之前，对旅行社产品质量所产生的心理预期。感知服务质量是指旅游者在旅游过程中实际体验到的旅行社服务质量（图8-1）。

对于满足需求的程度，我们可以建立以下公式来分析。

满足需求的程度 N= 服务感知质量 - 预期服务质量

如果 N>0，说明旅游者是满意的，质量较好。

如果 N=0，说明旅游者基本满意，质量一般。

如果 N<0，说明旅游者不满意，质量很差。

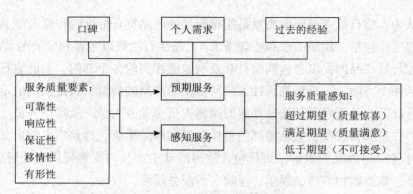

图 8-1 服务质量感知模型

有关服务质量要素履行程度的衡量方法如表 8-1 所示。

表 8-1 服务质量要素

要素	含义	表现	举例
可靠性	服务承诺的能力	一种准确、可靠、稳定地为顾客提供期望的服务能力	旅游车在旅途中遇到故障，旅行社能派出车辆
响应性	快速响应性	旅行社在最有效时间内为旅游者提供快捷有效服务的能力	旅游者由于不注意饮食卫生而导致食物中毒，导游人员应立即和旅行社领导联系，然后用最快的速度联系景区所在的医疗机构，为游客提供及时的救治
保证性	旅行社服务人员的观念、态度和胜任工作的能力	为顾客带来信任与信心要求员工具备的知识、态度、能力，让顾客产生信赖感	旅行社的优秀导游能够以渊博的知识能够为旅游者提供优质的服务，让游客享受旅游乐趣的同时还学到很多知识
移情性	旅行社对旅游者需求的预见性能力和个性服务的行为及能力	旅行社体贴旅游者，并给予旅游者个人关注，即设身处地地为旅游者着想，也就是换位思考，换位服务	旅游者在旅游途中突发重病，导游以对为自己亲人服务的热心和耐心为旅游者提供优质服务
有形性	旅行社的有形展示和人员	主要包括硬件设施、设备、员工礼仪、仪容仪表等	旅游车的档次，宾馆的设备质量、餐馆的卫生及菜肴质量，导游人员的穿着打扮

二、守法经营是旅行社服务质量的底线

旅行社服务除了满足游客需求之外，还要符合服务的标准，这个标准是有底线的，就是旅行社必须遵守法律规定。旅行社要遵守的法律规范包括《旅游法》《侵权责任法》《出境入境管理法》《旅行社条例》《导游人员管理条例》《中国公民出国旅游管理办法》等，其中《旅游法》是最基本的法律规范。旅行社守法经营主要包括以下几个方面：

（一）遵守合同规范

1. 旅行社必须与旅游者签订旅游合同

《旅游法》明确规定旅行社组织和安排旅游活动时应当与旅游者订立合同，这是旅游合同首次作为有名合同出现在我国立法当中。如果订立的是有两项以上旅游服务的包价旅游合同，还应当采用书面形式订立合同。

2. 提供的行程单必须与实际线路相符

旅行社应在旅游行程开始前向旅游者提供旅游行程单，旅游行程单是包价旅游合同的组成部分。旅行社应当按照包价旅游合同约定履行义务，不得擅自变更旅游行程安排。这就要求：第一，旅行社不要拿一些过期的线路行程给旅游者，交给旅游者之前要认真看，若出现不一致，要做有利于旅游者一方的处理；第二，行程单并不等同于宣传单，要尽量少一些描述性的语言文字，以免游客以此作为维权工具；第三，实际带团过程中，如果导游要将线路顺序调整，必须征得旅游者的同意。

3. 旅游服务合同必须有代理社或地接社的基本信息

旅行社委托其他旅行社代理销售包价旅游产品并与旅游者订立包价旅游合同的，应当在包价旅游合同中载明委托社和代理社的基本信息。旅行社依照本法规定将包价旅游合同中的接待业务委托给地接社履行的，应当在包价旅游合同中说明地接社的基本信息。

4. 必须认真履行旅游合同

旅行社必须认真按照合同的规定履行合同。旅行社不履行包价旅游合同义务或者履行合同义务不符合约定的，应当依法承担继续履行、采取补救措施或者赔偿损失等违约责任；造成旅游者人身损害、财产损失的，应当依法承担赔偿责任。旅行社具备履行条件，经旅游者要求仍拒绝履行合同，造成旅游者人身损害、滞留等严重后果的，旅游者还可以要求旅行社支付旅游费用一倍以上三倍以下的赔偿金。若因旅游者自身原因退团或转团，接待人员应按旅游合同约定办理退转团手续，并及时将相关信息通知操作人员。如发生退转团费用损失，接待人员应向旅行社产品操作部门确认损失金额，告知旅游者，并得到旅游者认可后，为其办理退转团手续。

（二）遵守价格规范

1. 不得以不合理的低价竞争

旅行社必须制订合理的价格参与市场竞争。旅行社不得以不合理的低价组织旅游活动，诱骗旅游者，并通过安排购物或者另行付费旅游项目获取回扣等不正当利益。所谓不合理的低价竞争是指旅行社背离价值规律，低于经营成本，以不实价格招徕游客，以不实宣传诱导消费，以不正当竞争扰乱市场的行为。

2. 不得指定具体购物场所

满足游客的购物需求是旅行社的本职工作，但旅行社不能单方面指定购物场所，强制游客购物，不得安排另行付费旅游项目。但如果经双方协商一致或者旅游者要求，且不影响其他旅游者行程安排时，旅行社才可以带领游客购物或参加自行付费项目。当然，无论何种情况，旅行社不能从中获取回扣、人头费等不法收入。

3. 价格透明

为更好地规范旅行社的定价行为，《旅游法》规定旅行社将包价旅游合同中的接待业务委托给其他具有相应资质的地接社履行的，应当向地接社提供与旅游者订立的包价旅游合同的副本，并向地接社支付不低于接待和服务成本的费用。由此可以看出，组团社与接待社之间价格是透明的，也就是双方要知道向游客收取的费用情况。

（三）遵守服务规范

1. 按规定派导游或订购产品

旅行社组织团队出境旅游或者组织、接待团队入境旅游，应当按照规定安排领队或者导游全程陪同。旅行社组织旅游活动应当向合格的旅行社或履行辅助人订购产品和服务，所谓"合格"的供应商是指有法律法规规定的营业资质，或者法律法规没有规定的，但市场反响良好的旅游企业。

2. 尽量多提醒多告知

为尽量减少旅行途中的不少麻烦，旅行社应尽量以预防为先，做好各种提醒与告知。订立包价旅游合同时，旅行社应当向旅游者告知下列事项：旅游者不适合参加旅游活动的情形，旅游活动中的安全注意事项，旅行社依法可以减免责任的信息，旅游者应当注意的旅游目的地相关法律、法规和风俗习惯、宗教禁忌，依照中国法律不宜参加的活动等，当然旅行社还应当提示参加团队旅游的旅游者按照规定投保人身意外伤害保险。对于旅游安全、文明旅游相关的重要事项，应当向旅游者交付书面文件等形式的资料。重要信息在资料中应以加大字号、醒目色标注等处理方式以引起旅游者重视。如可能严重危及旅游者人身、财产安全的旅游风险提示，多发旅游风险的提示，安全避险措施等重要安全提示内容。

3. 为旅游者规范委托

如果旅行社要将相关业务委托给其他的旅行社，则应该规范委托服务行为。旅行社接受旅游者的委托，为其代订交通、住宿、餐饮、游览、娱乐等旅游服务，收取代办费用的，应当亲自处理委托事务。因旅行社的过错给旅游者造成损失的，旅行社应当承担赔偿责任。旅行社接受旅游者的委托，为其提供旅游行程设计、旅游信息咨询等服务的，应当保证设计合理、可行，信息及时、准确。

（四）遵守安全规范

1. 开展旅游安全培训并提供安全保障

提供安全的服务是旅行社最基本的也是最重要的职责。旅行社应当严格执行安全生产管理和消防安全管理的法律、法规和国家标准、行业标准，具备相应的安全生产条件，制定旅游者安全保护制度和应急预案。旅行社应当对直接为旅游者提供服务的从业人员开展经常性应急救助技能培训，对提供的产品和服务进行安全检验、监测和评估，采取必要措施防止危害发生。旅行社组织、接待老年人、未成年人及残疾人等旅游者，应当采取相应的安全保障措施。若发生突发事件，应本着人身安全优于财产安全的原则，采取一切必要措施保护旅游者的人身安全，并尽最大努力降低旅游者的经济损失。

2. 特别做好安全说明和警示

旅行社应当就旅游活动中的一些事项，以明示的方式事先向旅游者作出说明或者警示：正确使用相关设施、设备的方法；必要的安全防范和应急措施；未向旅游者开放的经营、服务场所和设施、设备；不适宜参加相关活动的群体；可能危及旅游者人身、财产安全的其他情形。

第二节　旅行社服务质量管理的实施与方法

一、旅行社服务质量管理的含义

旅行社的服务质量管理，是指旅行社为了保证和提高服务质量，综合运用一整套质量管理的体系、思想、手段和方法所进行的系统的管理活动。具体地说，就是旅行社全体员工及有关部门共同将经营管理、服务技术、数理统计等方法和思想教育结合起来，建立起旅游产品生产全过程的质量保证体系，从而用最为经济有效的手段提供给旅游者满意的旅游产品。旅行社产品质量是对旅游者全过程服务工作的综合反映，由于旅行社产品的特殊性以及旅行社产品生产、消费过程的特殊性，因此，旅行社的产品质量必然涉及旅行社内外各个部门和每一个服务人员，对管理的要求也就必然是全面的、系统的。因此，旅行社的质量管理应该是全面质量管理、全过程质量管理和全员质量管理的结合。

（一）全面质量管理

旅行社全面质量管理，是指旅行社的一切经营管理活动，都要立足于设法满足旅游者的需求。旅游者需求的多样性，决定了旅行社不能只注重满足旅游者物质方面或精神方面的需求。目前，中国旅行社业界普遍重视对旅游产品硬件设施达标的管理，只有少

数旅行社注重了对于导游和接待业务人员的管理；质量反馈仅对于游客满意度根本没有任何作用。有的旅行社甚至将其变成了和组团社结算时的质量凭证，而没有考虑游客的真实感受；还有的旅行社用突击和搞竞赛的方式来进行质量管理，而忽视了对员工的质量教育。这种将质量管理工作流于形式的做法，对于旅行社企业服务质量的提高没有起到相应的作用。旅行社的全面质量管理，要求企业管理者要从产品质量、服务质量和环境质量三个方面进行全面的考察，不但要制定可操作性强的企业内部服务质量规范，加强对员工质量意识和服务技能的培训，将质量管理落到实处，而且要通过合同采购、定点抽查等有效手段，来保证"食、住、行、游、购、娱"的全面落实。

（二）全过程质量管理

旅行社的全过程质量管理是指旅行社对其旅游产品质量形成和使用的全过程实施系统管理，主要包括游前、游中和游后三个阶段的服务管理。

1. 游前阶段

这是旅游者收集旅游信息、作出旅游决策的阶段。这个阶段的管理重点是旅游产品的设计、宣传、销售和接待的质量。对收集信息、经营决策、设计包装、操作实施和接待服务等环节实施质量控制，以保证旅游产品的质量，防止残次品出现在市场上。同时旅行社通过积极的宣传和招徕、服务人员的接待和介绍，有效地吸引远距离客源。

2. 游中阶段

游中阶段，是旅游者旅游体验形成的关键阶段。这个阶段的管理重点是服务质量和环境质量。就服务质量而言，必须对导游员的服务态度、服务方式、服务项目、服务语言、服务仪表、服务时间和职业道德等方面实施规范化管理，使旅游者通过接受导游服务从而对旅行社产生信任和好感。当然这个阶段也包括旅行社各后勤部门的协调、配合和提供便利等工作的管理。环境质量的管理主要是对旅行社的各协作单位如饭店、餐厅和车队等的服务质量进行监督和管理。旅行社首先必须选择质量信誉度高的单位作为合作伙伴，在长期的合作过程中，还应该积极建立和协作单位签订完整的合作条款和协议，以确保各个接待环节高效有序地进行。

3. 游后阶段

这个阶段是对前两个阶段服务的延续和补充，对于改善、提升旅游者的旅游体验有着不可或缺的作用。这个阶段的管理重点是做好旅游产品质量的检查和评定工作，提供售后服务和处理旅游者投诉等。当旅游产品被旅游者消费后，旅游产品的效用能否达到预期效果，是否会出现一些意想不到的质量问题，都需要通过质量管理人员以一定的方式回访旅游者，认真倾听旅游者的反映、感受和意见，总结经验以进一步提高服务质量。这既是对旅游者的一种尊重和信任，也是真正通过市场获得产品质量信息的一种有效方法。

游前、游中和游后三个阶段是不可分割的完整的过程。由于旅行社产品的特殊性，旅行社应形成一套综合性的质量体系，应提倡预防为主的思想，将全过程质量管理的重点放在游前阶段的管理上。

（三）全员质量管理

旅游业长期的实践证明，只有少数人参与的质量监督和管理工作，并不能从根本上解决服务质量的问题。旅行社服务质量的优劣，是旅行社各个部门、各个环节全部工作的综合反映，涉及旅行社的全体员工。旅行社的全员质量管理，是指旅行社的全体员工都应对服务质量做出承诺和保证，保持团队协作精神，共同参与到为旅游者服务的工作中，共同为获得旅游者的满意而努力。只有当旅行社企业的全体员工从所在岗位出发，将质量管理的意识落实到每个部门、每个环节、每个岗位的服务工作中去，旅行社的产品质量才能得到有效的保证。由此可见，提高旅行社全体员工重视服务质量的积极性，才是企业质量管理和兴旺发达的力量源泉。

二、旅行社服务质量管理的实施

ISO 9000 是国际公认的最低质量保证体系标准。它强调过程管理和质量管理并重，是全面质量管理的基础，它为企业质量管理水平提出了最基本的奋斗目标，是我国旅行社企业同国际惯例接轨的一种方式。旅行社质量管理的实施，就是要通过实施 ISO 9000 质量认证，结合企业具体情况，建立一套质量管理体系，使质量管理工作制度化、程序化、标准化。根据 ISO 9000 的要求，建立和实施质量管理体系应该有八个步骤：第一，确定顾客及相关方的需求和期望；第二，建立组织的质量方针和质量目标；第三，确定实现质量目标必需的过程和职责；第四，确定和提供实现质量目标必需的资源；第五，规定测量每个过程有效性和效率的方法；第六，应用这些方法确定每个过程的有效性和效率；第七，确定防止质量不合格并消除产生原因的措施；第八，建立和应用持续改进质量管理体系的过程。

旅行社的行业特点决定了旅行社质量管理，主要体现为对旅行社及其合作单位的一系列对游客服务过程的管理。

在旅行社质量管理体系中，可将准确识别旅游者需求，以及通过各种过程的应用向旅游者提供合适的旅游产品视为一个大的过程。

基于过程方法，为满足顾客（和其他相关方）的需求而提供产品，并使其满意的组织活动，又由管理活动过程、资源管理过程、产品实现过程、测量、分析和改进过程等四个过程构成。以"产品实现"过程为主过程对过程的管理，构成了管理过程，即"管理职责"；实现过程所需资源的提供，构成"资源管理过程"；对实现过程的测量、分析和改进，构成"支持过程"。监视相关方满意程度，需要评价有关相关方感受的信息。这可通过测量、分析和改进过程实现。

1. 管理职责（管理活动过程）

简而言之，旅行社企业质量管理体系的管理活动过程，就是以旅游者的要求为出发点，在市场调研和业务实践经验的基础上，制定使顾客满意的质量方针，并使质量方针在质量管理体系的有效运行中得以实施。管理活动过程，主要体现在质量方针的确立、质量目标的细化，以及确立与之配套的企业各岗位质量职责和权限上。

2. 资源管理过程

资源，是旅行社企业通过建立质量管理体系及过程，而实现质量方针和质量目标的必要条件。它包括人力资源、基础设施和工作环境。

3. 产品实现过程

根据质量管理体系的要求，产品实现过程，应该包括产品实现的策划、与顾客相关的过程、产品的设计和开发、要素的采购、生产和服务的提供、监视和测量装置的设置六个子过程。

4. 测量、分析和改进过程

按照 ISO 9000 质量管理体系的要求，旅行社企业应策划针对产品、过程和体系的符合性以及持续改进体系的有效性方面的监视、测量、分析和改进过程，并确定这些活动的项目（如监视和测量产品的符合性的数据）、方法（如何监视、测量和分析）、频次和必要的记录等内容。策划的输出形式应适用于企业的运作。企业应按策划的输出，实施对产品、过程和体系的符合性及持续改进体系的有效性的监视、测量、分析和改进过程。例如，对产品及过程进行监视和测量，对体系通过内部审核的方式进行监视和测量等。根据旅行社行业的具体情况可以分为监视和测量、不合格品控制、数据分析、改进四个环节。

【相关资料】

旅行社服务质量管理与 ISO 9000

1. 旅行社申请 ISO 9000 标准认证注册的意义

当今世界贸易中产品和产品质量已越来越国际化，因而也要求生产产品的企业质量管理也能够在国际间求得一定程度的统一，以便对企业的技术、管理及人员的能力进行评价，并且一旦产品发生责任纠纷，也能判明是非，找出问题所在。ISO 9000 族国际标准是由 ISO（国际标准化组织）TC176 技术委员会制定的所有国际标准，包括 ISO 9001、ISO 9002、ISO 9003、ISO 9004 等国际标准，ISO 9000 提供了一个通用的质量体系标准的核心，提出了质量体系应当包括的要素，为质量管理提供指南，为质量保证提供通用的质量要求，ISO 9001 包含了设计、开发、生产、安装和服务的多个阶段的 20 个要素，最适合于旅行社采用。ISO 的特点包括：所有影响质量的活动都应在计划之中；都必须得到控制，以确保各层次达到特定的要求，问题事先被预见到；所有影响质量的活动都必须文件化、以提供质量执行系统的客观依据。

ISO 9000 系列的意义远不仅是提供质量保证的一种质量体系标准，而且是企业管理系统化，程序化、标准化的一整套科学管理模式。旅行社申请 ISO 9000 系列标准认证注册具有以下重大意义：有利于促进旅行社按照国际标准建立和完善质量体系；有利于旅行社提高质量信誉，开拓市场；有利于保护旅游消费者的利益。

2. 旅行社服务质量管理与 ISO 9000 的关系

ISO 9000 是国际公认的最低质量保证体系标准。它强调过程管理和质量管理并重，是全面质量管理的基础，它为企业提高质量管理水平提出了最基本的奋斗目标，是我国旅行社企业同国际惯例接轨的一种方式。旅行社服务质量管理的实施，就是要通过 ISO 9000 质量认证，结合企业具体情况，建立一套质量管理体系，使质量管理工作制度化、程序化、标准化。因此 ISO 9000 与质量管理两者是打基础与求发展的关系，ISO 9000 是质量管理最基本、最起码的要求，旅行社全面质量管理是寻求发展，达到更高水平的要求。

三、旅行社服务质量管理的方法

质量是金，此言非虚，但我国目前有相当一部分旅行社却忽视了旅行社服务质量管理工作，甚至完全没有质量意识。因此，目前我国旅行社的当务之急是从战略上重视质量工作，从战术上采取切实措施扎扎实实地搞好质量管理。旅行社服务质量管理的主要措施和方法如下所示：

（一）制定旅游服务质量的标准

1. 旅游服务质量标准的含义

所谓服务质量标准是对旅行社的质量要求、规格和检查方法所做出的技术性的规定。它是从事旅游服务活动和检查、评价服务质量等工作的技术依据。为保证旅游服务质量，除了严格按照质量标准进行各项服务活动以外，还必须规定各项管理工作的质量标准。旅游服务质量标准的制定可以分为两大类：一类是专门性的指标，另一类是反映服务工作质量的统计指标。

专门性指标分为有形部分和无形部分。有形部分主要包括旅行社和相关部门的硬件设施设备、服务设施的外观、宣传品质量及员工仪表等方面；无形部分主要是指服务技巧和服务态度，这方面较难用数量来表示，经常是用操作技术的规格化和规范化来表示，服务态度则一般通过岗位责任制来衡量。服务工作质量的统计指标一般可以用相对指标来表现，如工作人员的合格率、服务过程的差错率（委托代办、分配客房、行李接送等差错情况），游客满意程度、投诉索赔人次等。

2. 旅游服务质量标准制定应注意的问题

旅游服务质量标准的制定，应该注意以下几个方面：

（1）中西结合。面对全球化浪潮，中国旅游企业将直接面临国际旅游企业巨头的竞争。因此，在制定旅游服务质量标准时，一定要吸收先进国家旅游服务企业质量管理的经验，向国际标准靠拢，同时，结合中国旅游市场的特殊性，制定符合中国旅游市场质量要求的服务质量标准。

（2）内外结合。旅行社企业应根据企业的经营范围和旅游产品的重点来制定质量标准，同时，分析企业目标客源市场的需求，在满足游客需要的同时，考虑经济性原则，以保持企业产品在旅游市场中的竞争力。

（3）动稳结合。旅游服务质量标准是企业质量管理工作的规范性文件，在制定时应该充分吸收专家和企业一线服务人员的意见，使质量标准在保持先进性的同时，保证其可操作性，保证在旅游服务过程中予以贯彻落实。质量标准要保持相对稳定，不能朝令夕改，变动过于频繁，同时紧密跟踪旅游市场的发展趋势，根据旅游者的需求，定期对旅游服务质量标准进行修订。以保持标准的合理性和先进性。

（二）建立专门的质量管理机构

为保证旅游产品质量，必须建立相应的组织机构，确保质量管理目标的实现。为使质检工作客观公正，质检人员不能从各个部门中抽调来临时担任，而应配置专人组成专门的质量管理机构，该部门直接由旅行社总经理领导，各职能部门都应设有专司质量管理的领导小组、质量管理员，从上到下形成一套完整严密的质量管理组织系统，使质量保证体系卓有成效地运转。该质量管理机构主要负责以下几项工作：

1. 建立质量档案

旅行社应建立质量档案，记录旅行社各个部门及员工，特别是导游人员和门市工作人员的工作质量，做到"每周必访、每周必报、每周兑现、每周建档"，并对协助单位的工作质量建档。尽管建立质量档案工作量很大，但有重要的意义，因为质量档案是旅行社服务质量措施的重要依据，特别是对旅行社选择协助单位有重要的参考价值。

2. 撰写质量报告

旅行社质检部门应根据通过各种途径收集的质量情况定期撰写质量报告，用接团总数、质优团数所占比例、质差团数所占比例等数量指标，对旅行社服务质量情况进行量化分析，使旅行社上至总经理下到普通员工，都对旅行社整体服务质量有一个准确的了解和把握。对管理层而言，可以将质量报告作为采取质量措施及奖励部门和员工的重要依据；而对各部门和普通员工来说，质量报告为他们以后的工作指明了努力的方向，工作做得好的，以后应该继续发扬，工作做得不好的，应该及时纠正。

3. 编制质量周报

由旅行社质检部门每周根据旅行社各个部门的业务运作情况，编制质量周报，重点报告旅行社一周接待的各种类型旅游团队的接待服务情况，注重反映游客的意见和建议。对其中正确而可行的意见和建议，旅行社应积极采纳，并以此作为提高旅行社服务质量的重要途径；同时考虑对提出意见和建议的游客给予适当的奖励，以示旅行社千方百计提高服务质量和以顾客为上帝的诚意和决心。

4. 利用好游客意见

游客是旅行社的服务对象，旅行社要积极利用好游客的意见。一般情况下接待人员宜在旅游行程结束后三日内，对游客进行电话回访，或者召开游客座谈会进行集中回访，征求意见，表示慰问及感谢，并了解游客未来的出游意向。一方面，要正确处理旅游者投诉，即旅行社质监部门应对游客的投诉及时做出处理，绝不能不闻不问，置之不理，即使游客的投诉不正确，也应做出客观解释；另一方面，要依靠旅游者进行质量监督和评议，旅行社可采用发放"评议意见表"，召开游客座谈会、设置"评议意见箱"、公布旅游服务质量投诉电话等办法，依靠旅游者进行质量监督和评议，让旅游者参与监督旅行社服务质量的执行情况。

（三）建立旅游质量保证体系

1. 旅游质量保证体系的内容

质量保证体系又称质量管理网，是指旅行社以保证和提高产品质量为目标，运用系统原理与方法，贯彻全面质量管理基本思想，设置专门的组织机构，配备专业人员，把旅行社服务质量管理的各阶段、各部门、各环节的质量管理活动严密地组织起来，形成一个权责分明、相互协调、相互促进的质量管理有机整体。建立健全质量保证体系，可以使质量工作制度化、程序化、标准化；可以加强全面质量管理；可以保证旅行社服务质量目标的实现。质量保证体系是旅行社获得长期稳定优质高产的组织与制度的保证。旅游服务质量保证体系主要由旅游服务质量管理职责、管理人员和物质资源、服务质量体系结构三个部分组成。

（1）旅游服务质量管理职责。概言之，管理职责就是制定使顾客满意的服务方针，并使服务方针在质量体系的有效运行中得以实施。包括质量方针、质量目标、质量职责和权限三个部分。第一，质量方针不是一句空洞的标语口号，按照国际标准化原则，它必须有具体内容和标准文件，其中主要应包括服务等级、企业形象和声誉、质量措施、全员岗位职责等。第二，质量目标是企业要达到的质量管理的目标，应尽可能地量化。第三，为确保质量目标的实现，旅游企业的全体员工都应明确职责和权限。旅游企业应专门指定一名高层管理者专门抓质量，以确保旅游服务质量体系的建立、审核，以及为改进而进行持续的测量与评审。

（2）管理人员和物质资源。管理人员和物质资源被认为是旅行社管理的软件和硬件。好的管理人员是旅游服务质量保证体系的重要软件。物质资源进入服务领域，充分说明服务质量绝对不可能只靠纯粹消耗体力的简单劳动所能达到。近年来，计算机系统

大量涌进旅游行业，已使旅游服务与高科技密不可分。物质资源包括：服务用的设备和储存品；运作必需的诸如设备、运输和信息系统；质量评定用的设施、仪器仪表和计算机软件；运作和技术文件。档次越高的旅行社，对物质资源的要求就越高，依赖性也越大，其服务质量在很大程度上需要通过设施设备来实现。

（3）服务质量体系结构。服务质量体系结构由结构、职责、程序和资源四个部分组成。而在建立这一体系过程中，均与服务质量环、质量文件体系和内部质量审核三大内容紧密关联。服务质量环是指从识别顾客需要到评判这些需要是否得到满足的各个阶段中，影响质量的各种具有内在联系的质量管理活动相互作用的概念模式。这为旅行社管理者提供一种规律性的逻辑思路和可以遵循的原理。质量文件体系包括质量手册、质量计划、程序、质量记录和文件控制5个内容。内部质量审核分为四个方面：一是验证服务质量体系的实施情况和有效性；二是是否坚持遵守服务规范，服务规范系指服务项目的标准；三是是否遵守服务提供规范，它是指提供服务的方法和手段，如旅行社应对在旅途中患病的旅游者提供"陪同治疗"的服务规范；四是是否坚持遵守服务质量控制规范。

【相关资料】

质量保证体系的运转方式——PDCA 循环

美国质量管理专家威廉·爱德华兹·戴明（William Edwards Deming）把全面质量管理工作总结归纳为计划（Plan）、执行（Do）、检查（Check）、处理（Action）4 个阶段。

（1）P 阶段——计划。这个阶段的主要工作内容是经过分析研究，确定质量管理目标、项目和拟定相应的措施。这一阶段具体又分为 4 个步骤：①分析现状，找出存在的质量问题并用数据加以说明；②逐项分析影响质量的各种因素；③找出影响质量的主要因素；④制订计划，拟订措施。制订计划时必须明确：为什么要制订这一措施和计划，预期达到什么目标，在哪里执行这一计划，由谁来执行，何时完成，以及怎样执行。国外称之为做计划必须考虑的 5W（Why，What，Where，Who，When）。

（2）D 阶段——执行。该阶段就是根据预定计划和措施，分头贯彻执行。这是 PDCA 循环的第 5 个步骤。

（3）C 阶段——检查。这一阶段主要是检查计划的执行情况和实施结果，考察取得的效果，找出存在的问题。这是 PDCA 循环的第 6 个步骤。

（4）A 阶段——处理。这一阶段的主要工作内容是总结经验并纳入有关标准、制度或规定，巩固成绩，防止问题再度出现，并将本次循环中遗留的问题查明原因，转入下一循环来解决。这一阶段有 2 个工作步骤：①进行标准化处理，总结经验教训，纳入标准；②整理遗留问题，转入下一循环解决。

PDCA 工作循环的 4 个阶段周而复始地循环。原来的问题解决了，又出现新问题，矛盾不断产生又不断解决，如此循环不止。这就是质量管理的前进过程、质量管理体系的运转方式。这种管理循环理论不仅适用于质量管理，也适用于其他各种管理活动。

2. 建立质量保证体系的措施

为了更好地开展全面质量管理工作，有效地进行质量控制和保证，必须构建科学的质量保证体系。建立质量保证体系采取的具体措施如下。

（1）制订明确的质量计划。质量计划制订应形成一套质量计划体系，既要有综合计划，又要有分项计划、分部门计划，既要制订长远质量计划，又要有近期质量计划。并且按执行进度，有检查、有分析、有改进措施，以期实现预期质量目标。

（2）开展 QC 小组活动。QC 小组又称质量管理小组，是旅行社员工为了实现本部门预定质量目标，针对本部门的质量问题，运用质量管理的科学方法与专业技术，自由组合、主动从事质量管理活动的员工团体。根据国外旅行社的质量管理经验，开展 QC 小组活动有利于传播现代旅行社管理思想，有利于产品创优与创新，有利于旅行社全员提高质量意识，促进旅行社精神文明建设。

（3）建立质量信息循环反馈系统。为使旅行社运营过程中出现的质量问题能得到及时解决与处理，旅行社应建立质量信息循环反馈系统，如图 8-2 所示。首先由业务部向门市部工作人员及导游人员指派业务，根据指派的业务，门市部工作人员和导游人员向旅游者提供服务；质量管理部门根据游客的反映对旅行社服务质量进行评估，然后由质量管理部门将评估结果分别反馈给相关员工和业务部，并将质检情况上报和存档；最后由旅行社总经理向业务部发出质量指令，一次信息循环完成。因此，通过质量信息循环反馈系统，可及时发现并解决质量问题。

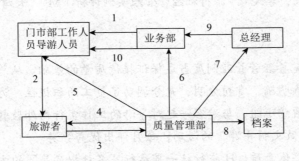

图 8-2 旅行社服务质量信息循环反馈系统

注：1：指派业务 2：服务旅游者 3：提供信息 4：质量评估 5：反馈员工
6：质检反馈 7：质检上报 8：质检存档 9：指令 10：业务再指派

【本章习题与技能训练】

旅行社出境旅游
服务规范

一、名词解释

1. 旅行社服务质量

2. 旅行社服务质量管理

3. 旅游服务质量标准

4. 旅游服务质量保证体系

二、简答题

1. 旅行社服务质量的衡量方法有哪些？

2. 旅行社如何做到守法经营，从而提升旅游服务质量？

3. 旅行社服务质量管理实施要注意哪些问题？

4. 旅行社服务质量管理常用的方法有哪些？

三、案例分析

案例

把质量当作生命

H 旅行社旅游生意越做越红火，年接待量从不到 3000 人次上升到近万人次，综合实力一年上一个台阶，成为同类旅行社中"接待人数第一，接待质量最优，返程票务最强，承诺信誉最好"的优秀旅行社。1997 年该旅行社被中国旅游协会评为"中国旅游明星企业"，并迈入当地"十强国内旅行社"的行列。旅行社何以会取得如此优良的成绩呢？总经理姜先生说："质量是旅游业的生命。"正是由于不断提高质量，旅行社才能在竞争激烈的旅游市场中立于不败之地。

资料来源：张红，李天顺．旅行社经营管理实例评析［M］．天津：南开大学出版社，2000．

分析：

1. H 旅行社把完善经营管理制度当成保证接待质量的基础。从总经理到各部门，实行层层负责制，职责明确，赏罚分明，充分调动了员工的积极性。为树立企业的良好形象，社里还成立了质量小组，与游客一起对导游的工作实行内外监督。同时，长期开展"优质文明服务，争做文明导游"的活动，每月评出优秀导游。

2. 提高导游的整体素质。H 旅行社一贯奉行"名社招名导"的方针，面向社会招聘大专以上文化程度的导游人员，并实行学习培训制度化，经常请专家、学者、行家来上课，使 H 旅行社导游队伍成为一支素质高、业务水平过硬的优秀队伍。

3. 优质服务赢得丰厚的回报。一位天津游客在《天津塘沽报》上赞叹：美丽的河水，优秀的导游，一流的服务。

四、实训项目

在实习教师的联系下，跟一个旅游团，观察旅行社提供各类服务情况，根据观察情况，撰写实训报告，指出旅行社在质量上有哪些地方尚待完善及其完善的方法。

五、网络学习

教师提供相关网站资料，让同学课后查找有关 ISO 9000 标准文件，并将 ISO 9000 系列文件中与旅行社有关联的内容找出，以理解旅行社申请 ISO 9000 体系认证的意义。

第 九 章

旅行社财务管理

【导入语】

　　财务管理是企业管理的重要组成部分，在企业经营过程中，始终处于制约和促进全局发展的重要地位。旅行社财务管理主要包括旅行社资产管理、成本费用管理、营业收入与利润管理、财务分析等内容。本章将分析旅行社资产的构成、成本费用的核算与控制、营业利润的来源与结算方式，并介绍旅行社常用的财务分析方法。

　　本章知识结构图如下：

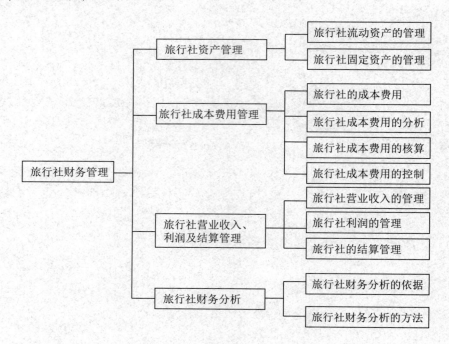

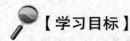 **【学习目标】**

1. 记忆旅行社资产、成本费用、营业收入、利润的基本概念和内涵；
2. 列举旅行社资金筹集的主要渠道、常用方式，成本费用的分析、核算与控制方式；
3. 评判旅行社的基本财务报表。

【课程思政元素】

法律意识、社会责任感、职业道德操守、职业理想信念。

【学习重难点】

1. 学习重点：旅行社财务分析；
2. 学习难点：旅行社财务相关概念的理解。

【建议学时】

4.5 学时

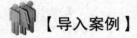 **【导入案例】**

E 旅行社应收账款的管理

E 旅行社是一家以经营云南、贵州、青海、四川等旅游线路批发业务为主的非出境社，成立于 2010 年，年接待游客规模达 20 万人次以上，年营业收入达 5 亿元。为拓展业务，公司与数百家景区、十余家航空公司、数百家旅行社建立了业务联系，这些资源一方面为旅行社承办相关业务奠定了基础，但另一方面分散的旅游供给也给旅行社的经营带来债务风险。

以合作的旅行社为例，E 旅行社为获得充足客源，不得不对其他旅行社采取"先接待，后付款"的合作方式，然而总有一些旅行社不够诚信，E 旅行社账务管理又存在许多薄弱环节，给 E 旅行社带来了严重的坏账风险。2017 年，E 旅行社有关坏账额达到 100 多万元，旅行社因此不得不重视应收账款的管理。

总经理梅总是旅游专业科班出身，以前过于重视业务开拓，忽视了财务管理。在公司财务风险增大的背景下，梅总开始反思如何做好拖欠账款的管理。于是他得用自己在

大学所学的旅行社账务管理知识，做了如下尝试：

一是总经理亲自过问客户的挂账和催讨事宜，要求各营业部门每月向总经理报告一次，检查他们催讨欠款的工作效果。

二是将催讨欠款同各营业部门经济效益挂钩，凡是经营中获得利润但是未能将欠款收回的部门，根据欠款金额的比例缓发该部门应得的奖金，以后视其收回欠款的数额按比例补发。

三是制定切实可行的信用制度和标准。对于那些信誉好、付款及时、经济实力雄厚、送客量大并且与本旅行社长期保持合作的旅游中间商，最多允许其在旅游者旅行结束后的两个月内付款；对于那些信誉条件较差、送客量少、付款不及时或初次合作的旅游中间商，则不允许其挂账，必须支付现金。

由于将拖欠款的回收效果同相关部门的经济利益直接挂钩，各部门开始重视对拖欠款的催讨和回收，并取得了显著效果。目前，该旅行社的不良债权已经大幅度下降，合法经济利益得到了有利的维护。梅总的账务管理路径较为有效。

请问：

1. 如何看待旅行社之间的债务关系？

2. 旅行社应如何加强应收账款管理？

3. 财务管理工作对于旅行社的发展有何重要性？

第一节　旅行社资产管理

资产管理是旅行社财务管理的一项重要内容。资产是旅行社所拥有的全部资本的具体化。旅行社凭借其所拥有的资产经营各种旅游产品，并获得预期的经济收益。旅行社的资产构成与饭店、车船公司等其他旅游企业基本相同，主要包括流动资产、固定资产、无形资产和其他资产，但是各种资产所占的比例却与其他旅游企业相去甚远，具有一定的特殊性。因此，旅行社的资产管理方式亦有别于其他旅游企业。目前，我国多数旅行社资产管理的重点是流动资产管理和固定资产管理。

一、旅行社流动资产的管理

旅行社的流动资产是指在一个营业周期（一般为一年）内将其变现或耗用的资产，主要包括货币资产、生息资产、债权资产以及存货资产等。流动资产是旅行社进行业务经济活动的必备条件，在其总资产中占有较大的比重。与其他企业相比，旅行社流动资产数额的大小及其构成情况在一定程度上制约着旅行社的财务状况，直接反映了旅行社的支付能力与短期偿债的能力。本节将重点介绍旅行社货币资产、生息资产、债权资产的管理。

（一）旅行社货币资产的管理

旅行社的货币资产主要包括现金和银行存款等。它是旅行社所有资产中最具有流动性的一种资产。在过去很长一段时间，旅行社的现金经常用于旅游供应部门和企业采购各种旅游服务，支付旅行社各类劳务及其他各种费用，偿还到期的债务等；银行存款则主要用于旅行社的各种经济往来与结算、发放工资和补充旅行社的库存现金等。随着互联网金融的发展，旅行社的现金结算越来越少，各种通过微信、支付宝支付形式开展的日常结算行为不断替代了以往的现金结算形式。尽管如此，货币资产管理的原理还是和以前一样的。

1. 确定旅行社的现金库存限制

现金管理的目的是要在现金的流动性和盈利之间做出最佳选择，以获取最大的利润。旅行社必须根据本企业日常活动的需要，确定库存现金的数量。日常开支所需的现金数量要适宜，既不能出现现金短缺，也不能造成资金闲置和浪费。

2. 严格控制现金的使用范围

旅行社不能随意扩大现金使用范围，其主要使用范围应是：支付职工工资、津贴和奖金，支付个人劳务报酬，支付各种劳保、福利费用以及按规定支付给个人的其他支出，支付差旅费，结算起点以下的零星支出，确定需要现金支付的其他支出。

3. 严格现金收支管理制度

旅行社营业收入的现金应于当天直接存入开户银行，不得坐支现金。所谓坐支是指旅行社从企业营业收取的现金中，直接支付企业交易款的行为。如因特殊情况需要坐支现金的，须报开户银行审核批准。旅行社还应建立现金收支业务的职责分离制度，将现金收付和保管与会计记账核算职能分开。

4. 加强银行存款的管理

银行存款是指旅行社存放在银行或其他金融机构的货币资金，主要分为人民币存款和外币存款。按照国家规定，旅行社应向当地银行或其他金融机构申报开设账户，以供日常经营资金结算。为保证银行存款与旅行社日记账所记业务及金额的一致性，旅行社财务人员应定期与银行对账。银行则定期编制对账单，列明旅行社在一个会计期内通过银行实际收付的资金。旅行社应将日记账与对账单进行认真的核对，如发现不符，要及时查明调整。旅行社在银行户头必须有足够的资金来保证支付，且应对其银行存款加强管理，不得出租或出借银行账户，不得套用银行信用，不得签发空头支票或远期支票，同时还应按照内部牵制制度的管理原则，实行钱、账、章、证的分开管理。

5. 严格控制现金支出

旅行社企业应充分利用商业信用所提供的便利，减少现金的占用时间，从而达到节约现金的目的。为此，旅行社应严格控制现金支出，尽量避免在应付账款到期日之前支

付现金，并设法减少某些不必要的开支或推迟支付的时间。与此同时，旅行社在日常现金管理过程中也应注意，诸如团队借支现金的手续必须齐全，须由导游人员写出借条、部门经理审核签署意见、执行经理签字批复后才能付款；地接的团队和散客无协议合同、无付款时间和结算办法的，一律不垫支现金，由接待部门自行处理。

（二）旅行社生息资产的管理

生息资产也称短期有价证券或者金融资产，主要包括期限在一年以下（含一年）的国库券、商业票据、银行承兑汇票和可转让定期存单等。生息资产一般具有三个特点：第一，能够在短期内变成现金；第二，能够产生较多的利息；第三，市场风险小。生息资产由于具有以上各种优点，所以又常被看成"准现金"。但是，旅行社生息资产有时候也会因为货币市场上供求关系的变化而出现价格波动，在个别情况下某些票据也存在违约风险等情况，这些都是旅行社的管理者应注意的。为了减少因在企业内保持超出日常开支所需的货币资金而蒙受的利润损失，旅行社应将其暂时闲置的货币资金投资于生息资产。

（三）旅行社债权资产的管理

旅行社的债权资产主要是指应收账款。应收账款是旅行社在业务经营中发生的应收回而未收回，或被商品赊购单位、劳务接受单位以及其他单位暂时占用的资金。应收账款的存在，虽然扩大了旅行社占有的市场份额，增加了收入，但是仍会占用旅行社的流动资金，同时也会带来收不回款的风险。旅行社在债权资产管理中主要采取以下措施：

1. 合理确定信用条件

这里所指的信用条件主要包括信用标准和信用期。第一，信用标准。信用标准是确定风险程度、减少坏账损失的有效手段。信用标准主要影响因素包含四个：首先，中间商的品质。即中间商的信誉，有无无故拖欠账款的行为。其次，偿债能力。即通过对中间商财务报表的分析，得到其偿还债务的能力。再次，资本。指中间商所拥有的资产总量和获得的可能性，表明其可能偿还债务的背景。最后，经济情况。包括社会经济环境和旅行社之间竞争的激烈程度。

第二，信用期。信用期是指旅行社允许中间商从发团到付款之间的时间。信用期的确定包含两个层次：最佳信用期和单独信用期。其中最佳信用期主要通过对不同信用期内旅行社获利情况的分析，从而选择能取得最大利润的信用期为其最佳信用期。同时，旅行社以前述四项信用标准为依据，按照中间商的具体经营和信用情况，再分别加以确定单独信用期。

2. 监督应收账款

一般来说，中间商拖欠应收账款的时间越长，旅行社收回该款项的可能性越小，形成坏账的可能性越大。为此，旅行社应实施严密的监督，随时掌握应收账款回收的情况。旅行社通常可以通过比较应收账款回收期和应收账款账龄分析的办法，来实施对应收账款回收情况的监督。

第一，比较应收账款的回收期。旅行社将应收账款的实际回收期同规定的回收期进行对比，找出差距，分析出问题所在，以便采取相应的纠正措施。比较两者差距的计算公式为：

实际回收期同规定的回收期的差距 = 实际回收期 - 规定的回收期

$$应收账款实际回收期 = \frac{应收账款平均余额}{平均日赊销额}$$

$$应收账款平均余额 = \frac{期初应收账款 + 期末应收账款}{2}$$

$$平均日赊销额 = \frac{本期赊销总额}{本期天数}$$

第二，分析账龄。旅行社可将所有赊销客户所欠应收账款按时间长短顺序编制成报表，分析其中拖欠时间超过规定回收期的客户的拖欠原因，确定客户的信用程度。旅行社可以根据所分析的结果采取相应的措施，以避免可能发生的坏账损失。

3. 评价应收账款的管理

第一，单户管理评价。对单户管理的评价，可以从以下两个方面入手：首先，支付的及时程度。旅行社通过观察中间商的付款记录，看其是否已超过或经常超过正常规定的期限。其次，信用限额。旅行社应注意了解中间商所欠债务是否突破了规定的最高限额。

第二，总额管理评价。总额管理评价是对旅行社应收账款管理的总体评价，主要通过对应收账款周转率和平均收账期来进行评价。

4. 组织应收账款的收回

旅行社对不同过期账款采取不同的回收方法。对于刚刚过期的旅游中间商，旅行社一般采取稍加等待的办法，不宜过多地催促，以免使中间商感到旅行社不信任他，产生厌烦情绪；对于拖欠时间稍长的中间商，旅行社可措辞婉转地电话催款；对于拖欠时间较长的中间商，旅行社应频繁地用信函催款并使用电话进行催询；对于拖欠时间很长的中间商，旅行社可在催款时措辞严厉，必要时上门催讨，甚至提请有关部门仲裁或向法院起诉。

【案例分析】

有效收回欠款的措施

目前旅行社之间拖欠款是困扰着绝大多数旅行社的难题。不少旅行社因此而陷入流动资金短缺甚至亏损的境地。中国康辉天津旅行社的原总经理张孝坤采取了一些切实可行的措施，使该旅行社大大减轻了不良债权的损失，维护了旅行社的合法经济权益。其措施如下：第一，总经理亲自过问客户的挂账和催讨事宜。要求各营业部门每月向他报告一次，以检查他们催讨欠款的工作效果。第二，将催讨欠款同各营业部门的经济利益挂钩。凡在经营中获得利润但是未能将欠款收回的部门，根据欠款金额的比例缓发一定的奖金，以后视其催收情况按比例补发。第三，制定切实可行的信用制度和标准。对于那些信誉好、付款及时、经济实力雄厚、送客量大且与本旅行社长期保持合作的旅游中间商，允许其在旅游者旅游结束后三个月内结款；其他旅行社则不允许挂账，必须支付现金。

分析：

旅行社之间相互欠款已成为中国的旅行社之间的常见问题。在目前买方市场条件下，目的地的旅行社无法做到"先付款、后接待"的经营方式，也不能一概拒绝中间商的延期付款要求。然而，信用条件过宽虽然能够使旅行社获得较多的客源，但却会导致坏账风险。一旦对方赖账或破产，则会使旅行社蒙受重大的经济损失。案例中，张经理将旅游费用欠款同相关部门的经济利益直接挂钩，能够促使其从自身利益出发积极催讨欠款。旅行社实行的对不同信誉、合作时间及送客量的旅行社采用不同信用政策的办法，也是预防坏账的一种重要手段。然而，最重要的是要像张经理那样，高度重视应收账款的催讨工作。

资料来源：梁智. 旅行社运行与管理［M］. 8 版. 大连：东北财经大学出版社，2023.

二、旅行社固定资产的管理

固定资产是指使用年限在一年以上的资产，单位价值在规定标准以上，并在使用过程中保持原来物质形态的资产，主要包括房屋建筑、交通工具、通信设备和其他与经营有关的设备、器具、工具等。旅行社固定资产相对其他旅游企业（如旅游交通部门、旅游住宿部门等）而言是较少的，主要是房屋、建筑物和运输工具等。但是，近年来，随着旅行社集团化的发展，一些大、中型旅行社也开始购置较多的房屋、汽车等固定资产，从而提高了固定资产在总资产中的比重。因此，加强旅行社固定资产管理也有着重要的意义。旅行社对固定资产的管理，主要应从以下几个方面入手。

（一）计提固定资产的折旧

1. 计提折旧的固定资产范围

（1）计提折旧的固定资产。根据国家的有关规定，旅行社可以从下列固定资产计提折旧：房屋和建筑物，在用的机器设备、运输车辆，季节性停用、修理停用的设备，融资租入的设备，以经营租赁方式租出的固定资产等。

（2）不准计提折旧的固定资产。旅行社不可以从下列固定资产计提折旧：未使用、不需用的机器设备，以经营租赁方式租入的固定资产，已提足折旧仍继续使用的固定资产和未提折旧提前报废的固定资产，国家规定不提折旧的其他固定资产（如土地）等。

2. 固定资产计提折旧方法

固定资产折旧是对固定资产由于磨损和损耗而转移到产品或服务成本费用中的那一部分价值的补偿。旅行社的固定资产折旧基本采用平均年限法、工作量法等对不同的固定资产进行计提折旧。

（1）平均年限法。本方法又称为直线法，是我国目前最常用的计提折旧方法。旅行社采用平均年限法计提固定资产的折旧时，需先以固定资产的原始成本扣除净残值，然后再按照固定资产的预计使用年限进行平均分摊计算每年或每月的折旧额和折旧率。也就是在计算过程中将固定资产的折旧额均衡地分摊在各期的一种方式，其各期计提的折旧额都是相同的。这是一种较为简易的折旧计提方法，通常用于房屋等建筑物和贵重办公设备的折旧计提。

（2）工作量法。有些固定资产（如旅游大巴）在不同的经营期间使用的程度不均衡，发生的磨损程度也相差较大，难以用平均年限法确定其每年的折旧额。对于这类资产，旅行社可以采用工作量法来计提折旧。工作量法是一种以固定资产的具体使用时间或使用量为自变量，且与年限无绝对直接依存关系的折旧方法。这种折旧计提方法适用于汽车等固定资产。工作量法是根据实际工作量计提折旧额的一种方法，计算时先计算每单位工作量的折旧额，再根据每单位工作量的折旧额计算某项固定资产的月折旧额。

（二）固定资产的处理

1. 修理费用的提取

旅行社发生的固定资产修理费用，计入当期成本费用。若旅行社发生的固定资产修理费金额小，可直接计入当期的成本费用；若金额较大，可以采取先发生、后分摊的方法计入成本费用，或先分期从成本中预提，待修理时用预提金额支付。

2. 盘亏、盘盈及报废的固定资产的处理

第一，盘亏及毁损固定资产的处理。旅行社在处理盘亏或毁损的固定资产时，应按该项资产的原价扣除累计折旧、过失人及保险公司赔款后的差额，计入营业外支出。第二，盘盈固定资产的处理。旅行社应按固定资产的原价减去估计折旧后的差额，计入营业收入。第三，出售或清理报废固定资产的处理。应将该项资产的变价净收入（变价收入、残料价值减清理费用后的净额）与其净值（原价减累计折旧）的差额，计入营业外收入或营业外支出。

总之，固定资产在日常管理中还应做到：建立使用保管责任制，对固定资产的使用、保管、出售和清理进行经常性的核算和检查，保证固定资产的完整无缺，合理安排固定资产修理以及科学进行固定资产更新等。

第二节 旅行社成本费用管理

为赚取营业收入，旅行社在经营过程中必然要耗费一定量的物资材料（包括货币），这些可以以货币额表现的生产经营耗费就是成本费用。成本费用的发生直接关系到旅行社的经营利润。旅行社成本费用管理的目的在于对旅行社的各项成本费用进行分析，按照管理目标对各环节进行严格的管理与控制，尽量减少成本费用支出，增加企业利润。

一、旅行社的成本费用

旅行社的成本费用主要由营业成本、营业费用、管理费用和财务费用构成。

（一）旅行社的营业成本

旅行社的营业成本是指为组织接待旅游者而发生的直接费用。包括已计入营业收入总额的房费、交通费、文娱费、行李托运费、票务费、专业活动费、签证费、陪同费、劳务费、宣传费、保险费和机场建设费等代收费用。

（二）旅行社的营业费用

旅行社的营业费用是指旅行社各营业部门在经营中发生的各项费用，包括广告宣传费、展览费、邮电费、差旅费、保险费、燃料费、水电费、运输费、装卸费、清洁卫生费、低值易耗品摊销、物料消耗、经营人员的工资（含奖金、津贴和补贴）、职工福利费、服装费和其他营业费用。

（三）旅行社的管理费用

旅行社的管理费用是指旅行社组织的管理经营活动发生的费用以及由企业统一负担的费用。其主要包括企业管理部门的工资、工会经费、职工教育经费、劳动保险费、待业保险费、劳动保护费、董事会费、外事费、租赁费、咨询费、审计费、诉讼费、税金、燃料费、水电费折旧费、修理费、无形资产摊销、低值易耗品摊销、交际应酬费、坏账损失、上级管理费和其他管理费等。

（四）旅行社的财务费用

旅行社的财务费用是指旅行社在经营期间由于筹集和使用资金而发生的各种费用，包括旅行社在经营期间发生的利息净支出（利息支出扣减利息收入后的净额）、汇兑净损失、金融机构手续费以及为筹资而发生的其他费用等。

二、旅行社成本费用的分析

（一）单团成本分析

单团成本分析的前提是实行单团成本核算。为了达到控制成本，提高旅行社经济效益的目的，应采取以下几个步骤：第一，在综合分析市场状况和旅行社自身经营状况的基础上编制成本计划，制订出一套分等级的计划成本并以此作为衡量旅行社经济效益的标准。第二，将单团的实际成本与计划成本进行对比，找出差异。对于差异较大的旅游团要逐项进行分析，找出导致成本上升或下降的原因并加以改进。第三，加强信息反馈，把在成本分析中发现的差异及其原因及时送给有关领导和部门，以便加强对成本的控制。

（二）部门批量成本分析

接待业务量较大的旅行社实行部门批量成本分析和核算，将不同部门接待的旅游团作为成本核算的对象，进行成本的归集和分配，核算出各个部门接待一定批量旅游者的成本水平和经济效益。旅行社在进行成本分析和核算时应采取以下几个步骤：第一，编制各部门接待一定批量旅游者的计划成本及计划成本降低额（率），并核算出实际成本及实际成本降低额（率）；第二，按照部门接待旅游者数量变动、产品结构变动、成本变动三方面进行因素替代分析，找出各因素的影响强度；第三，将信息反馈给有关部门，采取措施，扭转不利因素影响。

三、旅行社成本费用的核算

（一）单团核算

单团核算是指旅行社按接待的每一个旅游团（者）为核算对象进行经营盈亏的核算。单团核算有利于考核每个旅游团产生的经济效益，有利于各项费用的清算和考核，有利于降低成本。但单团核算的工作量较大，一般适用于业务量较小的旅行社。

（二）部门批量核算

部门批量核算是指以旅行社的业务部门为核算单位，以业务部门在规定期限内接待的旅游团的批量为核算对象进行经营盈亏的核算。按部门批量核算虽不像单团核算那样详细，但它能从不同的侧面反映出旅行社经营的盈亏状况，为开拓市场、改善经营管理提供依据。这种核算方法适用于业务量较大的旅行社，有利于考核各业务部门完成经济任务指标的情况。

（三）等级核算

等级核算是按照接待的旅游团（者）的不同等级为核算对象进行经营盈亏的核算，如豪华、标准、经济等。等级核算可提供不同等级旅游团的盈亏状况。

从我国旅行社成本费用管理的实际情况来看，三种核算方式都是在旅游团结束后，根据旅游团的实际支出进行成本费用核算。三种核算方式共同的缺点是，虽然都能核算出旅游团的盈亏结果，但是对其成本费用开支都做不到事先有效的预测、事中严格的控制和事后分析监督。

四、旅行社成本费用的控制

（一）制定成本费用标准

旅行社在经营过程中需要付出大量的成本费用，以获得预期的经营收入。如果成本费用过高，会使旅行社的经营利润大幅度下降，甚至造成亏损。因此，旅行社管理者必须根据本企业的实际情况和经营目标，并参照其他旅行社的成本费用水平，制定出本旅行社的成本费用标准。这是旅行社成本控制的首要步骤。旅行社制定成本费用标准的方法主要有分解法、定额法和预算法。

1. 分解法

分解法是指将目标成本费用和成本费用降低目标按成本费用项目进行分解，明确各成本费用项目应达到的目标和降低的幅度。在此基础上，把各成本费用项目的分解指标按部门进行归口分解；然后，各部门再把成本费用指标落实到各个岗位或个人，再由各个岗位或个人分别制定各项费用支出的目标和措施，对分解指标进行修订。各项修订后的指标要以实现目标成本费用为标准进行综合平衡，经过综合平衡以后，即可形成各项成本费用开支的标准。

2. 定额法

定额法是指旅行社首先确定各种经营成本或费用的合理定额，并以此为依据制定成本费用标准。凡是能够直接确定定额的成本或费用，都应制定标准成本费用。不能直接确定定额的成本费用，也要比照本行业平均水平确定成本费用开支标准限额，用以控制盲目的成本费用开支。

3. 预算法

预算法是指把经营成本和各项费用划分为同销售收入成比例增加的变动成本费用，不成比例增加的半固定成本费用或半变动成本费用，以及与销售收入增减无关的固定成本费用，按照业务量来分别制定预算，作为成本费用控制标准。业务量不同，其成本费用预算也不一样。因此，可以针对不同的业务量制定弹性预算。

（二）日常控制

1. 建立成本费用控制信息系统

旅行社应该通过建立成本费用控制信息系统来对经营活动过程中产生的成本费用进行成本控制。成本控制信息系统主要包括三个部分：一是成本费用指标、标准和定额等输入系统，二是核算、控制和反馈系统，三是分析预测系统。三个系统构成一个整体，发挥提供、传递与反馈成本信息的作用，是成本费用控制的有效手段。

2. 实行责任成本费用制

为了加强成本控制，旅行社应实行责任成本制度，把负有成本费用责任的部门作为成本费用责任中心，使其对可控成本费用负完全责任。通过责任成本费用制度，可以把经济责任落实到旅行社内部各个部门，推动各部门控制其所负责的成本费用。

3. 进行重点控制

旅行社管理者应在日常成本费用控制中对占成本比重较大的部门或岗位、成本降低目标较大的部门或岗位和目标成本实现较难的部门或岗位进行重点控制。按照确定的标准，对这些部门或岗位的成本费用进行检查和监督，以降低成本费用，提高经营利润。

4. 检查与考核

旅行社管理者应定期对各部门控制其成本费用情况及整个旅行社的成本费用控制情况进行检查和考核。在检查与考核过程中，旅行社管理者应着重做好以下几项工作：一是检查成本计划的完成情况，查找和分析产生成本差异的原因；二是评估各部门和个人在完成成本计划过程中的成绩和缺点，给予应有的奖励和惩罚；三是总结经验，找出缺点，提出办法，为进一步降低经营成本提供资料，总结和推广先进经验；四是为修订标准提供可靠的参数，把成本控制的科学方法标准化。

第三节　旅行社营业收入、利润及结算管理

旅行社的营业收入是指旅行社在经营活动期间内，由于向旅游者提供服务而获得的全部收入。它是考核旅行社规模与经营业绩的重要指标，是旅行社利润的主要来源，也是旅行社进行财务管理的重点内容。

一、旅行社营业收入的管理

（一）旅行社营业收入的构成

（1）综合服务费收入。主要指为旅游团（者）提供综合服务所收取的综合服务收入，包括导游费、餐饮费、市内交通费、全程陪同费、组团费和接团手续费。

（2）房费收入。主要指旅行社为旅游者代订饭店的住房后，按照旅游者实际住房等级和过夜天数收取的住宿费用。

（3）城市间交通费收入。主要指旅游者在旅游客源地与旅游目的地之间及在旅游目的地的各城市或地区之间乘坐各种交通工具所付出的费用而形成的收入。

（4）专项附加费收入。主要指旅行社向旅游者收取的汽车公里费、风味餐费、游江（湖）费、特殊游览门票费、文娱费、专业活动费、保险费、不可预见费等收入。

（5）单项服务收入。主要指旅行社接待零散旅游者和委托代办事项所取得的服务收入，代理代售国际联运客票和国内客票的手续费收入以及代办签证费等收入。

（二）旅行社营业收入的管理

旅行社营业收入具有一个明显的特点，即营业收入中代收代支部分占相当的比例，这也是旅行社在业务经营方面的一个重要特点，所以旅行社对营业收入的核算应按照营业收入总额和营业收入净额进行。其中，营业收入净额又叫旅行社旅游业务费收入，它是指从营业收入总额中扣除拨付旅游者的房费、餐费、交通费以及地陪和手续费后的部分。旅行社在对营业收入进行核算时，应根据其营业收入的特点来加强管理，正确地进行时间和金额上的确认。旅行社营业收入的管理主要包括以下三个方面的内容。

（1）确认营业收入的原则。按照国家的有关规定，旅行社在确认营业收入时应实行权责发生制。根据权责发生制，旅行社在符合以下两种条件时，可确认其获得了营业收入：第一，旅行社已经向旅游者提供了合同上所规定的服务。第二，旅行社已经从旅游者或者组团旅行社处收到价款或取得了收取价款权利的证据。

（2）收入实现时间的界定原则。界定营业收入，业务形式不同，实现时间的界定原则不同。第一，入境旅游。即旅行社组织境外旅游者到境内旅游，它以旅游者离境或离开本地时间作为确认其营业收入实现的时间。第二，国内旅游。即旅行社组织国内旅游者在国内旅游，接团旅行社应以旅游者离开本地时、组团旅行社应以旅游者旅行结束返回原出发地时，作为确认其营业收入实现的时间。第三，出境旅游。即旅行社组织中国公民到境外旅游，它以旅游者旅行结束返回原出发地的时间作为确认其营业收入实现的时间。

（3）加强对营业收入的结算管理，缩短收款时间。由于旅行社营业收入中有一部分是应收账款，而应收账款的发生将会使旅行社的资金被占用，同时存在潜在的坏账风险和管理成本。因此，旅行社应采用适当的结算方式，减少应收账款，加速应收账款的回收；减少旅行社的资金占用，加速资金周转；减少风险，避免坏账损失，从而提高旅行社的资金收益率。因而旅行社在日常经营活动中，可以考虑采用预收包价旅游费、预收定金、直接现金收款等方式来加强管理。

二、旅行社利润的管理

旅行社的利润是在一定时期内旅行社的最终财务成果，是反映企业经营成果的最重要指标。旅行社的利润总额由营业利润、投资净收益、营业外收支净额等构成，是一定期间内营业收入扣除成本、税金及其他支出后的余额。旅行社实现的利润越多，其经济效益越好。因此，对利润的管理是旅行社财务管理中十分重要的一项内容。

（一）旅行社利润的构成

（1）营业利润。主要指营业收入扣除营业成本、营业费用、营业税金、管理费用和财务费用后的净额。

（2）投资净收益。主要指投资收益扣除投资损失后的数额。投资收益包括对外投资分得的利润、取得的股利、债券利息、投资到期收回或中途转让取得的款项高于投出资产账面净值的差额。投资损失是投资不当而产生的投资亏损额或投资到期收回或中途转让取得的款项低于投出资产账面净值的差额。

（3）营业外收支净额。主要指营业外收入减营业外支出的差额。营业外收入包括固定资产盘盈和变卖的净收益、罚款净收入、确定无法支付而按规定程序批准后转做营业外收入的应付账款、礼品折旧和其他收入等。营业外支出包括固定资产盘亏和毁损、报废的净损失、非常损失、技工学校经费、赔偿金、违约金、罚息和公益性捐赠等。

（二）旅行社利润的分析

利润分析是指旅行社根据期初的利润计划，对本期内所实现的利润进行的评价。它主要包括利润总额分析、利润总额构成因素分析和营业利润分析三个方面的内容。

（1）利润总额分析。利润总额分析，是指旅行社运用比较分析法将本期的利润总额同上期的利润总额或本期的计划利润指标进行对比，分析其增减变动的情况。

（2）利润总额构成因素分析。旅行社在分析其利润总额增长情况后，还应对利润的构成因素进行分析，以便发现导致本期利润变化的主要因素，并采取相应的措施。如果发现某项因素的增长比例或绝对额与上一期相差较大，则应对其发生的原因进行深入的分析。

（3）营业利润分析。是指旅行社通过将利润计划指标与实际结果对比，运用因素分析法，找出影响营业利润实现的因素，以便采取措施、加强管理，为进一步增加营业利润指明方向。在营业收入一定的情况下，影响营业利润高低的因素是营业成本、营业费用、营业税金、管理费用和财务费用。尽可能降低成本费用，特别是严格控制费用的支出是增加营业利润的有效途径。

（三）旅行社利润的管理

利润是旅行社经营的主要目的，是旅行社管理的重要组成部分。旅行社对利润的管理主要表现在以下几个方面：

（1）确定目标利润。利润管理的主要内容是规划目标利润，即确定旅行社一定时期内要实现的利润目标。其计算公式如下：

目标利润 ＝ 预计营业收入 － 目标营业成本 － 预计营业税金 － 预计期间费用

每个经营期初期，旅行社应在参考历史利润、本期的可预见经营状况和存在问题的基础之上，制定目标利润，并通过层层落实，把目标利润分解到各部门、各单位，确定旅行社各部门努力的方向和目标，以作为期末对各部门业绩考核的标准。

（2）努力降低成本。在销售量一定情况下，要实现目标利润，关键在于降低成本。在实际工作中，应采取开拓市场与降低成本双管齐下的办法，严格控制成本开支范围和标准。

（3）正确分配利润。旅行社取得的利润，应当按照国家规定和企业有关权力机构的决议进行利润分配，由于利润分配涉及国家、旅行社和企业职工的利益，因此利润的分配也是旅行社管理的一个重要组成部分。鉴于旅行社主要分为股份制和非股份制两种类型，按照我国《公司法》的有关规定，旅行社的利润分配应按下列顺序进行：

第一，股份制旅行社。在其依法向国家交纳所得税后，应首先提取公益金。然后，旅行社应按下列顺序分配所剩余的利润：支付优先股股利，按公司章程或股东会议提取任意盈余公积金，支付普通股股利。第二，非股份制旅行社。非股份制旅行社应在依法向国家交纳所得税后，按照下列顺序分配税后利润：支付被没收财务损失和各项税收的滞纳金、罚款；弥补旅行社以前年度亏损，根据国家有关规定，旅行社发生亏损，可用下一年度的利润弥补 5 年未弥补的亏损，可用所得税后的利润弥补；提取法定盈余公积金；提取公益金；向投资者分配利润，旅行社以前年度未分配的利润，可以并入本年度利润一并分配。根据国家有关规定，旅行社提取的法定盈余公积金应为税后利润的10%；法定盈余公积金已达到旅行社注册资金的 50% 后，可不再提取。旅行社提取的盈余公积金用于弥补亏损或按规定转增资本金。旅行社提取的公益金主要用于职工集体盈利设施支出。

三、旅行社的结算管理

结算业务按照地区的不同，可以分为国内结算业务和国际结算业务。

（一）旅行社的国内结算业务

目前旅行社的国内结算一般通过银行转账结算方式，常用的有现金、汇兑、支票、汇票、本票、信用卡等。现金结算即人民币现金结算，主要适用于散客，比较简单，在这里介绍一下其他几种类型。

1. 汇兑

汇兑，即付款方通过银行使用各种结算工具将款项汇交到收款方的结算方式。汇付按所使用的结算工具的不同，可分为电汇、信汇两种。电汇主要是汇出行应汇款人的申请发电传给另一地区的分行或代理行（汇入行），指示其解付一定金额给收款人的一种汇款方式；信汇是汇出行应汇款人的申请将信汇委托书寄入汇入行，授权其解付一定金额给收款人的一种汇款方式。这两种方式各有利弊。电汇的速度比较快，但是相对的办理费用也比较高，适合突发状况或资金数额较大的时候；信汇的费用低廉，但是速度相对较慢，而且手续有些烦琐。

2. 支票

支票是出票人签发、委托办理支票存款业务的银行在见票时无条件支付确定的金额给收款人或持票人的票据。支票分现金支票和转账支票，现金支票可支取现金或用于转账，转账支票只能转账。单位和个人在同城或票据交换地区的款项结算均可以使用支票，无起点金额的限制。其有效期为 10 天，从签发之日起计算，到期日为节假日时依次顺延。

3. 银行汇票

银行汇票是国内银行签发的，由其在见票时按照实际结算金额无条件支付给收款人或者持票人的票据。银行汇票的出票行为银行汇票的付款人。单位和个人的各种款项结算均可使用银行汇票，无起点金额限制，无地域的限制。银行汇票可以用于转账，填写"现金"字样的银行汇票也可以用于支取现金。银行汇票的有效期为 1 个月。

4. 银行本票

银行本票是银行签发的，承诺自己在见票时无条件支付确定的金额给收款人或者持票人的票据。单位和个人在同一票据交换区需要支取各种款项，均可以使用银行本票。银行本票分定额本票和不定额本票。定额本票的面值分别为 1000 元、5000 元、10000元和 50000 元。本票一律记名，见票即付，但付款期限不得超过 2 个月。

5. 信用卡

信用卡是商业银行向个人和单位发行的凭以向特约单位购物、消费和向银行存取现金，且具有消费信用的特别载体卡片。信用卡按使用对象分为单位卡和个人卡，按信用等级分为金卡和普通卡。单位或个人刷卡消费，由银行代收或代付。

（二）旅行社的国际结算业务

国际结算是指国际间由于贸易和非贸易往来而发生的货币收付及债权、债务的清偿。在国际间收付款项直接通过运送货币进行结算的称为现金结算。不直接运送现金而利用票据等结算工具（如汇票、支票、本票等）核销债务的称为非现金结算或称为转账结算。旅行社之间的国际结算属于非贸易结算，目前我国旅行社普遍采用汇兑结算的方

式。国际汇兑方式主要有汇付、托收和信用证三种，下面分别加以介绍。

1. 汇付

汇付（remittance），又称汇款，是付款方通过银行使用各种结算工具将款项汇交收款方的结算方式。汇付按所使用的结算工具的不同分为电汇、信汇和票汇。电汇（telegraphic transfer，T/T）是汇出行应付款人的申请，拍发加押电报或电传给另一国家的分行或代理行（即汇入行），授权其解付一定金额给收款人的一种结算方式。信汇（mail transfer，M/T）业务与电汇业务大致相同，所不同的在于，汇出行不是以电报或电传，而是以信汇委托书为结算工具，以航邮方式寄给汇入行，授权其解付一定金额给收款人的一种结算方式。票汇（demand draft，D/D）是汇出行应汇款人的申请，由汇出行开具以汇入行为付款人的银行即期汇票，交由汇款人自行邮寄给收款人（或随身携带出国），收款人凭汇票向汇入行取款的一种结算方式。

2. 托收

托收（collection）是收款人（委托人）向国外付款人收取销货款和劳务款，开具以收款人为抬头人的汇票，委托银行凭此向付款人代收款项的结算方式。托收结算方式分为光票托收和跟单托收，两者的区别在于托收凭单中是否带有货运单据（如发票、海运提单、保险单等）。旅游企业发生的商品购销业务较少，一般多采用光票托收。这种方式通常用于劳务价款的尾数、佣金、代垫费用等其他贸易从属费用的结算。光票托收的结算程序是：收款人开出即期汇票或远期汇票一起交托收行，由托收行制作光票托收委托书，随汇票寄交代收行，代收行在收到汇票后，如是即期汇票，应立即向付款人提示要求付款。付款人如无拒付理由应立即付款赎票；如是远期汇票，应立即向付款人提示要求其承兑，待汇票到期时，代收行再作提示要求付款，付款人如无拒付理由应立即付款。

3. 信用证

在托收方式下，委托人的收款有无保障依赖于付款人的信用，如付款人拒付或无力支付款项，则委托人面临资金损失的风险。为平衡双方的资金负担，产生了另一种结算方式——信用证（letter of credit，L/C）。信用证是银行有条件的付款承诺，是开证行（付款人所在地银行）应开证申请人（付款人）的要求，向受益人（收款人）开立一定金额，在一定期限内按收益人（或议付行）提交的单据支付货款的书面承诺。在信用证方式下，收款人只要提交符合信用证规定的单据，按信用证要求办理发货、运输等事宜，就可安全收款；对付款人来说，开证时，只要支付小额的开证手续费，无须支付全部货款，就能获得开证行的保障，安全收货，减少资金占用。旅行信用证是大银行签发的专供旅游者出国旅行支付途中旅费，由旅游者随身携带，在一定金额和有效期内，可到指定的银行取款的一种信用证。它也是旅游业中普遍使用的一种信用证。

第四节　旅行社财务分析

一、旅行社财务分析的依据

旅行社财务分析是以旅行社财务核算资料（主要是财务报表）为主要依据，运用特定的分析方法，对旅行社财务状况和经营成果进行的一种计量分析。财务分析有一系列专业性较强的内容与方法。作为旅行社管理者，必须了解财务知识，能够看懂并学会分析财务报表。旅行社的财务报表主要是指旅行社的会计报表，包括资产负债表、损益表、现金流量表等。通过对这些报表的研究与分析，可以了解并掌握旅行社的财务状况、偿债能力、运营能力、获利能力等经营情况。

（一）资产负债表

资产负债表是反映旅行社在某一特定日期财务状况的报表。它以"资产＝负债＋所有者权益"这一会计基本等式为依据，按照一定的分类标准和次序反映旅行社在某一个时间点资产、负债和所有者权益的基本状况。资产负债表为旅行社经营者提供旅行社资产结构、流动性、资金来源、负债水平及负债结构等方面的信息，反映出旅行社的变现能力、偿债能力和资产管理水平，为旅行社的投资者和管理者提供了重要的决策依据。

由于旅行社企业有大小之别，所以企业资产负债表也有一般企业与中小企业之分。本书由于篇幅关系，仅以小企业为例，介绍资产负债表（表9–1），下文中的损益表和现金流量表也仅以小企业为例，作为参考。资产负债表分为左、右两个部分。左方为资产类部分，反映旅行社的资产状况，分为流动资产、长期投资、固定资产、无形资产和其他资产。报表的右方上半部分是旅行社的负债类科目，包括流动负债、长期负债和递延税项；下半部分是所有者权益。这两个部分的科目反映了旅行社资金的来源（表9–1）。

表 9–1　资产负债表

编制单位　　　　　　　　　　年　　　　月　　　　日　　　　　　　　单位：元

资产	行次	期末余额	年初余额	负债和所有者权益	行次	期末余额	年初余额
流动资产：				流动负债：			
货币资金	1			短期借款	31		
短期投资	2			应付票据	32		
应收票据	3			应付账款	33		

资产	行次	期末余额	年初余额	负债和所有者权益	行次	期末余额	年初余额
应收账款	4			预收账款	34		
预付账款	5			应付职工薪酬	35		
应收股利	6			应交税费	36		
应收利息	7			应付利息	37		
其他应收款	8			应付利润	38		
存货	9			其他应付款	39		
其中：原材料	10			其他流动负债	40		
在产品	11			流动负债合计	41		
库存商品	12			非流动负债：			
周转材料	13			长期借款	42		
其他流动资产	14			长期应付款	43		
流动资产合计	15			递延收益	44		
非流动资产：				其他非流动负债	45		
长期债券投资	16			非流动负债合计	46		
长期股权投资	17			负债合计	47		
固定资产原价	18						
减：累计折旧	19						
固定资产账面价值	20						
在建工程	21						
工程物资	22						
固定资产清理	23						
生产性生物资产	24			所有者权益（或股东权益）：			
无形资产	25			实收资本（或股本）	48		
开发支出	26			资本公积	49		
长期待摊费用	27			盈余公积	50		
其他非流动资产	28			未分配利润	51		
非流动资产合计项目	29			所有者权益（或股东权益合计）	52		
资产总计	30			负债和所有者权益（或股东权益）总计	53		

（二）损益表

损益表是反映旅行社在一定期间的经营成果及其分配情况的会计报表，又称利润表。它为旅行社的投资者和管理者提供了有关旅行社的获利能力、利润变化原因及企业利润发展趋势等方面的大量信息，是考核旅行社利润计划完成情况和经营水平的重要依据。在旅行社的损益表上，主要包含的信息有营业收入、营业成本、营业费用、营业税金及附加、管理费用、财务费用、投资净收益、营业外收支及利润总额等（表9-2）。

表9-2　损益表

编制单位　　　　　　　　　　_____年_____月_____日　　　　　　　　单位：元

项目	行次	本年累计金额	本月金额
一、营业收入	1		
减：营业成本	2		
营业税金及附加	3		
其中：消费税	4		
营业税	5		
城市维护建设税	6		
资源税	7		
土地增值税	8		
城镇土地使用税、房产税、车船税、印花税	9		
教育费附加、矿产资源补偿费、排污费	10		
销售费用	11		
其中：商品维修费	12		
广告费和业务宣传费	13		
管理费用	14		
其中：开办费	15		
业务招待费	16		
研究费用	17		
财务费用	18		
其中：利息费用（收入以"-"填列）	19		
加：投资收益（损失以"-"填列）	20		
二、营业利润（亏损以"-"填列）	21		
加：营业外收入	22		

项目	行次	本年累计金额	本月金额
其中：政府补助	23		
减：营业外支出	24		
其中：坏账损失	25		
无法收回的长期债券投资损失	26		
无法收回的长期股权投资损失	27		
自然灾害等不可抗力因素造成的损失	28		
税收滞纳金	29		
三、利润总额（亏损总额以"–"填列）	30		
减：所得税费用	31		
四、净利润（净亏损以"–"填列）	32		

（三）现金流量表

旅行社编制现金流量表的目的，是为会计报表使用者提供旅行社一定会计期间内，现金和现金等价物流入和流出的信息，以便于报表使用者了解和评价旅行社获取现金和现金等价物的能力，并据以预测未来现金流量。

旅行社现金流量是指某一段时间内旅行社现金流入和流出的数量。例如，旅行社通过销售商品、提供劳务、出售固定资产、向银行借款等，取得现金，形成现金流入；通过购买原材料、接受劳务、购建固定资产、对外投资、偿还债务等而支付现金等，形成现金流出。现金流量信息能够表明旅行社经营状况是否良好、资金是否短缺及偿付能力的大小等，从而为投资者、债权人和旅行社管理者提供非常有用的信息。

旅行社的现金流量分为三类，即经营活动产生的现金流量、投资活动产生的现金流量和筹资活动产生的现金流量（表9-3）。

表9-3 现金流量表

编制单位 ＿＿＿＿＿年＿＿＿＿月＿＿＿＿日 单位：元

项目	行次	本年累计金额	本月金额
一、经营活动产生的现金流量：			
销售产成品、商品、提供劳务收到的现金	1		
收到其他与经营活动有关的现金	2		
购买原材料、商品、接受劳务支付的现金	3		

项目	行次	本年累计金额	本月金额
支付的职工薪酬	4		
支付的税费	5		
支付其他与经营活动有关的现金	6		
经营活动产生的现金流量净额	7		
二、投资活动产生的现金流量:			
收回短期投资、长期债券投资和长期股权投资收到的现金	8		
取得投资收益收到的现金	9		
处置固定资产、无形资产和其他非流动资产收回的现金净额	10		
短期投资、长期债券投资和长期股权投资支付的现金	11		
购建固定资产、无形资产和其他非流动资产支付的现金	12		
投资活动产生的现金流量净额	13		
三、筹资活动产生的现金流量:			
取得借款收到的现金	14		
吸收投资者投资收到的现金	15		
偿还借款本金支付的现金	16		
偿还借款利息支付的现金	17		
分配利润支付的现金	18		
筹资活动产生的现金流量净额	19		
四、现金净增加额	20		
加：期初现金余额	21		
五、期末现金余额	22		

二、旅行社财务分析的方法

财务分析以旅行社财务报表为主要依据，采取一定方法进行计量分析以反映和评价旅行社的财务状况和经营成果。旅行社的财务分析方法有增减比较分析法、比率分析法、趋势分析法、因素分析法等，其中常用的有增减比较分析和比率分析法。

（一）增减比较分析

增减比较分析是将两个会计期间的财务报表数字加以对比，计算两个期间的增减变动差额并编制成比较对照表，通过差额的分析对企业的经营状况和经营结果进行评价。比较对照表通过比较旅行社连续两年财务报表的历史数据，分析其增减变化的幅度及其变化原因，判断旅行社财务状况发展的趋势。目前，我国多数旅行社在采用增减分析法分析财务报表时，主要的分析对象是资产负债表和损益表。

（1）资产负债表增减分析。旅行社对资产负债表进行增减分析的目的，是了解本企业资产、负债和所有者权益等方面的发展趋势及所存在的问题。在分析前，旅行社财务人员先把连续两期或数期的资产负债表编制成一份工作底表或比较资产负债表，然后对不同时期的资产、负债和所有者权益的差异进行比较和分析，从中发现存在的问题和变动趋势，从而把握旅行社的经营状况和经营成果，预测今后的发展趋势。

（2）损益表增减分析。损益表增减分析，是指通过对旅行社在不同时期的经营情况进行比较分析，找出经营中存在的问题，分析产生问题的原因，并提出解决问题措施的一种财务分析方法。

（二）比率分析

比率分析，是指在同一财务报表的不同项目之间，或在不同报表的有关项目之间进行对比，以计算出来的比率反映各项目之间的相互关系，据以评价旅行社财务状况和经营成果的一种方法，旅行社分析和评价本企业财务状况和经营成果的主要财务指标包括：流动比率、速动比率、应收账款周转率、资产负债率、资本金利润率、营业利润率和成本费用利润率。

（1）流动比率。是反映旅行社短期偿债能力的一项指标。它表明旅行社偿还流动负债的保障程度。其计算公式为：流动比率＝流动资产/流动负债

（2）速动比率。是速动资产（流动资产减存货资产）和流动负债之间的比率。它反映旅行社在最短时间内偿还流动负债的能力。速动比率的计算公式为：速动比率＝速动资产/流动资产

（3）应收账款周转率。是旅行社赊销收入净额与应收账款平均额的比率。它反映应收账款的周转速度。应收账款周转率的计算公式为：应收账款周转率＝赊销收入净额/应收账款平均余额

（4）资产负债率。资产负债率又称举债经营比率，是旅行社负债总额（短期负债加长期负债）与其资产总额之间的比例关系。资产负债率是反映旅行社偿债能力大小的一个标志，揭示出负债在全部资产中所占的比重，及资产对负债的保障程度。其计算公式为：资产负债率＝负债总额/资产总额

（5）资本金利润率。资本金利润率，是指旅行社利润总额与资本金总额的比率。资

本金利润率说明旅行社每投入 1 元的资本金可以获得多少利润。这个比率越高，说明资本金获利水平越高。当资本金利润率高于同期银行贷款利率时，旅行社可适度运用举债经营的策略，适当增加负债比例，优化资金来源结构。如果资本金利润率低于同期银行贷款利率，则说明举债经营的风险大，应适度减少负债以提高资本金利润率，保护投资者的利益。它用以衡量投资者投入旅行社资本金的获利能力。其计算公式为：资本金利润率 = 利润总额 / 资本金总额

（6）营业利润率。营业利润率，是旅行社利润总额与营业收入净额之间的比率。它是衡量旅行社盈利水平的重要指标，表明在一定时期内旅行社每 100 元的营业净收入能够产生多少利润。通过对旅行社营业利润率的分析，可以了解旅行社在经营中赚取利润的能力。该比率越高，旅行社通过扩大销售额获得利润的能力越强。其计算公式为：营业利润率 = 利润总额 / 营业收入净额

（7）成本费用利润率。成本费用利润率反映的是旅行社在营业过程中为取得利润而消耗的成本和费用情况。它是利润总额与成本费用总额之间的比率。成本费用是旅行社为了获取利润而付出的代价。成本费用利润率越高，说明旅行社付出的代价越小、获利能力越强。旅行社管理者运用这一比率，能够比较客观地评价旅行社的获利能力，对成本费用的控制能力和经营管理水平。该比率可以用下列公式表示：成本费用利润率 = 利润总额 / 费用成本总额。

【本章习题与技能训练】

文献阅读：新形势下
旅行社财务管理问题的思考

一、名词解释

1. 旅行社流动资产

2. 旅行社固定资产

3. 旅行社债权资产

4. 旅行社营业收入

5. 旅行社利润

二、简答题

1. 旅行社成本费用由哪些因素构成？

2. 旅行社如何进行结算管理？

3. 旅行社财务分析有哪些方法？

4. 移动互联网时代，旅行社财务管理发生了哪些变化？

三、案例分析

案例 1

难以讨回的欠款

A 旅行社是美国加利福尼亚州旧金山市的一家专门经营美国游客来华旅游的中型旅行社。在与 B 国际旅行社建立合作关系之初，该旅行社不仅输送了大量的游客，而且还及时汇款，俨然一家既讲信誉，又有招徕客源能力的企业。但是，时隔不久，A 旅行社便开始以各种借口拖欠 B 国际旅行社的旅游团费。为此，B 国际旅行社曾经专门召开部门经理联席会，研究向 A 旅行社催讨欠款的问题。最后，总经理刘先生决定由副总经理小华率小王和小张专程前往美国，催讨欠款。当小华一行到达 A 旅行社所在地时，该旅行社的总经理小钱率全体员工到机场迎接，并全程陪同小华等 3 人在旧金山、洛杉矶、纽约、华盛顿等地参观游览。小钱将小华等人在美国的活动日程安排得十分紧凑，几乎没有谈判的时间。在旅途中，每当小华提及欠款一事时，小钱总是笑容可掬地表示没有问题，担保待小华回国后一定尽快将欠款全部汇给 B 国际旅行社。这样，小华等人带着小钱赠送的礼物和口头许诺，离开了美国。

小华等人回国后不久，小钱便通知 B 国际旅行社，由于客源问题，决定不再继续双方的合作。但是，A 旅行社始终没有将欠款偿还给 B 国际旅行社。这次合作，B 国际旅行社亏损了 100 万元人民币。但是，刘总经理认为："这是值得的。我们花了 100 万元，买到了宝贵的教训。这些钱就算是我们交的一次学费吧。"

正是由于 B 国际旅行社因对拖欠款的管理不善蒙受了严重的经济损失，其教训是惨痛的，绝不像刘总经理说的那样，是"买到了宝贵的教训"，该旅行社所付出的"学费"实在太高了。

资料来源：梁智，刘春梅，张杰．旅行社经营管理精选案例解析［M］．北京：旅游教育出版社，2007．

请分析：

作为旅行社的管理人员，为什么应特别注重旅行社流动资产的管理？

案例 2

固定资产归口管理的效应

旅游企业固定资产管理必须实施归口管理制度，调动全员维护管理固定资产。以旅游饭店为例，工程部发挥着不可替代的专业性管理作用。但长期以来，人们认为工程部是"成本中心"，它的职能就是"花好钱，做好活，服务好"，不影响企业的生意就行了，其实不然。

某旅游饭店共有大小蒸柜 22 台，原为燃油式一次加热蒸柜。21 世纪初，为了加快蒸制品出品速度，饭店对所有设备进行了全部改造，但改造后由于各种原因导致的能源利用率只有30%左右，这显然是一种浪费。后来，该企业将工程部由单纯的"成本中心"转变为"利润中心"，通过不断努力，工程部根据需要提出许多合理的技术改造建议，不仅大幅度降低了能源成本这个酒店运营中的第二大成本开支项目，而且减少了对环境的破坏，为企业创造利润做出了极大贡献。

2010年以来，工程部组织技术骨干对酒店的变压器负载并联运行节电方案进行深入探讨，最后由工程部人员自己动手，采用一系列技改措施，花费了不多的钱就实现了预期目标。此后，工程部人员又进一步自己动手改造完成了对酒店变压器电容补偿柜以及几千只日光灯老式镇流器更换成电子节能镇流器的节电改造。仅一个冬季，就为酒店节约了几十万元的开支费用，每天可达到节电4000度以上。

请分析：

该饭店是如何对固定资产进行归口管理的？如何将其经验推广到旅行社？

案例3

控制成本是企业管理的头等大事

某市一酒店每天虽顾客盈门，但经营业绩却总也上不去，去年竟然在上座率大好的情况下出现了亏损，酒店不得不从外聘请职业经理。新经理一上任就提出新理念：在餐饮业竞争日趋激烈的今天，开源节流，降低营业费用，提高资金效率、控制成本应作为管理者的头等大事。管理者应在了解企业的成本费用特点的基础上本着开源节流、查堵漏洞的态度，去有效地控制开支。于是企业推出了以下一系列措施：首先，酒店的管理者严格预算制度，减少一些不必要的费用开支。酒店所有的开支必须事先提出预算，不得随意添置和选购，如要临时追加费用开支，则必须控制在一定范围内，不得超出预算太多。此外，酒店还严格落实各种责任制，责任落实到人，做到分工明确、建立完善的激励机制，个人奖励与工作绩效挂钩。其次，在财务上，建立严格的核算制度，定期分析费用开支情况。例如，计划与实际相比，与同行的对比，费用结构的分析等，以便及时掌握费用的开支情况，及时发现存在的问题，提出降低费用支出的途径。另外，为了控制餐饮成本，企业在餐饮细节上大做文章。把好采购、库房、厨房、吧台等环节，防止其中出现漏洞，防患于未然。例如，采购环节，酒店在日常采购进货中采用货比三家、多家选择的方式，节约采购成本。食品成本管理和控制，关系到企业的预期利润，从采购、验收、入库到领料、材料控制、备餐烹煮和剩余材料的充分利用的每一个细节入手创造性地去节约成本，经过一段时间的努力，企业很快改变了长期亏损的局面，并实现了增长利润的目标。

请分析：

1. 酒店的成本费用控制对旅行社的成本费用控制有何值得借鉴的经验？

2. 作为一家旅行社的管理人员，你会提供什么方案对旅行社的成本费用进行控制？

案例 4

企业经营中应妥善做好结算

某旅游公司与加纳商人成交出口一批货物，货款计 12000 美元。成交条件系预付货款，运输条件是空运。当时该商人开给该公司以加纳某银行为付款人的美元支票 1 张。2018 年 2 月 16 日，该旅游公司将支票委托国内某银行（托收行）向外收款，采用立即托收方式，委托香港麦加利银行（代收行）托收。根据这种托收方式，支票托收之款可先收账，如果票款遭付款人退票拒付，代收行可主动将垫付的票款从委托人的账户划回。3 月 2 日，我国国内某银行接香港麦加利银行收账报单，即给旅游公司结汇，但此系麦加利银行（代收行）垫款，并非真正收受了票款。公司却认为货款已收妥，便将货物用空运发出。4 月 27 日，香港麦加利银行将托收的支票退回，并主动从我托收行账户划回其垫付的票款。原因是支票的付款行拒付票款，拒付理由是该张支票不仅不合法，而且是伪造的。我国国内某银行（托收行）只能将支票退还该旅游公司，并从该公司账内将票款冲回。由于货系空运，国外不法商人已提货潜逃。公司白白损失了 12000 美元的货款和航空运费。

请分析：

1. 造成该旅游公司货物被骗的原因有哪些？

2. 从案例中，应该吸取的教训有哪些？

四、实训项目

1. 教师准备好一张旅行社的资产负债表，请同学分析其财务状况，将分析结果大胆地表述出来，并为旅行社的经营管理提供参考对策。

2. 学生利用课余时间，到当地找到一家小型旅行社，将其资产列出清单（包括固定资产和流动资产两大项）。

五、网络学习

请从网络上查找旅行社的相关资料，分析当前旅行社财务管理与 20 世纪 90 年代末期的财务管理有何区别？

旅行社风险管理

【导入语】

　　企业在经营过程中经常会遇到一些难以预料的、具有不确定性的损失，这就是企业经营中的风险。旅行社由于经营的复杂性，导致其面临更多更为复杂的风险。为尽可能减少损失，旅行社就需要进行风险管理。旅行社风险管理是指旅行社对威胁其收益的实际损失与潜在损失所进行的识别、测定和控制，为科学掌握旅行社风险管理知识，本章将对旅行社风险的概念及评价，旅行社风险管理的目标及实施手段进行系统阐述。

　　本章知识结构图如下：

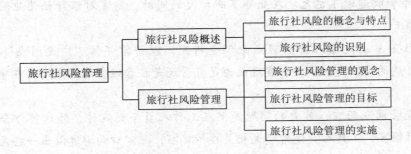

【学习目标】

　1. 学习并复述旅行社风险的概念与特点；

　2. 正确识别旅行社风险类型，并能够选择合适的决策管理风险；

　3. 掌握旅行社风险管理的目标原则与方法，并会运用其解决实际问题。

【课程思政元素】

风险防范意识、爱岗敬业、改革创新、诚信经营。

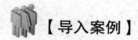

【学习重难点】

1. 学习重点：旅行社风险的识别；
2. 学习难点：旅行社风险管控制度的建立。

【建议学时】

3 学时

【导入案例】

F 旅行社营业网点所带来的风险

F 旅行社成立于 2006 年，主营"本土周边游"市场，开发了数十条特色旅游线路。为大力拓展业务，2010 年公司决定实施"广设网点"战略，2014 年服务网点达 20 家，全部位于省会城市，且均为直营网点。从 2015 年开始，开启"加盟模式"，到 2017 年，挂靠经营网点达 105 个，基本实现了网点省内县县全覆盖。旅行社营业收入因此不断攀升，2017 年营收超过 1 亿元。在业务不断扩大的同时，游客对旅行社营业网点的投诉也在节节攀升。

旅行社王总决定深入营业网点做调查研究，以科学评估"广设网点"战略的价值。经过 2 周的全面走访调查，发现无论是直营还是挂靠经营的网点均存在重大的运营风险：

对于直营网点而言，最大的问题是网点工作人员夸大宣传，随意签订合同。比如说，为吸引顾客，工作人员经常夸大相关接待标准，并空口向游客做出一些无法实现的承诺；在合同签订方面，不考虑可操作性，随意增加非格式条款。

对于承包网点而言，最大的问题是私自接团、违规组团和指派导游。按照旅行社与网点的协议，营业网点只能从事招徕游客、提供咨询、宣传等服务，但公司绝大多数承包的网点利用旅行社的品牌，私自操作团队业务，甚至违反业务经营范围为游客提供相关服务。

上述问题让王总深刻感受到旅行社发展的危机，于是决定重新整合营业网点，将承包网点全部改设为直营网点，对直营网点工作人员进行业务能力培训，并加强对网点的监管，实行监管专人负责制。经过 2 年的努力，2019 年，旅行社服务网点的问题得到了根本性解决，旅行社的投诉明显减少。

请问：

1. F 旅行社经营过程中会面临哪些经营风险？

2. 旅行社应如何做好风险管理？

第一节　旅行社风险概述

旅行社的经营和管理活动，是在一定的外部环境下进行的，由于自然力和非自然力的作用，旅行社存在着大量的经营风险。各种经营风险的存在，不仅会给旅行社带来收益上的损失，甚至还会造成企业的破产。因此，经营风险的管理便成为旅行社经营管理活动中的一项重要内容。

一、旅行社风险的概念与特点

（一）旅行社风险的概念

到目前为止，理论界和实业界对于风险这一概念尚没有一个统一的认识。美国学者海尼斯（Haynes）认为，"在经济学和其他学术领域中，'风险'一词并无任何技术上的内容，它意指损害的可能性"。因此，"某种行为能否产生有害的后果应以其不确定性界定，如果某种行为具有不确定性，其行为就反映了风险的负担"。这是对风险的早期定义，它强调损害发生的可能性。威廉姆斯（C. Arthur Willianms）和海因斯（Heins）则从预期与实际结果变化上去考察风险。他们认为"风险是在一定条件下和一定时期内可能产生的结果的变化。如果结果只有一种可能，不会发生任何变化，那么风险为零；如果可能产生的结果有几种，则存在风险"。而罗森布朗（Rosenblum）则把风险概括为"风险是损失的不确定性"。随着时代的发展，人们对于风险又有了新的认识，"风险是预期与实际结果的差异"。国际标准组织将风险定义为，"风险是事件发生的可能性及其后果的综合"。

由此可见，人们对风险的认识在进步。当代的风险管理，不仅是研究可能造成经济损失的风险，也开始研究可以带来收益的风险。对于旅行社企业的经营管理者来说，前者是负面风险，后者是正面风险。从旅行社企业的经营管理实践出发，可以把旅行社风险概括为"任何影响旅行社企业实现目标的事项"，即"对实现旅行社企业经营目标，具有关键作用的因素的不确定性"。从损失发生的可能性来分，旅行社风险包括已经发生的恶性事件、尚不能确定后果的事件和可转化为机会的事件三个层次。

（二）旅行社风险的特点

1. 客观性

风险存在于旅行社的经营活动之中，风险的大小是可以估测和度量的。企业采取的经营管理方式、业务操作程序不同，产生风险的程度也会相应的不同。例如，我国一些旅行社企业的管理者认为，旅行社企业管理难度大，因此便采取"承包管理模式"，将企业的经营管理权按照部门进行承包式管理。即每年给业务部门制定相应的承包上缴金额，对于业务部门的具体业务运作则放任自流，对于业务收入、旅游服务质量也没有任何要求。这样的管理方式，虽然降低了管理难度，但却给企业带来了很大的风险。一旦某一部门发生恶性服务质量事故，就会影响到企业的生存问题。

2. 长期性

旅行社企业的风险，是和旅行社企业的经营活动联系在一起的，只要旅行社企业的经营活动不停止，风险就会存在。风险是一种影响企业实现目标关键事项的不确定性，是不可能被永远消除的。风险是随着旅行社企业的发展成长和外部环境的变化而变化的，是和一定的时空条件联系在一起的，即使企业采取同样的经营管理方式和业务操作流程，时空条件不同，产生的风险也会不同。

3. 可防范性

旅行社企业的风险虽然是客观存在的，但随着企业管理水平的提高和管理手段的高科技化，企业管理者可以通过制定科学的管理制度，采取有效的管理手段，对风险的发生进行准确的预测，并采取相应的预防控制措施，减少各种风险的发生或者降低风险对企业的损失。

4. 负面性

旅行社风险的发生，会不同程度地影响企业的利益，使企业遭受一定程度的损失，从而影响旅行社企业的形象和经济利益。例如，A市某旅行社在接待某旅游团队时，由于雨天路滑，导致旅游车辆在行进中操控失灵，车毁人亡，虽然旅行社企业进行了及时的伤员抢救，但仍然不可避免地给企业带来了几百万元的经济损失。

5. 可转化性

旅行社的风险还具有可转化性，即风险总是与机遇联系在一起的，当企业预测到风险并采取相应的控制措施时，风险会转化为企业发展的机遇。例如，信息技术的快速发展带来了因特网的迅速普及，因特网迅速取代了旅游代理商，成为旅游者获得旅游信息的最快捷的通道。如果旅行社没有意识到网络的重要性，仍然坚持原来的经营模式，则互联网就会成为旅行社企业的致命威胁。相反，如果旅行社的经营管理者及时认识到了这一点，将企业自身的经营优势和互联网进行有机结合，则企业就成功地将互联网的风险转化为企业又一次跨越式发展的机遇。

二、旅行社风险的识别

风险识别，是将旅行社企业面临的各种不确定因素——鉴别出来。这需要对旅行社企业自身的经营状况，所在的市场情况，所处的法律、社会、政治和文化环境等有深入的认识和了解，同时要求该企业要有明确的经营战略。由此，方可识别促使企业成功的因素，以及那些威胁到企业实现战略目标的因素。风险的识别是一个动态过程，随企业及其所处环境的发展变化而发展、变化。旅行社应按照环境风险、企业运营管理风险、决策信息风险三个大类对旅行社企业的风险分别进行识别和确认。

（一）环境风险

环境风险，是指旅行社企业经营过程中，由于外部自然环境、社会环境、经济环境的变化，给企业带来的风险。如果旅行社企业不能适应市场环境的变化，迅速推出适应旅游市场需求的多样化的旅游产品，认识不到产业环境变化给自己带来的竞争优势，不能充分利用技术环境变化带来的发展机遇，那么，这些外部环境的变化将迅速演化为影响企业生存发展的致命风险。对于旅行社企业来说，环境风险主要有：

1. 政策环境风险

国家政策法规的不可预测性，有可能给旅行社企业带来损失。例如，国家对于出境旅游经营权的扩大，加剧了出境旅游市场的竞争，严重冲击了原先拥有出境旅游经营权的旅行社的市场份额和经济收益。当前，旅行社经营入境业务全面放开，又进一步冲击了原先的国际旅行社的业务。

2. 市场竞争风险

随着中国对外开放大门越打越开，旅游市场现在的竞争越来越激烈，国外的旅行社企业巨头也以各种方式进入中国市场，强强联合、收购兼并已经成为中国旅行社市场的主旋律之一。强大的竞争者依靠自己的资金优势、管理优势抢占旅游市场份额，旅行社企业如果应对不当，会很快失去原有的市场竞争优势，成为旅行社企业整合时代的牺牲品。

3. 行业舆情风险

现代新媒体的快速发展和普及，在旅游目的地营销和形象方面发挥了积极作用，同时也加剧了旅游目的地负面信息的快速传递、广泛传播，对旅游目的地形象的负面影响和消极作用不容忽视，从而影响当地旅行社的发展。例如，2016 年 2 月哈尔滨的"天价鱼"事件和 2021 年 4 月三亚的"没有海胆只有蛋"事件，都给当地旅游城市形象带来重创，也因此影响了当地旅行社业务。

（二）运营管理风险

运营管理风险，根据企业不同的管理流程，又可以分为业务运作风险、财务风险、

授权风险。

1.业务运作风险

这是指业务运作过程中可能产生的风险，包括游客流失风险，游客旅游途中健康安全风险，人才流失风险，产品开发风险，运营效率风险，服务能力不足风险（在旅游旺季时），旅游产品价格变动风险，旅游商标被仿冒或盗用风险等。

2.财务风险

旅行社与酒店、景点等旅游供应商之间、与旅游者之间、接待社与组团社之间存在着较为复杂的债权债务关系，如以地接为主营业务的旅行社，都不同程度地被组团社以各种各样的理由拖欠团款，从而产生债务问题。拖欠团款问题是旅行社行业长期存在的一大顽症，海外拖欠款、国内三角债问题一直困扰着旅行社。大量应收账款无法按时顺利回收构成了财务隐患，这就使旅行社的财务风险问题相对突出。对于一些经营国际旅游业务的旅行社而言，还要经常面对外汇风险（主要包括交易风险、经营风险、结汇风险等）。

3.授权风险

这类风险主要有：企业领导力风险，一些旅行社企业的领导人不具备相应的领导能力，导致企业业务运营失控；职权不清风险，部分旅行社企业没有有效的岗位分工，导致员工职权、责任不清，出现问题互相推诿，员工不能尽职工作或滥用职权假公济私，导致企业利益受损；激励风险，旅行社企业如果没有建立公平有效的激励体系，将导致员工丧失工作积极性，或者以非法手段获取个人利益；沟通不畅风险，旅行社企业对信息的依赖程度，远高于工业制造企业或其他服务企业，如果旅行社没有形成顺畅的信息沟通机制，上下级或部门之间的横向信息沟通不畅，将会使企业陷入信息缺失或信息失真的境地。

（三）决策管理风险

决策管理风险根据决策的内容不同，分为营运决策风险、财务决策风险和战略决策风险。

1.营运决策风险

包括定价决策风险和标准缺失风险。在定价决策方面，由于决策层不了解市场信息，或者根据错误信息进行旅游产品的定价决策，导致企业产品滞销或毛利率下降，影响经营业绩。在旅行社标准缺失方面，很多旅行社企业的衡量考核标准，只考虑了财务指标，却不建立其他指标考核体系，容易造成管理层以实现利润指标为唯一目标，忽视旅游服务质量、客户关系管理和内部团队建设等关键指标，造成考核标准失效，企业核心竞争力无法形成，给企业带来损失。

2.财务决策风险

包括预算和计划风险，财务数据风险，投资评估风险等。在预算和计划风险方面，虽然中国旅行社企业有的已经实行了预算管理，但由于旅游业务的季节性和旅游市场的波动性，目前旅行社所做的财务预算和计划与实际执行的情况还有一定距离。有的旅行社所做的预算和计划根本就无法执行。在财务数据风险方面，有的旅行社业务管理混乱，组团、接待的每个业务环节没有形成完整的财务记录，造成企业的财务数据不够完整和准确，财务报告也无法全面、真实地反映企业经营状况。在投资评估风险方面，有的旅行社在发展主业的同时，还实现了一定程度的多元化经营，管理层在缺乏财务数据和相关信息的基础上，只凭经验做出投资评估，结果导致投资失败。

3. 战略决策风险

战略决策风险包括环境监视风险、业务组合风险、组织结构构建风险、生命周期判断风险。环境监视风险是指旅行社企业管理没有及时发现竞争环境发生的变化，没有随着环境的变化及时调整企业的战略，而导致的风险。业务组合风险是指旅行社没有根据自身的情况进行良好的业务组合，造成业绩和效益的损失。组织结构构建风险是指有些旅行社虽然制定了新的企业战略，但是没有进行组织架构的变革，导致企业战略和组织结构的冲突。组织架构与变化了的企业战略不相适应。生命周期判断风险是指旅行社企业目前普遍面临着新产品匮乏的危机，很多旅行社没有根据旅游产品的生命周期及时调整自身的战略，丢掉了发展的机遇。

第二节　旅行社风险管理

一、旅行社风险管理的观念

风险管理，就是旅行社企业对面临的各种风险进行识别、评估，确定恰当的处理方法并予以实施，以可确定的管理成本替代不确定的风险成本，并以最小的经济代价获得最大现实保障的活动。风险管理的核心，是对风险进行识别和处理，其根本目标，是确保旅行社企业经营的稳定、持续和发展。可以说，好的风险管理机制能够增加企业成功的概率，降低失败的可能。风险管理是动态的，始终贯穿于旅行社企业战略的制定和执行。风险管理为旅行社企业的经营者提供可靠的方法来应对企业面临的各种风险，包括过去、现在和未来的风险，尤其是为决策者提供作为或不作为的依据。

作为一名 21 世纪旅行社企业的经营管理者，应该建立风险意识，树立正确的风险管理观念，"旅行社企业的风险管理必须同企业的经营文化密切结合，需要最高管理层的全力支持，并在企业经营管理实践中，采取正确的控制措施对风险进行防范，以确保企业的永续经营"。旅行社企业管理者应该具有以下风险管理观念：

（1）风险管理不是低层次／经营层次的工作，而是企业最高管理者的重要工作，绝对不能把风险监控理解为内部审计人员的职能。

（2）风险其实是一个机会，而不仅仅是一个需要控制的负面因素。

（3）风险管理应该在整个企业范围内进行一体化的统筹和实施，而不能把风险管理在企业各部分个别展开。

（4）风险管理的责任，应该由企业的高级管理人员和部门管理人员承担，而不能委派给低层次的人员。

（5）对于企业风险的衡量，可以通过科学的技术手段予以量化，不能简单地进行主观衡量。

（6）风险管理应该作为一项企业管理职能，纳入企业的所有管理系统，无组织以及杂乱无章的风险管理，不可能对企业的风险防范有任何作用。

二、旅行社风险管理的目标

（一）旅行社风险管理目标确定的原则

风险管理是旅行社一项重要的管理工作，而风险管理目标的确定，则是旅行社风险管理的基础性工作。一般来说，旅行社风险管理目标应符合客观性、层次性、数量化三个原则。

1. 客观性

风险管理目标的客观性，是指旅行社在确定风险管理时，要充分考虑现实的客观性。旅行社的风险管理存在着一定的影响因素或限制因素，这些因素都会对旅行社的风险管理产生制约。不考虑这些因素，盲目去寻求风险管理的最优目标，是不符合客观性原则的。风险管理目标的客观性，要求旅行社在风险管理过程中，要研究一定时间内旅行社的内部条件、市场环境以及两者之间的适应度等。旅行社在确定风险管理目标时，要根据这种适应度去寻求风险管理的最合理、最现实的目标，而不是最优目标。

2. 层次性

风险管理目标的层次性是指旅行社在风险管理过程中，根据风险管理目标的重要程度以及管理分工的不同，来实施风险管理。风险管理目标层次性的存在要求旅行社在风险管理过程中，一方面，要根据目标的重要程度划分出风险管理目标的主次，实行分类管理，另一方面，要根据企业内部的组织分工，划分出总目标和分目标，实行分级管理。只有实行了分类与分级管理，旅行社风险管理目标才能实现。

3. 数量化

旅行社风险管理目标的数量化，是指在旅行社风险管理过程中，尽可能用各种数量的指标来表示风险管理的目标。目标的数量化，有助于旅行社衡量各种风险管理目标实现的程度和对风险管理目标的控制。

（二）旅行社风险管理的目标

在旅行社实施风险管理过程中，根据一般管理目标和风险管理本身的特点，可以将风险管理划分为损失发生前和损失发生后两个不同的风险管理阶段。因此，便形成两个不同的风险管理目标，旅行社损失发生前的风险管理目标着眼于风险的防范；损失发生后的风险管理目标着眼于恢复生产与经营。两者相结合，便形成了旅行社风险管理的目标。

1. 损失前风险管理的目标

在旅行社风险管理过程中，损失发生前的管理目标主要有以下几个：

（1）节约成本费用。节约成本费用不仅是旅行社经营目标的要求，同时也是旅行社风险管理目标的要求。风险管理的一项重要工作是避免产生不必要的成本费用，控制由于处理损失而形成的额外成本费用。如果不对成本与费用进行合理的控制，就会降低旅行社经营利润、增加经营风险。

（2）满足外部要求。在旅行社经营过程中，许多经营风险是来自企业外部环境的。如政府的各项规定、旅游者的特殊要求、环境的保护、相关企业的合作关系等。如果处理不当，就会使旅行社产生经营风险。因此，在风险管理过程中，旅行社必须满足外界的基本要求，否则就会影响企业的社会形象，造成企业声誉与经济上的损失。

（3）合法经营。旅行社在其经营过程中，要有效地实施风险管理，控制损失，就必须使企业的经营活动在法律与制度许可的范围内进行。旅行社风险管理的一个重要内容就是运用各种法律规定，使经营活动具有法律依据，具有合法性。因为，违法及违抗制度的规定，就会受到罚款以及控告，从而产生损失，形成经营风险。

2. 损失后风险管理的目标

在旅行社风险管理过程中，损失发生后的管理目标主要有以下几个：

（1）继续经营。旅行社在产生经营损失后，如果这种损失还不足以造成企业破产，继续经营便是最基本的目标。旅行社在损失发生后继续经营，可以巩固旅行社与旅游者之间的关系，防止旅游者转向竞争对手。否则，客源市场占有率将会降低，对企业所造成的经营损失将会进一步扩大。一般情况下，在经营损失发生后继续经营，会增加一定数量的额外成本费用，这时，旅行社要识别不允许中断的经营活动及可能中止的意外事故或经营风险，以防经营损失的进一步发展。

（2）稳定经营收入。旅行社在产生经营损失后，要冷静地分析损失对经营收入目标实现的影响程度，如果这种损失还可使企业继续经营，稳定收入便是最重要的目标。在一般情况下，旅行社在确定经营目标时，往往将收入目标控制在一定的范围内，因此，只要经营收入的波动没有超出这个范围，那么就属于正常现象。当损失发生后，旅行社可以通过合理运用保险及其他风险转移技术，将经营收入的波动控制在计划范围之内。

（3）承担社会责任。旅行社在产生经营损失后，如果这种损失尚不足以影响企业收

入的稳定，承担一定的社会责任便是一个可选用的目标。意外经营损失的发生，不仅会对旅行社产生影响，还会使企业员工、旅游者以及其他相关企业也因此产生利益上的损失。旅行社的管理者或经营者应自觉承担一定的社会责任，努力将各种社会利益损失减少到最低限度内，从而保持旅行社良好的市场形象和社会形象。如2020年新冠疫情期间国旅总社和中旅总社，免费为已确诊的游客取消其已预订的旅游产品，其全部损失由旅行社承担。

二、旅行社风险管理的实施

（一）树立风险意识

在我国，旅行社对风险管理的重要性目前尚未引起足够重视，因此也未积极采取措施去防范各种风险。大多数旅行社中没有专门的负责风险管理的组织或专门机构，人员配置上也没有吸纳风险经理、风险顾问等专业人士。同时，由旅行社自身可以控制的原因造成的接待事故、财务风险等高风险事件频发，也暴露了旅行社对风险管理的忽视态度。在旅游业比较发达的国家，旅行社管理者对这一问题则极为重视，一般设立专门机构或专人来分析、控制旅行社经营中可能出现的风险。旅行社必须转变观念、树立风险意识。

（二）建立风险管理组织

在一些旅游业比较发达的国家，部分较大的旅游批发商、经营商内部设立了专门的小型组织或机构来专门开展或涉及风险管理工作，如风险事故委员会等。这些机构的工作内容涉及旅行社的风险预测、预防、控制和风险事故的处理等方面。一些旅行社还专门聘请了风险经理或风险顾问。也有一些国家在旅行社外部设立专门组织，处理旅游意外事故，如日本的"紧急事故委员会"。

旅游意外事件的处理不仅需要专门知识和技巧，同时很多问题的解决也有赖于旅行社内部各部门的共同配合。设立专门风险管理组织的优越性在于可以使该组织既具备相关知识与处理方法，又可以在第一时间迅速反应，并召集相关部门解决问题。而如果发生问题后层层上报，由总经理做出决策后，再指定某一部门负责解决，这一部门再到其他部门去协调，则往往浪费了宝贵的时间。根据旅游意外事件还需进行应急预案制订，并且进行预案演练，每年应对应急预案的适宜性进行评估，并适时修订。

因此，有条件的旅行社都应该设立专门机构或组织来负责风险管理事宜，协调各部门开展工作。旅行社管理者要赋予风险管理部门在处理问题时协调各部门工作的权力，这样才能够统筹解决问题。

（三）分散经营风险

旅行社是高风险的行业，因此，必须在经营中尽量降低及分散风险。通常可以采用以下几种方法。

1. 与供应商订立保证合同

旅行社的很多责任风险是由于旅游供应商的失误造成的。针对这种情况，旅行社可以在与供应商订合同时专门订立保证条款，一旦发生问题，就可以对供应商的过失进行追索，以降低责任风险。

2. 多元化经营

多元化经营通俗地说就是"不要将鸡蛋放到一个篮子里"。旅游业具有季节性、易波动性等特点，而通过投资于其他行业或地区，旅行社可以分散经营风险，提高抗风险能力。很多时候，在其他产业的发展也可以为旅行社业带来客源，可以从一定程度上缓解市场风险。旅行社经营的多元化主要有股权多元化、产品多元化、经营多元化和地域多元化等形式。

3. 集团化经营

集团化经营是增加企业经营稳定性、降低风险与波动的有效途径。通过集团化经营、横向一体化、纵向一体化、跨行业联营等策略，可以将经营风险化整为零，增加旅行社抗风险能力；同时，集团化使一部分旅行社的外部风险内部化，有利于对一部分财务风险、市场风险、责任风险的控制与管理。

（四）积极参加保险

保险公司等外部化组织可以为旅行社提供专业服务。旅行社应该充分利用这些市场化的、成熟的服务，减少意外损失。旅行社企业很多为降低成本不愿主动为旅游者投保，这种现象在国内旅游中尤为突出。随着国家政策的引导与强制，现在大多数旅行社已愿意为旅游者购买旅游意外伤害、行李损失、第三者责任等保险。此外，国家强制性实施旅行社责任保险也有利于保障旅行社的权益。

根据《旅游法》，旅行社应该提示参团人员投保人身意外伤害保险，主要为被保险人在旅游过程中提供意外伤害、身残、身故、医疗等保障，若是旅行社没有尽到提示的义务，需要承担被保险人出险相关责任，并负责赔付。另外，旅行社还应依照规定购买旅行社责任保险，以保障因旅行社疏忽或过失造成的游客人身伤亡、财产损失等，因游客自身原因造成的损伤旅行社可不担责。按照《旅行社责任保险管理办法》的要求，旅行社责任保险的保险责任，应当包括旅行社在组织旅游活动中依法对旅游者的人身伤亡、财产损失承担的赔偿责任和依法对受旅行社委派并为旅游者提供服务的导游或者领队人员的人身伤亡承担的赔偿责任。具体包括下列情形：因旅行社疏忽或过失应当承担赔偿责任的；因发生意外事故旅行社应当承担赔偿责任的；文化和旅游部会同中国保险监督管理委员会（以下简称中国保监会）规定的其他情形。

总之，只要积极参加各类保险，就可以有效地保证旅游者与旅行社双方的合法权益，从而降低旅行社的经营风险。

 【本章习题与技能训练】

提升安全意识
平安健康出游

一、名词解释

1. 旅行社风险

2. 旅行社风险管理

3. 旅行社环境风险

二、简答题

1. 旅行社风险具有哪些特征？

2. 旅行社风险管理的目标有哪些？

3. 旅行社的决策管理风险包括哪些内容？

4. 如何实施旅行社风险管理？

三、案例分析

案例 1

堵车的风险

江西婺源县素有"书乡""茶乡"之称，是全国著名的文化与生态旅游县，被外界誉为"中国最美的乡村"。随着婺源油菜花盛开，每逢周末假日，各地游客蜂拥而至，一些热门景区出现了严重堵车现象。

上午不到 9 点，婺源县江岭景区就开始堵车，随着旅游车辆的增多，景区环山公路堵塞的车辆宛如长龙，绵延近 10 千米，根本动弹不得。在晓起、李坑等热门景区同样出现堵车现象。很多旅游团队游客由于景区过于拥堵的原因，未能按团队计划行程游玩，因而，旅行社未能按照旅游合同向游客提供相应的旅游服务，给旅行社后续带来很多的问题。

请分析：

上述旅游现象给旅行社带来了什么风险？

案例 2

旅行社门市监管的风险

某城市开通了至日本福冈的首个包机航班。出于对拍摄候鸟的喜爱，来自全国各地的 18 位老摄影家，每人交了 6300 元与该城市某旅行社下设的门市部签约，参加赴日本福冈北海道四飞五日摄影采风团。然而，这些摄影家在旅游过程中却被日本一家酒店"扣留"。在向中国驻日本札幌领事馆求助后，老摄影家们才得以回国。经过相关部门调查，该团队属某旅行社设立的门市部私自接团，团队操作过程中出现经济上的一些纠葛，因此没能按合同履行职责，并且该门市部在日本没有安排地接社。

根据《旅行社条例》的有关规定，旅行社设立的门市部为非法人单位，只能从事招徕游客、提供咨询、宣传等服务，不能直接组团、接团和指派导游。而某旅行社下设的门市部私自接团，违规签订合同，违规组团和指派导游，不仅违反了上述规定，还涉嫌超范围经营。某旅行社下设的门市部引发的此事件性质恶劣，造成了很坏的影响。与此同时，某旅行社由于监管不力，也难逃责任。由此可见，旅行社门市的违规操作、旅行社自身监管不力等很可能给旅游企业带来巨大的经营风险。因此，旅行社门市的管理对旅行社来说也是至关重要的。

请分析：

旅行社应如何对其门市进行监管，从而避免经营风险呢？

四、实训项目

学生分组，实地调查当地 5 家旅行社，了解其安排旅游活动过程中经常遇到的人身及财产风险有哪些种类。

五、网络学习

请从网络上查找责任保险的相关资料，分析当前我国旅行社责任保险统保示范项目的落实执行情况。

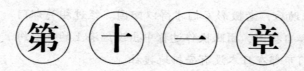

旅行社信息管理

![导入语图标] 【导入语】

　　信息技术对旅行社行业有着十分重要的影响，对旅行社进行有效的信息管理将会影响旅行社的未来发展。本章将分析旅行社管理信息系统的定义、特点、功能需求及相关结构，阐述信息管理对旅行社的作用、信息系统开发步骤及相关注意事项；介绍旅行社电子商务的现状与趋势，分析旅行社开展电子商务的关键之处以及我国旅行社的电子商务模式。

　　本章知识结构图如下：

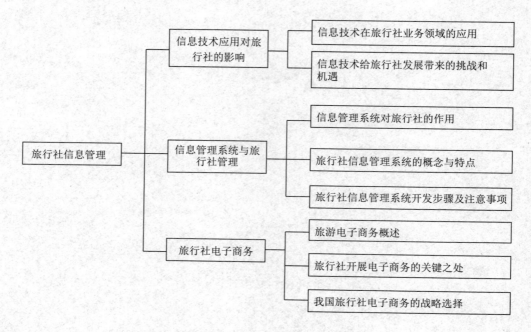

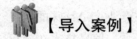

【学习目标】

1. 解释信息技术对我国旅行社企业的影响；
2. 描述旅行社信息系统开发的步骤以及相关注意事项；
3. 运用电子商务理论，分析旅行社开展电子商务的关键环节；
4. 操作简单的旅行社信息系统；
5. 树立互联网思维，增强对我国信息技术发展自信，增加旅游信息管理学习兴趣。

【课程思政元素】

行业认同感、职业自信、家国情怀、爱岗敬业。

【学习重难点】

1. 学习重点：旅行社电子商务；
2. 学习难点：旅行社与信息技术的融合。

【建议学时】

4 学时

【导入案例】

广之旅的信息化建设

广之旅成立于 1980 年，是华南地区规模最大、实力最强、美誉度最高的旅行社，是全国旅行社中唯一被国家信息产业部指定的"国家电子商务试点单位"。

2014 年，广之旅与 IBM 联合宣布，共同启动"广之旅转型升级信息化建设项目"，以实现广之旅以客户为中心的业务转型。在此次合作中，IBM 通过对广之旅业务进行全面调研评估，为广之旅制定了涵盖整合营销、社交网络管理、会员管理、商品管理、渠道管理 5 大方向的转型规划，具体如下。

一是整合营销转型：IBM 帮助广之旅建立基于数据分析的整合营销管理体系，实现对跨部门营销管理流程的支撑，使传统门店可以基于在线客户浏览与消费数据分析，为客户提供针对性的服务或产品，实现整合的精准营销。

二是社交网络管理转型：搭建广之旅自己的客户互动平台，拓展广之旅与客户在新

网络平台上的交流与服务能力，加强客户黏性和忠诚度。

三是会员管理转型：统一管理积分池和积分商城的商品采购及兑换，并利用 B2C 平台信息收集的优势，通过在线客户分析模型，对客户进行深度评估，并基于分析结果优化 SEM、邮件、SNS 营销的投资回报率。

四是商品管理转型：IBM 从在线销售难易程度以及对业务贡献重要性两个维度对产品进行分析排序，并根据客户需求，逐步丰富在线销售旅游商品品类。同时，IBM 帮助广之旅制定线上线下不同的品类结构及定价机制，实现线上线下协调发展。

五是渠道管理转型：选择合适的地区和产品重点突破 B2B 同业批发业务，在渠道建设和管理上重点建立代理商分级管理体系。与 IBM 的合作使广之旅的战略规划成果得到有效落地，大幅提升企业的整体管理水平，使业务运营更加规范化、可视化，为业务决策提供高效的平台和科学依据，有效推动广之旅的转型升级。

请问：

1. 广之旅是如何进行全面转型升级信息化建设的？

2. 中小旅行社又应该如何应对信息化的挑战呢？

3. 信息技术对中国旅行社的发展又将产生怎样的影响？

第一节　信息技术应用对旅行社的影响

随着大数据、人工智能、5G 等新一代信息技术在经济社会领域的广泛运用，世界正迈入数字经济新时代。旅行社业是信息密集型和信息技术依托性产业，是特殊的信息服务业，这一特点决定了信息技术与旅行社业之间的深层次互动关系。信息技术在旅行社企业的应用，具体体现在内外两个方面。对内主要是指运用信息管理系统实现企业管理的规范化、科学化和现代化；对外是指旅行社企业开展电子商务，利用互联网开拓市场，在一个更大的范围树立企业的良好形象。

一、信息技术在旅行社业务领域的应用

信息技术在旅行社企业的运用，主要体现在旅行社内部管理环节、旅游信息咨询环节、旅游预订和销售环节。

（一）信息技术在旅行社内部管理环节的运用

利用信息技术开发的信息管理系统，可以让旅行社企业摆脱手工作业的原始操作方式，大大提高旅行社的管理水平。例如，世界领先旅行社企业——日本交通公社，早在1980 年就建立了自己的"旅行—3 型"系统。该系统不但具备财务、人事、工资等办公

自动化功能模块，而且实现了旅游咨询和预订功能，可以自动平衡各旅游线路的客流量和旅游者统计分析，以及将经营状况进行综合或单项分析等功能。中国旅行社企业虽然在这方面起步较晚，但却发展很快。目前，国内已经出现了上海金棕榈、南宁美狐、武汉新干线等专业提供旅行社管理软件的第三方软件提供商，而且业内领先企业通过自主研发或合作开发的方式，建立了自己的信息管理系统。例如，旅行社行业第一个 A 股上市公司中青旅和国内著名 ERP 软件提供商浪潮通软合作，利用信息技术建立了旅行社企业 ERP 管理系统，实现了旅行社业务操作的流程化和透明化。

（二）信息技术在旅游信息咨询环节的运用

旅游者产生旅游动机的前提，是通过收集旅游信息，分析各种旅游产品的性价比，从中找到最适合自己的旅游产品。旅游者获得旅游信息的途径，主要有亲友推荐、报纸、杂志、广播、电视、旅行社印制的宣传品以及网络平台等。信息技术的快速发展，尤其是移动互联网的普及，为旅游者提供了一种更加快速、便捷的信息渠道。目前，大多数旅游者都是通过移动互联网获得各种关于旅游目的地的信息。其中包括各国旅游风光，旅游活动项目，各种包价旅游线路、日程、价格，旅游饭店的设施、等级和房价等。在这种情况下，很多旅行社也都设立了自己的网站，建立微信公众号，通过企业微信来解答游客提出的各种旅游方面的咨询问题，从而促进旅游产品的销售。信息技术在旅游信息咨询领域中的应用，使旅游产品的表现形式变得更加多样化和形象化。但需注意对于特定旅行社产品的特定信息，应予以描述说明。同时旅行社的网络平台应为旅游者针对旅游产品信息的查询和交流提供必要的辅助手段。例如，在旅游网站上，可以用精美的图片、旅游录像、旅游攻略等多种表现形式来描述旅游产品，有助于旅游者了解更多的旅游信息，从而做出正确的选择。信息技术的广泛应用虽然为旅游者提供了更多、更直接的旅游信息咨询渠道，但对于大多数缺乏旅游经验的大众旅游者来说，接受旅行社的专业咨询服务，依然是选择合适的旅游产品的重要渠道。

（三）信息技术在旅游预订与销售环节的运用

信息技术在旅游预订和销售环节的应用，主要体现在两个方面。一方面，是利用信息技术开发的全球分销系统（GDS）大大提高了旅行社的工作效率，拓展了旅行代理商旅游产品的供应渠道。其重要性如同电话、传真、电脑。我国旅行社一般从航空公司开发的机票预订系统或从第三方公司的机票销售平台进行机票预订。另一方面，是利用信息网络技术建立的旅游网站，已经实现了旅游产品的预订和销售。例如，全球最大的在线旅行社之一 Expida 的主要业务就是各种旅游票务（机票、火车票、船票等）、饭店以及各种旅游行程产品的网上销售。在我国，如携程、途牛、同程的重要业务也是进行旅游产品网上销售。

二、信息技术给旅行社发展带来的挑战和机遇

（一）信息技术对旅行社行业的挑战

1. 信息技术对旅行社现有业务的挑战

"信息不对称"是旅行社企业存在的市场基础之一，随着互联网的快速普及，旅游者可以在网上获得任何想获得的旅游信息、购买旅游产品，信息技术的广泛应用，正在对旅行社赖以生存的基础构成严重的威胁。威胁主要表现为：

（1）互联网自动查询的功能帮助游客搜寻大量信息。互联网自动查询功能可以让旅游者仅输入一个关键词，就找到大量的相关旅游信息。旅游者可以利用日益广泛的互联网接入通道，随时随地查询预订全世界的航班和旅馆，甚至可以购买部分"机票＋饭店"自由行小包价旅游产品。由此可见，旅行社的旅游信息咨询服务将直接受到互联网的挑战，甚至会丧失一部分传统的旅游业务。

（2）互联网上提供的订单式组合旅游产品，将会对旅行社的全包价组合旅游产品形成挑战。全包价旅游产品，是旅行社凭借自己的业务网络和强大的影响力，进行大规模采购然后重新组合的旅游产品，可以让旅游者享受到有保障的全面优质服务。但是全包价旅游产品的缺点是旅游者一旦参团就要完全服从旅行社的安排，自主权有限。互联网技术的发展使旅游者可以在网络上获得各种各样的旅游信息，并将自己感兴趣的信息进行组合，形成符合自己需要的旅游产品。虽然这种产品价格比全包价旅游产品稍高，但具有自主性和选择性，受到了一部分经验丰富的高端旅游者的欢迎。随着旅游市场的不断成熟，这种利用互联网自己设计旅游产品、自己预订成行的散客旅游方式，将对旅行社的全包价旅游产品带来冲击。

2. 信息技术对旅游代理商的影响

旅游代理商是通过向旅游者提供各种旅游信息咨询和帮助旅游者预订机票、饭店、旅游线路等旅游产品，获得旅游供应商或批发商的佣金收入的。信息技术的日益普及，使旅游者可以通过网络自行预订相关服务，因此纯粹接受预订的旅游代理商将逐渐消失。旅游代理商将发展成为"旅游顾问"的角色，必须依靠自己的能力收集大量旅游信息，并将这些信息进行分类整理，从而向客人提供各种"不带有任何偏见"的忠告，帮助客人选择恰当的旅游景点、出行时间、出行工具，在帮助游客节省开支中获得报酬。

3. 信息技术对旅行社企业信息安全的冲击

各种类型的旅游信息是旅行社企业生存的基础，随着信息技术的普及，企业信息网络的安全管理问题就显得日益突出。例如，国内某旅行社企业建立了一个野外活动俱乐部论坛，为热爱户外运动的旅游者提供专业的咨询服务，由于定位准确、服务到位，受到了旅游者的追捧。但后来，因受到网络黑客的攻击而使客户资料全部丢失，企业遭受了巨大的损失。同时，旅行社企业实行信息化管理之后，一部分企业核心机密，如采购协议、客户名单等，要在一定范围内实现共享，才能提高企业的运作效率，但这种共享也给企业的信息管理提出了挑战，所以在相关网站中应有详细的隐私保护声明。国内某著名旅行社就曾经发生因主要管理人员离职，利用掌握的企业核心机密与企业展开不正当竞争，最终导致双方对簿公堂。信息技术的快速发展也导致了各种计算机病毒的泛滥，病毒巨大的破坏作用，对信息技术在旅行社行业的应用也构成了严重威胁。

（二）信息技术给旅行社行业带来的发展机遇

1. 提高旅行社的工作效率和管理水平

信息技术的应用，有利于旅行社实现业务运作的流程化和透明化，从而大大提升运营效率和管理水平。一方面，旅行社可以运用信息技术提供的电子邮件和电子订单，进行网络采购和预订，这样不但可以节约大量的时间，而且可以节省大量的通信、人力等运营成本；另一方面，旅行社利用信息技术建立的企业内部信息管理系统，可以实现资源管理、客户管理、产品管理的流程化和透明化，从而在企业内部实现资源共享；信息管理系统具有多角度的业务统计和分析功能，可使高层管理者及时掌握市场动态；信息管理系统的财务管理模块，可以有效地控制企业的成功支出，从而使管理者及时掌握企业的动态财务状况，避免企业财务危机的发生。综上所述，企业信息管理系统可以帮助管理者更加清晰地了解企业运营状况，对于提升企业管理水平有着不可估量的作用。

2. 增加旅行社收入

信息技术在旅行社业务流程管理中的应用，提高了旅行社的收益管理能力，信息化可以实现旅行社业务流程的透明度，可以使管理者了解某一旅游产品的市场销售状况和利润情况。由于旅游产品具有不可储存的特点，因此，旅行社推出的大型包价产品和散客成团产品，必须在截止日期实现最大限度的销售。信息技术可以帮助旅行社实现对此类大型产品的销售监控和管理，从而帮助管理者做出正确的定价与销售决策。另外，信息技术的应用可以帮助旅行社实现网上预订和销售，节约大量的时间、人力和其他成本，为企业增加一个成本低、效率高的营销通道。

3. 提高旅游者的满意度

信息技术的广泛应用，可以帮助旅行社企业提高旅游者满意度，从而建立忠诚的旅游消费者群体，形成旅行社企业的数据库资产。

旅行社通过自己旅游网站的产品预订功能，为旅游者提供产品组合预订服务，旅游者根据自己的特殊爱好选择恰当的旅游信息，通过旅行社的组装指导，形成具有个性化的旅游产品。这样，可以帮助旅游者实现网上自助组合开发旅游产品的梦想。信息化管理系统还可以帮助旅行社建立客户档案管理系统，为客户提供更好的旅游售后服务，建立在线交易售后服务制度，制定有效的售后服务流程，提供完整的售后服务保障，建立在线旅游服务质量回访制度，在旅游过程结束后，可进行旅游质量回访，从而提高旅游者的满意度。旅行社企业作为服务性企业，在长期服务过程中建立起来的忠诚客户数据

库，能成为旅行社企业具有战略重要性的隐蔽资产。拥有这样一个数据库本身，就是竞争者进入的障碍，然而更重要的是能从数据库中挖掘出游客旅游消费习惯的组合，进而抓住机会开发新的旅游产品，实现定向营销和服务，可以极大地提高客户的忠诚度。例如，美国某旅行社通过长期努力形成了一个庞大的客户数据系统，企业的产品设计人员通过认真研究其会员的年龄差异，发现不同年龄段旅游者的消费习惯有着很大的不同，因此，该旅行社按照年龄将客户数据库进行细分，然后按照他们的消费习惯设计旅游产品并进行定向营销，取得了很好的效果。由此可见，旅行社在游客第一次购买产品时就掌握了游客的数据，从而抓住与游客建立永久关系的良机，并为将来创造出新的或变化的旅游服务产品打下潜在的基础。

4. 提高旅行社企业的核心竞争力

目前，中国旅行社业存在着进入门槛低、竞争激烈、利润率低的问题。信息技术在旅行社业的广泛应用，可以实现一定程度的规模经济，增加旅行社企业的市场份额，为游客提供更加具有个性化的优质服务。旅行社投资于通信网络，利用数据库与信息技术等技术手段形成的战略优势，有助于企业核心竞争力的形成。旅行社利用信息技术形成核心竞争力的方式，主要有建立预订系统，实行俱乐部会员制，以及通过搞好与顾客的关系增加顾客的转换成本等。

【相关资料】

广东旅控：探索"新媒体数字化创新营销"

2020年，新冠疫情的发生，让广东省旅游控股集团有限公司（简称"广东旅控"）的酒店、旅行社等核心业务受到巨大冲击。为稳定业务与员工队伍，结合疫情防控期间顾客的生活及消费特点，广东旅控及时调整营销方式，通过融合创新的营销方式进行生产自救，增加经营收益，同时宣传和扩大集团品牌影响力，为未来发展锻炼队伍、积累经验，努力实现转型升级。

一、主要内容

2020年2月24日，农历二月初二，是我国民间传统节日"龙抬头"，当天，广东旅控开启"暖春行动、全员营销"新媒体营销系列活动。

（一）全员分销

活动以"东悦游"分销平台为基础，开启广东旅控产品全员微店营销模式。在充分挖掘自有产品的同时，广东旅控积极主动承担社会责任，为农民想出路、为农产品想销路，上线了惠州、湛江、高州、梅州等地水果蔬菜、粮油米面等，并从产品取名、品质筛选、包装打包、物流配送方面全面指导，解决农产品滞销难题。

（二）电商直播

疫情防控期间，为把握市场风口，广东旅控从零经验开始，开展系列直播。为推进疫情防控常态化下复工复产复业工作，提振旅游市场信心，集团响应省文化和旅游厅"广东人游广东"的号召，于2020年4月25日晚，举办了"广东有诚意，暖心游羊城"水陆空大型直播活动。广东旅控结合电商节、旅博会等活动，组织属下企业开展了十多场直播带货活动，并不断优化直播内容、强化企业品牌传播力度。在直播效果呈现上，从单纯的带货向"带货＋文化""带货＋助农"转变，向体验式直播、沉浸式直播转变，向世界推介广东，向广东推介世界。

（三）短视频营销

2020年7月28日，广东旅控联合抖音打造沉浸式西关风情的"抖in西关 月饼推介会"，吸引省内外50家大型经销商到场，珠江电视台、"东悦游"小程序、"粤食家"抖音号同步直播，《羊城晚报》《广州日报》《南方日报》《南方都市报》《信息时报》等十几家传统媒体及新媒体同步报道，吸引大量关注。

二、社会反响

通过借助社群营销、直播、短视频等新营销手段，广东旅控在艰难时刻进一步宣传了企业品牌、扩大了集团品牌影响力，为疫情防控下顾客的生活带来了方便和实惠，取得了一定的经济效益和社会效益，为传统旅游企业探索转型升级提供了有益参考。

截至2020年11月底，广东旅控共开展300场直播，营收4000多万元，其中，孵化的"东悦游"自有直播平台，功能逐渐加强、产品日渐丰富、服务逐渐完善，累计进行直播150余场，上线产品3100多款，营业收入超3040万元。截至2020年11月底，广东旅控通过一系列融合创新的营销方式，共计为集团带来过亿元的增量收入。

三、经验总结

在一系列生产自救活动中，广东旅控的各项举措不仅是应时之需，也是长久之计，借助电商、直播、短视频等多种形式，打造自有流量"护城河"，拓展具有广东旅控特色的电商经济。同时，秉承产品和服务才是"杀手锏"的信念，广东旅控将继续打磨产品质量、提升服务水平，继续拥抱互联网和数字经济，继续多组合、多层次利用各类新营销工具，寻求更大更广阔的市场和机会，为传统旅游企业转型升级和高质量发展积极探索可行之路。

第二节　信息管理系统与旅行社管理

现代信息系统最早、最成功的应用领域就是旅游业。旅游业是向出门在外的旅游者提供食、住、行、游、购、娱综合性便利服务的产业，在这一产业里从事经营活动的各

类企业的根本宗旨就是为顾客提供各种服务，可以说优质的服务是旅行社、旅游饭店、旅游汽车公司等旅游企业的最基本目标。因此，以计算机和通信技术为基础的信息技术依靠其基本的数据处理能力和快速的信息传递速度，从一开始就被应用于向旅行者提供优质服务。当前，越来越多的旅行社企业开始通过寻求第三方服务、合作开发、自主研发等多种方式，寻求适合自身业务特点和需要的信息管理系统。

一、信息管理系统应用于旅行社的作用

在旅行社中，信息系统可以辅助旅行社进行对外销售、接待安排、陪同管理、信息服务、财务结算、成本分析和财务账目管理等活动，可以满足旅行社业务活动中一、二线管理人员的多种需要。信息管理系统的广泛应用，将对旅行社的发展产生很大的促进作用，主要体现在：

（一）提升旅行社的企业竞争力

旅行社信息管理系统在业界的广泛应用，可以大大提高企业的竞争能力，对于大型旅行社企业的作用就更为明显。因为企业规模的扩大，必然会带来机构庞大、管理失效的弊病，信息管理系统可以实现业务运营的动态控制，企业异地管理的难题随着信息管理系统的实施迎刃而解。这样，会有利于培育规模化、扁平化、标准化、程序化的企业管理新格局。在经营方面，时空无限的虚拟信息网络与旅游企业集团全国延伸的实体经营网络相互呼应，网站品牌与企业品牌强强联合，构筑了旅游企业集团的经营优势，并增强了旅行社企业集团的扩张能力。

（二）规范旅行社业务操作流程

旅行社信息管理系统使企业实现了从前台接待到计调工作的流程化。例如，以一个做组团的计调人员为例，信息管理系统实现了从某条旅游线路的设计到报价，再到房、餐、车等计调工作安排的流程化。信息管理系统实现了旅行社企业真正意义上的办公无纸化。另外，企业业务操作所有的单据都由计算机进行管理，一份正规的单据（如团队确认单、报价单）可以充分地展示一个企业的形象和正规化程度，有利于企业形象的塑造。

（三）实现对客户有效管理和跟踪

客户是旅行社企业的基础，随着经营业务的发展，客户也会随之增多，而客户资料的保存、积累和利用是至关重要的。由于种种原因，中国旅行社业高比例的人才流动，使很多旅行社总经理备感头疼。一位重量级的业务员往往可以带走企业 15% 以上的客户，使企业损失惨重，而信息管理系统的广泛应用则可较好地解决这一问题。当前台接待人员接待某一客人时，这个客人的所有资料就会自动累积到软件的数据库中，业务员的客户拜访计划、拜访记录、成交记录也可以在系统中形成档案资料。这样，即使某一

员工离开，客户资料依然会在企业的数据库中，企业可安排其他相应的人员进行跟踪。客户数据库还可以使业务人员根据客户的资料确定合适的客户拜访时间和向客户推荐恰当的旅游产品，从而提高企业营销的效率。

（四）有效规避旅行社财务风险

旅行社须掌握旅游要素的各种服务信息，才能有效地进行业务运作。例如，机票和火车票的信息、饭店的客房和服务指引、景点门票价格、地接服务的项目及报价等。同时，旅行社企业又是各类旅游服务要素产品的销售机构，尤其是旅游旺季，每天都有大量的往来账款，信息系统的应用，可以实现对这些收入结算信息的系统管理，使企业财务状况实现动态透明管理，进而，使企业有效地控制结算周期和应收账款。这样，不但可以提高营销人员的工作积极性，而且还可以实现对企业财务风险的控制。

（五）更好服务于旅行社战略管理

中国旅行社业绝大多数的总经理，是企业最大的业务员和总计调，不敢从业务中脱身，总是忧虑、担心，甚至是害怕对企业的业务失去控制，根本没有时间去考虑企业发展战略和很多更重要的问题。信息管理系统可以使企业的业务运作透明化，员工的所有业务活动全部反映在信息系统中，总经理可以随时了解企业的业务收入、业务成本及业务利润等信息。这样，总经理就有时间从更高的层面考虑企业的发展战略问题。

二、旅行社信息管理系统的概念与特点

（一）旅行社信息管理系统的概念

旅行社信息管理系统是利用计算机技术和通信技术，对旅行社经营的所有信息进行综合管理和控制的以人为主体的人机综合系统。旅行社信息管理系统的职能是对旅行社生产服务过程的管理实现信息化，从而提高旅行社的生产效率和管理效率，同时提高旅行社的市场竞争能力，满足现代人旅游的个性化服务要求。

根据各类旅行社的对外业务需要，可以将信息管理系统分为国内旅游管理系统、出境旅游管理系统、入境旅游管理系统；根据旅行社的业务流程，可分为旅游产品采购设计系统、销售管理系统、计调落实跟踪管理系统、财务结算管理系统、旅游资源管理系统等。这些系统主要满足旅行社的以下功能需求：组团功能，负责收集市场信息，组织开发旅游产品，制订组团接待计划；接团功能，负责团队的接待工作，及时解决接待中出现的异常问题；导游功能，根据客户要求，合理配备导游员，具体做好接待工作；散客功能，主要为海外游客提供小包价为主的旅游服务（区别于团队）；交通功能，负责联系车辆运输部门，准时出票和团队行李的运送；计调功能，做好接待团队计划，具体落实旅游中的票、房、车、餐等内容；财务功能，负责对企业的财务核算、决算以及经

济活动分析等事务；综合业务功能，主要是管理各种价格信息，负责对价格进行审批、检查、监督，并对旅游市场进行调研和分析。不同旅行社根据其经营规模的大小，其功能需求也是不同的，有的虽然都具备相同的功能，但由于规模的不同，其职能的范围和形式都有很大的差异。旅行社管理信息系统在满足了以上旅行社业务处理的功能需求之外，还必须具备对数据资源信息、客户资源、旅行社物资供应链进行管理与利用的功能。目前大部分的旅行社管理信息系统仅能完成旅行社的业务处理，在企业信息资源规划、客户资源管理、产品开发以及供应链管理等方面功能还不够完善，在面向未来旅行社管理信息系统中，必须进一步满足这些旅行社的功能需求。

从旅行社内部业务需要的角度出发，旅行社管理系统又可以分为：财务管理系统、人事管理系统、办公管理系统、总经理管理系统等。这些系统主要满足以下功能需求：第一，办公室管理，主要处理日常办公事务，如文件、档案的管理，经营协调、财务报表的处理等。第二，人事管理，主要处理人事方面的事务，如培训记录、晋升记录、奖励记录等，也包括工资管理等内容。

（二）旅行社信息管理系统的特点

相较于传统的旅行社业务管理手段，旅行社信息管理系统具有以下几方面的特点。

1. 具备快速处理大量信息的能力

旅行社管理涉及的信息量很大，特别是旅游产品的信息。旅行社所收集的旅游产品信息越多，旅游消费者获取满意产品的概率就越高，而且旅行社经营的产品涉及旅游交通、旅游景点、饭店、餐馆等行业和部门，相关信息处在不断的变化之中，其时效性是很短的，有的只有一天，有些信息甚至只有几个小时。因此，旅行社管理信息系统必须及时更新系统中的信息，把最有效的旅游信息介绍给旅游消费者。

2. 具有较强的交叉处理能力

旅行社是旅游产品销售的中间商，组织、销售旅游产品，为旅游消费者提供服务是其主要业务。旅行社的每一笔业务都必须通过各个部门的协作来完成，如一个旅游产品的销售，需经过销售、计调、接待、陪同、财务结算等环节，为满足这个流程中信息流向的交叉互动，要求旅行社管理信息系统具备很强的交叉处理信息的能力。

3. 具备灵活的个性化处理能力

现代旅游对个性化的要求越来越高，为迎合这种发展趋势，旅行社管理信息系统必须利用 Internet 网络技术和信息处理技术，为个性化旅游提供个性化的服务。如对散客而言，旅行社通过提供完美的信息服务，旅游者可以自己确定旅游线路、自己选择住宿和饭店等，实现自主旅游。对于团队旅游而言，旅行社在组织旅游者外出旅游过程中，通过信息服务系统，可以及时向旅游者提供旅途生活的各种个性服务。

由于旅行社管理信息系统的以上特点，旅行社的经营管理就特别适合使用计算机信息系统，特别是基于 Web 的旅行社管理信息系统，对旅行社的信息收集与客户的信息互动将有很大的帮助。旅行社信息管理系统应保留交易环节所有信息记录，并保证信息在存储期内供交易双方随时查询。旅行社管理信息系统对提升旅行社的经营能力、市场竞争能力将有不可估量的作用。另外在旅行社之间难免有旅游产品价格等方面的商务机密，这就要求旅行社管理信息系统具备一定商务信息保密功能，而计算机系统对价格的保密和商务信息的保密是最有效的。

三、旅行社信息管理系统开发步骤及注意事项

由于旅行社的行业特点，旅行社信息管理系统又具有信息量丰富、保密性强等特点，在信息系统开发过程中，一定要结合旅行社的行业特点和企业特性。考虑到旅行社外联、接待人员的工作特点，保证系统良好的交互性和人机对话的方便性，旅行社信息管理系统的开发，一般可以分为自主开发、合作开发和采购第三方成熟软件三种方式。大型企业一般采取自主开发或合作开发方式，中小型旅行社以采购第三方成熟软件为主。

（一）旅行社信息管理系统开发的基本要求

1. 满足用户需要
开发新系统必须保证系统能够被用户接受。

2. 系统功能完整
功能是否完整，是指能否覆盖组织的主要业务管理范围。同时，还表现在各部分接口是否完备，数据采集和存储格式是否统一，各部分是否协调一致。

3. 技术先进
正确认识各种先进技术的优劣长短，从而根据组织的实际情况和未来发展将其合理地运用到管理信息系统开发中去。同时，不要一味为了先进，而忽视了技术本身的成熟性。

4. 实现辅助决策
许多组织的决策任务非常复杂、耗时，而决策关系到组织的兴衰，因此所有组织都需要决策支持系统。

（二）旅行社信息管理系统开发的步骤

旅行社信息系统的开发应用，是企业的一个系统工程，涉及多人、多部门，跨越多个阶段，一般情况下，信息系统开发应该包括以下几个步骤。

1. 系统规划，制定企业信息管理系统的实施计划和目标
确定实施旅行社企业信息化管理的目标和计划，包括远景规划和近期目标，并根据本企业和旅行社行业的情况确定其所要求的特殊功能，为技术实现提供决策依据。

2. 进行业务流程重组

信息技术为信息管理系统的实现提供了技术可能性，但真正的实施工作，仍来源于整个旅行社的业务过程。应根据项目实施的目标，规划和调整旅行社企业的业务流程和组织结构，根据旅行社企业的特点，分析和优化每个部门的业务流程，实现与信息管理系统的协调与配套。

3. 获得企业上下支持，组建信息管理系统项目小组

旅行社企业内部信息管理系统，涉及销售、客户、计调、财务、技术支持等众多业务领域，获得企业上下支持、争取全员合作，是信息管理系统成功的必要条件之一。不仅如此，还要从各部门物色适当人选组建信息管理系统项目小组，实现最佳配置，为项目的顺利实施做好充分准备。

4. 选择软件和供应商

软件的选择，应根据远景规划和近期目标，基于企业现有的技术基础和业务要求，寻求适合本企业状况的信息管理系统模块。同时，供应商的选择也非常重要，一般情况下，应选择具有信息管理系统实施成功经验，能提供良好售中、售后服务的软件服务供应商。

5. 进行员工培训

信息管理系统的成功应用，要靠旅行社企业管理人员和技术人员的共同努力。旅行社企业应保证员工接受企业内部培训和供应商提供的外部培训，掌握并熟悉信息管理系统各功能模块的使用，以确保数据转换工作的顺利进行。

6. 企业信息管理系统的维护

信息管理系统应能向相关人员提供性能指标，在正式开放前对系统进行测试，对不能满足需求的部分进行改进，直至达到最佳状态。

（三）旅行社信息管理系统开发的注意事项

旅行社信息管理系统的开发和应用，是关系到企业命运的一件大事。所以，不能简单地把它看作仅仅是一个纯粹的信息技术项目，要保证旅行社信息管理系统开发的成功，应该注意以下事项。

1. 领导重视是前提

旅行社信息管理系统实施的重点是观念的转变、企业流程的重组和优化，IT 人员只是对系统的技术支持，管理人员尤其是旅行社企业的最高决策者，是实施工作的领导与主要参与者。企业最高决策层对信息管理系统要有深入的了解，对本企业存在的问题有客观的认识，对新系统的期望有清晰的描述，对管理的转变要有合理的预期。

2. 数据采集是基础

旅行社行业最重要、最关键的产品是数据与相关材料。这些数据与相关材料都在业务人员手中分散着。旅行社信息管理系统要想取得成功，首先考虑的是系统可以更好

地帮助业务人员做好业务，让业务人员自愿地把相关数据与相关材料放在计算机内，这样，旅行社信息管理系统才能执行下去。所以，要从思想上让相关人员有所接受，让旅行社所有员工形成统一的认识。业务人员平时工作很忙，而且他们的工作都是直接产生经济效益的。这就要求企业的 IT 人员对统一认识工作必须有足够的耐心。

3. 配合协作是关键

旅行社信息管理系统的开发应用，要求旅行社各相关业务部门的人员，应积极参与到信息管理系统的开发建设中，配合相关系统的应用；旅行社与软件服务提供商之间应该密切合作，多沟通，把需求分析做好。软件服务提供商的责任，在于向旅行社提供改进建议及技术支持。旅行社应处于主动地位，尽早地让合作方熟悉自身特点、旅游业务的需求与业务流程。

4. 重视培训是保证

旅行社信息管理系统的应用会改变一些员工的工作流程和工作习惯，而且可能会触及部分人的利益。因此，实施过程中一定要做好员工的思想工作，同时加强对员工的培训工作，以保证系统应用的成功。

5. 平衡心态是条件

在旅行社信息管理系统开发应用过程中，旅行社企业员工，尤其是高层领导，要保持一种稳定而有信心的心理状态。旅行社信息管理系统是体现现代管理思想的管理工具，但该系统在企业中发挥作用，会受到软件本身及企业内外部因素的影响，而且信息化建设是渐进的，不是一蹴而就的。因此，信息旅行社信息管理系统不是包治百病的灵丹妙药，不要寄予过高的期望值。

综上所述，旅行社信息管理系统的开发应用过程，是一个旅行社再造的过程，企业应该建立严格的管理制度，以保证旅行社信息管理系统得到正确的使用，保持对基础数据的实时更新和保存，让旅行社信息管理系统成为企业发展壮大的一个有效平台，同时在此基础上形成信息时代旅行社企业的核心竞争力。

第三节　旅行社电子商务

电子商务的产生是以信息技术发展为基础的，它是一种新型的商务运作方式，以其信息传递快、市场规模大、商品品种多、可靠性强、流通环节少、交易成本低等优点而风靡全球。电子商务给服务业之一的旅行社在经营和管理方面带来了机遇，更带来了挑战。

一、旅游电子商务概述

现代信息革命和互联网的兴起给旅游业带来了新的契机，以突破时空限制、提高旅游交易效率、降低交易成本为标志的新的商务模式，即旅游电子商务已在全球兴起。

（一）旅游电子商务的概念

旅游电子商务是电子商务在旅游业这一特殊产业领域的应用。关于旅游电子商务的概念，世界旅游组织（WTO）认为："旅游电子商务就是通过先进的信息技术手段改进旅游机构内部和对外的连通性，即改进旅游企业之间、旅游企业与上游供应商之间、旅游企业与旅游者之间的交流与交易，改进旅游企业内部业务流程，增进知识共享。"

综合以上定义，我们可以看出，旅游电子商务的内涵可从以下三个方面来理解：

首先，从技术基础角度来看，旅游电子商务是采用数字化电子方式进行旅游信息数据交换和开展旅游商务活动。如果将"现代信息技术"看成一个集合，"旅游商务活动"看成另一个集合，"旅游电子商务"无疑是这两个集合的交集，是现代信息技术与旅游商务过程的结合，是旅游商务流程的信息化和电子化。

其次，从应用层次来看，旅游电子商务可分为三个层次：一是面向市场，以市场活动为中心，包括促成旅游交易实现的各种商业行为（网上发布旅游信息、网上公关促销、旅游市场调研）和实现旅游交易的电子贸易活动（网上旅游企业洽谈、售前咨询、网上旅游交易、网上支付、售后服务等）。二是利用网络重组和整合旅游企业内部的经营管理活动，实现旅游企业内部电子商务，包括旅游企业建设内联网，利用饭店客户管理系统、旅行社业务管理系统、客户关系管理系统和财务管理系统等实现旅游企业内部管理信息化。三是旅游经营活动能基于互联网开展还需要具体环境的支持，包括旅游电子商务的通行规范、旅游行业管理机构对旅游电子商务活动的引导、协调和管理、旅游电子商务的支付与安全环境等。

最后，旅游电子商务与旅游电子政务各有侧重又相互关联，共同构成旅游业信息化的主要内涵。旅游电子商务旨在利用现代信息技术手段推广和促销旅游目的地、旅游企业和旅游产品，加强旅游市场主体间的信息交流与沟通，整合旅游信息资源，提高市场运行效率，提高旅游服务水平。旅游电子政务的主要功能包括旅游行业统计、旅游行业管理、旅游信息管理等。旅游管理的网络化和电子化把旅游管理部门从烦琐的手工程序中解脱出来，实现了以更少的人力更方便地监督和管理旅游企业，规范和治理旅游市场，提高了效率。

（二）旅游电子商务的特点

1. 聚合性

旅游产品是一个纷繁复杂并由多个部分组成的结构实体。旅游电子商务像一张大网，把众多的旅游供应商、旅游中介、旅游者联系在一起。景区、旅行社、旅游饭店及旅游相关行业，如租车业，可借助同一网站招徕更多的顾客。新兴的网络旅游公司即将成为旅游行业的多面手，它们将原来市场分散的利润点集中起来，提高了资源的利用效率。由此可见，旅游市场的规模将因导入电子商务而扩大。

2. 有形性

旅游产品具有无形性的特点，旅游者在购买这一产品之前，无法亲自了解，只能从别人的经历或介绍中寻求了解。随着信息技术的发展，网络旅游提供了大量的旅游信息和虚拟旅游产品，网络多媒体给旅游产品提供让游客身临其境的展示机会。这种全新的旅游体验，使足不出户畅游天下的梦想成真，并且培养和壮大了潜在的游客群。因此，旅游电子商务使无形的旅游产品慢慢变得"有形"起来。

3. 服务性

旅游业是典型的服务性行业，旅游电子商务也以服务为本。据中国互联网络信息中心报告，用户选择网络服务商最主要的因素，第一位是连线速度（占 43%），第二位就是服务质量（占 24%）；用户认为一个成功网站须具备的最主要的因素，第一位就是信息量大，更新及时，有吸引人的服务（占 63.35%）。因此，旅游网站希望具有较高的访问量并能够产生大量的交易，必须能提供在线交易的平台和提供不同特色、多角度、多侧面、多种类、高质量的服务来吸引各种不同类型的消费者。

二、旅行社开展电子商务的关键之处

（一）旅行社电子商务

1. 旅行社电子商务的定义

旅行社电子商务是旅游电子商务的一种，是指一整套的、基于互联网技术的、有着规范的业务流程的在线旅游中介服务，也是指专业从事旅行中介服务的企业组织建立并实施一整套基于规范业务流程的、以先进的计算机技术、互联网技术及通信技术为基础的在线旅行服务模式体系。这种服务模式的最大特点是即时地为旅游者服务，在时间上体现出快捷和便利，因此被称为在线旅游服务模式（Online Travel Service，OTS）。旅行社应用电子商务调整企业同消费者、企业同企业、企业内部关系，从而扩大销售，拓展市场，并实现内部电子化管理的全部商业经营过程。

2. 旅行社电子商务的特征

旅行社电子商务除了具有旅游电子商务的一般特征之外，还具有以下特征：旅行社电子商务的主体或载体是旅行社或旅行中介服务机构；旅行社电子商务的核心是一系列规范的业务流程；旅行社电子商务的基础是互联网技术和万维网技术的应用；旅行社电子商务的创新竞争力在于在线旅行服务模式，即旅行社通过互联网展示产品、提供在线交易和相应服务。这种服务模式的最大特点是即时的为旅游者服务，在时空上体现出快捷和便利；旅行社电子商务体系是人—机结合的系统，涉及企业运作的各个层面（产品设计、市场营销、企业管理、客户管理、资源管理、供应链管理），绝对不只是一个纯粹的机器人计算机系统。

3. 旅行社电子商务的分类

从类别上看，旅行社电子商务既有 B2B（网站对接交通、住宿、景点等企业业务），也有 B2C（网站对接游客）及 C2C（游客自行组团）等模式。从应用层次来看，旅行社电子商务可分为两个层次：一是面向市场，以交易活动为中心，并包括促成旅游交易实现的各种商业行为，包括网上发布旅游信息（包含网络旅游新闻媒体）、网上广告宣传、旅游市场调研和实现旅游交易的电子贸易活动，如网上旅游洽谈、售前咨询、网上旅游交易、网上支付、售后服务等。二是利用旅行社业务流程重组和内部网络平台建设而形成经营管理活动来实现旅游企业内部电子商务，包括旅游企业建设内部网络和数据库，利用计算机管理系统实现旅游企业内部管理信息化。

（二）旅行社开展电子商务的关键

中国旅行社企业要想成功地开展旅游电子商务应该注意以下六个关键环节：

1. 认清旅游电子商务的本质

旅行社企业的网络应用，应该建立在自身优势的基础上，而不是简单地建立一个网站。旅行社建立企业网站，是开展网络应用的基础工作。明确企业上网的目的、可用资源和客观的限制条件，才是企业成功实施网络应用项目的首要关键。旅行社经营网站必须定位明确，充分利用自己在传统旅游业务领域了解最及时、最详尽的实用旅游信息；拥有较成形的业务合作体系；拥有一定的产品开发和经营接待能力；拥有以往传统团队业务量作为支撑，采购成本和供应商关系易于控制等诸多优势，在因特网上成功实现旅游产品介绍、预订和交易功能，建立一个与游客进行双向交流的论坛，随时反馈游客的咨询，给予客户及时的回复；同时保证网站的稳定运行和及时更新，保证游客可以了解到最新的旅游信息，并顺利地在网上查询和购买。总之，实现传统业务优势和网络信息技术优势的有机结合，才能成功地开展旅游电子商务。

2. 谨慎选择电子商务技术合作者

旅行社开展旅游电子商务，应根据自身的业务特点和开发规划选择合适的技术提供方。首先，应该考虑技术提供方有无旅游行业信息化项目操作经验，对网络旅游者的需求、旅游网站运营管理，以及旅游行业的发展和业务运作有无深刻的认识。其次，应该考虑对方的技术实力，优秀的技术提供方应该能够提供需求分析、电子商务规划、网站设计、网络营销管理与执行等一条龙服务。最后，在企业旅游电子商务项目合作方式上，应该考虑合作经营的模式，采用"现金 + 后期经营收入提成"的合作方式，来保证技术提供方后期维护和后续服务的持久性。

3. 合理规划旅行社网站建设

中国旅行社企业一般资金实力不强，所以旅游电子商务网站应该"整体规划、分步实施"，建设进度以员工接受程度和市场成熟度为考虑要点，对网站建设应该分期投入，成功地进行投资成本控制，按照可拓展性和营销应用为导向的信息化规划，根据企业的实际应用需求，分阶段实施。

4. 考虑游客和员工的双向要求

旅游电子商务网站功能设置，应该满足旅游者进行旅游咨询、预订、个性化旅游产品设计等基本需求，同时须重视网站后台管理功能的开发建设，为经营维护人员提供良好的操作环境。总的原则是良好的互动性、管理智能化、操作界面友好易用。实现上述要求，才能简化操作流程，提高旅行社经营人员的工作效率和网络使用积极性。

另外，旅行社企业的网站信息内容并非越多越好，非稀缺性信息的收集发布，对于服务功能性定位的旅行社网站意义不大，只会加重维护人员的工作量。搜集更新与所经营的产品相关度高，针对性、时效性强的信息内容，加以人性化语言的编辑处理，是旅行社网站管理维护人员的工作关键，同时，也是凸显企业网站特色，树立良好形象之所在。

5. 合理应用网络营销战略

由于缺乏对网络技术的基本了解，大部分旅行社建立网站后，并不知道应该如何进行有效的推广，盲目购买大量邮件地址、发送垃圾邮件或者购买搜索引擎的登录排名服务者，还算是有一些营销意识，但这些是缺乏系统性、科学性的分散行为，远远不能达到令人满意的营销效果。因此，旅行社应该聘请专业的旅游网络营销顾问，从网站规划设计、搜索引擎、关键词选择、网页结构编排、营销邮件内容组织、一对一社区营销、网站访问效果监测等诸多环节，实施整合营销战略，才能使旅行社网站从互联网的信息海洋中脱颖而出。

6. 适当调整企业内部管理

由于行业性质、企业规模等因素的制约，旅行社企业非常重视现实效益，少有战略性的投入决策。旅游电子商务虽然对于旅行社企业的长期发展有着非常重要的意义，但由于受电子支付手段不完善、网络旅游市场不成熟等现实条件的制约，旅游电子商务可能无法实现"网站开通即盈利"的目标，这样企业网站经营维护人员的激励机制就无法兑现。有的旅行社企业甚至由业务部门员工兼职网站维护的工作，这就会使企业的旅游电子商务战略无法落到实处。因此，旅行社企业要想取得旅游电子商务战略的成功，必须认识到旅游电子商务的投入，是具有战略意义的中长期投入，必须设立与之配套的网络技术部门，聘用相关专业人员进行网站维护，同时建立与之配套的企业管理体系和分配机制。

三、我国旅行社电子商务的战略选择

在互联网日益普及的今天，中国旅行社企业必须根据自身实力和未来发展的定位，来决定自己的电子商务战略。大、中、小型旅行社企业可以分别采取不同的电子商务战略，来取得企业网络化的成功。

（一）大型旅行社企业集团的旅游电子商务战略选择

大型旅行社企业集团完全可以凭借自己已经取得业务优势和雄厚的资本实力，高瞻

远瞩地确立具有企业特色的旅游电子商务战略，成为电子商务时代的领先应用者和集中受益者。大型旅行社企业的旅游电子商务战略选择主要包括以下内容：

1. 建立涵盖 B2B、B2C 功能的企业门户网站

通过建立企业门户网络，可以将传统的业务优势和网络信息优势有机结合，形成系统的旅游电子商务解决方案。全国性或跨区域的旅行社集团实施旅游电子商务的优势最为明显，在这方面做得比较成功的传统旅游企业的代表，有青旅控股、上海春秋和广之旅。青旅控股作为中国旅行社企业上市公司的代表，投巨资用于信息化改造，如今，已形成系统的电子商务解决方案。例如，与圣达特合资成立的遨游网和青旅在线分别体现各自在饭店订房、订票和传统团队旅游方面的业务优势；与青旅控股 ERP 系统有机对接，实现信息一体化建设，网站的资讯全面，旅游线路产品信息等可由系统智能地反映到网上；网上销售、资讯，网下销售，以及内部销售管理无缝链接，B2B、B2C 有效结合，同时更突出了个性化服务。上海春秋旅行社早在 20 世纪 90 年代就通过电脑实时预订系统解决了全国分社的散客运作，显示出准确、迅速、方便的规模化统一操作优势。其后随着网络成员不断增加，形成了一个比较完善的代理商预订系统。春秋旅行社也由此迈入旅游批发商的行列。其网站春秋旅游网，将旅行社的优势产品作为网络营销的主打产品，不但得益于春秋旅行社作为旅游批发商在旅游线路价格、类型上的优势，而且利用旅行社规模订房、订票的价格优势带动商务客的运作，取得良好的效益。春秋旅行社将传统业务优势和网络技术的有机对接，成功地发展成为中国国内旅游最大的批发商之一。

2. 与新兴旅游网站的战略联盟

部分大型旅行社通过与旅游网站的战略联盟，实现了各自的优势互补，并以此为起点，为最终实现了 B2C 模式，具有在线预订、网上支付和物流配送功能的电子商务。传统旅游企业通过与旅游网站建立合作，可以占领网上销售的先机，又免去了自建网站的投资风险和网站推广面临的困难。同时，旅游网站背靠传统旅游业务的支撑，以及传统旅游企业提供的详尽、准确的第一手旅游资料，使网站内容富有鲜明独特的个性和服务风格。旅游网站还可以通过为旅游企业服务收取一定的费用，以维持其正常运营并盈利。旅游企业与旅游网站的战略与策略是一个双赢的举措。旅游企业与旅游网站的联盟方式可以是多元化、市场化的。联盟既可以通过资本手段进行战略性重组，造就大型企业集团，也可以委托旅游网站完成传统旅游企业的网络化。旅游企业与旅游网站通过组建企业集团，借助资本运营实现资源的优化组合，便于管理和运作。

【相关资料】

游云 SAAS 系统——新旅行社全链路数字化平台

旅行社资源太过碎片化、价格不透明、采购低效；服务人员参差不齐、缺标准化、

执行变形，找不到好的产品经理和设计。所以现在旅行社更希望有一套数据集中、操作简单、生态开放、全流程闭环的系统，从产品设计到资源整合再到服务质量把控全面实现线上化和数字化。

游云SAAS系统是由马蜂窝开发的新旅行社全链路数字化平台。游云SAAS系统打破供应链瓶颈，实现全方位提效，涵盖供应链资源管理、POI信息库、目的地玩法管理、产品设计及呈现、定制旅行管理、团队出行管理、财务管理等各个方面。通过一个系统，旅行社就能实现"产品设计—订单生成—团单安排—合同签署—资金收付"全流程闭环，完成发团的全部操作。旅行社日常发团的各环节都可以在系统中完成，"游云"更好地实现了办公协同与高效交付，更重要的是其方便易用，还能根据系统数据的积累以及不同类型资源、玩法等要素的沉淀，实现规模化生产。使得旅行社同等的人力可承接原本两到三倍的业务量，极大地解放了生产力。

资料来源：微信公众号"旅游产业互联网观察"，2023-08-09.

（二）中小型旅行社企业的旅游电子商务战略选择

对于中小型旅行社企业而言，由于企业规模有限，覆盖范围限于具体的某个区域，因此不可能在旅游电子商务上投入大量的人力物力。因此，中小型旅行社企业可以借助旅游网站或第三方完成企业网站的建设和维护，同时依托大型旅行社的网络资源，实现传统旅游业务和网络经营的有机结合。

1. 借助旅游网站或第三方技术服务商，完成企业网站的建设和维护

中小型旅行社企业可以借助某些旅游网站，或者一些互联网技术应用服务提供商完成网络化建设。许多专业旅游网站和地方性旅游网站凭借其技术优势，推出面向中小旅游企业的ASP（应用服务提供商）和PSP（网络促销服务商）业务，包括主页制作、网络信息实时发布、建设企业网站、网站推广、提供专业旅游预订及管理系统、网络工程、操作培训等。这些服务也成为旅游网站动态旅游服务信息的重要来源，使其发展为旅游行业门户网站。

2. 依托大旅行社的网络资源，实现传统旅游业务和互联网应用的有机结合

中小旅行社可以发挥自己熟知旅游消费者消费趋向的优势，依托大旅行社的网络资源，做大旅行社的分销商，从中赚取佣金。这也有利于大旅行社实现规模经济，是一个双赢的策略。但是，在中国旅游市场上实现这一点，还需要一个较长的过程。一方面，大旅行社应该放弃某些大型旅游产品的部分零售利润，将其转化为中小旅行社的代理销售佣金；另一方面，中小旅行社应该放弃那种所有业务一把抓，不愿意做代理商的心理误区，充分发挥自己在旅游零售市场的优势。这样，不但可以减少对旅游产品开发的投入，而且可以更大程度地实现旅游产品的丰富化，从而更好地满足旅游消费者的需求。中国出境旅游市场的进一步开放，加速了这种局面的形成。国内一些大的出境游旅行社通过与相关旅

行社的合作，以建立门市销售网络的形式发展自己的代理机构，而且通过网络实现 B2B 的业务批发。这种现象虽然游走在国家对出境旅游经营相关政策规定的边缘，但却促进了中国旅行社垂直分工体系的形成。这样，中小旅行社就可以依托大型旅行社及其旅游网站的庞大信息资源和技术，发展成为大旅行社集团的代理商。目前，有些网站还为加盟商提供各种免费的网络技术支持，如建立、维护网站，甚至包括在网站推广方面的面授机宜。这样不仅可以降低入网成本，无须考虑自己做网站的成本，还可以获取佣金收入。

 【本章习题与技能训练】

旅游电子商务——旅游产品和服务描述与基本信息规范

一、名词解释

1. 旅游电子商务
2. 旅行社电子商务
3. 旅行社信息管理系统

二、简答题

1. 信息技术为旅行社发展带来了哪些机遇与挑战？
2. 旅行社信息管理系统开发的步骤有哪些？
3. 旅行社开展电子商务的关键之处有哪几点？
4. 我国旅行社电子商务有哪些模式？

三、案例分析

案例 1

春秋智行伴侣——春秋旅游的数字转型

春秋旅游在数字化改造中积极进取。春秋智行伴侣，作为春秋旅游平台首款大模型人工智能，是旅游与科技完美结合的典范。春秋智行伴侣不仅可利用 AI 算法为客户推荐当前适合他们的旅游目的地、酒店和门票等内容，并可通过分析大数据来预测旅游需求和趋势，帮助旅行社企业为游客提供个性化的旅游服务。此外，还在不断添加 AI 头像、AI 智能点评、AI 攻略等全新智能玩法，适应时下旅游者个性化和差异化的需求。

春秋智行伴侣彰显了春秋旅游在数字化改造中积极进取、勇于创新的精神。AI 技术的深度应用，使春秋智行伴侣不仅为旅游行业带来了高效运营，更为广大游客提供了便捷、个性化的全新服务体验。这不仅是春秋旅游在数字化、智能化道路上的一次技术飞跃，更是对整个旅游行业创新发展的有力推动。

请分析：

信息技术在旅行社业中的广泛应用主要有哪些表现？

案例 2

携程旅行网——信息技术对于 OTA 的重要性

携程是一个在线票务服务公司，创立于 1999 年，总部设在中国上海。携程旅行网拥有国内外 170 余万家会员酒店可供预订，是中国领先的酒店预订服务中心。携程旅行网已在北京、天津、广州、深圳、成都、杭州、厦门、青岛、沈阳、南京、武汉、南通、三亚等 17 个城市设立分公司，员工超过 25000 人。2003 年 12 月，携程旅行网在美国纳斯达克成功上市。2018 年 3 月 21 日，携程发布定制师认证体系，国内首张定制师上岗证出炉。2019 年 10 月 29 日，携程宣布英文名称正式更名为 "Trip.com Group"。2021 年 4 月 16 日，携程集团于 4 月 19 日正式于港交所挂牌上市。

携程一直将技术视为企业的活力源泉，在提升研发能力方面不遗余力。携程建立了一整套现代化服务系统，包括：客户管理系统、房量管理系统、呼叫排队系统、订单处理系统、E-Booking 机票预订系统、服务质量监控系统等。依靠这些先进的服务和管理系统，携程为会员提供更加便捷和高效的服务。

2015 年 5 月 28 日 11 点左右，携程旅行网官方网网站和 App 突然陷入全面瘫痪，内部功能均无法正常使用。打开主页后点击时均显示 "Service Unavailable"，而百度搜索上的携程官方页面也显示 404 错误。官方表示是因服务器遭受不明攻击所致，技术人员在紧急修复。根据《法制晚报》微博给出的消息称，携程的服务器数据在此次故障中全部遭受物理删除，且备份数据也无法使用。23 时 29 分，携程官方网站及 App 恢复正常。携程股票开盘下跌 3.3%，收盘时下跌 1.59%，报收 80.22 美元。29 日 1 点 30 分，经携程技术排查，确认此次事件是由于员工错误操作导致。由于携程涉及的业务、应用及服务繁多，验证应用与服务之间的功能是否正常运行，花了较长时间。

请分析：

信息技术对旅游企业发展的重要意义。

四、实训项目

比较第三方旅游中介网、旅游搜索引擎、各航空公司的官方网站上的机票预定价格，选三个代表网站进行分析，从中指出优缺点并完成机票的预定方案的设计。并根据所调查到的情况，撰写实训报告。

五、网络学习

在携程网和飞猪旅游网搜索同一个酒店，对比分析两个网站的酒店预订平台的设计。

参考文献

［1］李志强，李玲. 旅行社经营管理［M］. 上海：复旦大学出版社，2013.

［2］李志强. 旅行社服务流程认知与控制［M］. 杭州：浙江大学出版社，2014.

［3］潘燕，李志强. 旅行社经营管理实务［M］. 北京：中国邮电出版社，2010.

［4］李志强. 导游（领队）如何引导游客文明旅游［N］. 中国旅游报，2015–03–16（011）.

［5］李志强. 暂停旅行社委托代理招徕之思考［N］. 中国旅游报，2015–08–31（014）.

［6］李志强. 从制度约束到文化自觉——关于旅行社诚信经营的思考［N］. 中国旅游报 2016–02–06（006）.

［7］李志强. 对旅游文明的思考［N］. 中国旅游报，2018–03–27（003）.

［8］李志强，李玲. 从《旅行社条例》看我国旅行社分类制度的演变［J］. 华东经济管理 2010，24（12）：63–65.

［9］余洁. 旅行社经营管理理论与实务［M］. 北京：清华大学出版社，2022.

［10］戴斌，杜江. 旅行社管理［M］. 北京：高等教育出版社，2002.

［11］李娌. 旅行社经营管理［M］.3 版. 北京：高等教育出版社，2021.

［12］苗巧英，马淑卿. 旅行社经营与管理［M］. 镇江：江苏大学出版社，2023.

［13］乔静，杜嫣. 旅行社经营与管理［M］. 上海：上海交通大学出版社，2023.

［14］徐东文，乔花芳. 旅行社经营与管理［M］.2 版. 北京：高等教育出版社，2023.

［15］朱智，杨红霞. 旅行社经营与管理［M］.2 版. 北京：清华大学出版社，2022.

［16］梁峰，叶设玲. 旅行社经营与管理实务［M］.2 版. 南京：南京大学出版社，2022.

［17］单凤儒. 管理学基础［M］.7 版. 北京：高等教育出版社，2021.

［18］《管理学》编写组. 管理学［M］. 北京：高等教育出版社，2019.

［19］吴健安，聂元昆. 市场营销学［M］.7 版. 北京：高等教育出版社，2022.

［20］《人力资源管理》编写组. 人力资源管理［M］. 北京：高等教育出版社，2023.

［21］靳磊. 财务管理实务［M］.5 版. 北京：高等教育出版社，2021.

［22］王周伟. 风险管理［M］.2 版. 北京：机械工业出版社，2022.

［23］薛秀芬.饭店服务质量管理［M］.上海：上海交通大学出版社，2020.

［24］范智军，徐勇雁.旅游电子商务实务［M］.2版.上海：上海交通大学出版社，2023.

［25］罗春燕，陈启跃.旅游线路设计［M］.3版.上海：上海交通大学出版社，2020.

［26］赖斌.旅游市场营销［M］.2版.北京：高等教育出版社，2022.

［27］王煜琴.旅行社计调业务［M］.4版.北京：旅游教育出版社，2021.

［28］《组织行为学》编写组.组织行为学［M］.北京：高等教育出版社，2019.

［29］王培俊，杨珍.服务心理学［M］.3版.北京：高等教育出版社，2022.

［30］戴斌.从"旅行社业务"走向"广义旅行服务"［N］.中国旅游报，2014-01-27（011）.

项目策划：段向民
责任编辑：张芸艳　李文静
责任印制：钱　戍
封面设计：武爱听

图书在版编目（ＣＩＰ）数据

现代旅行社经营与管理 / 李志强编著. -- 2版. --
北京：中国旅游出版社，2023.12
　　国家级线上线下混合式一流本科课程配套教材
　　ISBN 978-7-5032-7267-7

　　Ⅰ．①现… Ⅱ．①李… Ⅲ．①旅行社－企业经营管理
－高等学校－教材 Ⅳ．①F590.654

中国国家版本馆CIP数据核字(2024)第017578号

书　　　名：现代旅行社经营与管理（第二版）

作　　　者：李志强
出版发行：中国旅游出版社
　　　　　　（北京静安东里 6 号　邮编：100028）
　　　　　　http://www.cttp.net.cn　E-mail:cttp@mct.gov.cn
　　　　　　营销中心电话：010-57377103，010-57377106
　　　　　　读者服务部电话：010-57377107
排　　　版：北京旅教文化传播有限公司
经　　　销：全国各地新华书店
印　　　刷：三河市灵山芝兰印刷有限公司
版　　　次：2023 年 12 月第 2 版　2023 年 12 月第 1 次印刷
开　　　本：787 毫米 × 1092 毫米　1/16
印　　　张：19
字　　　数：403 千
定　　　价：49.80 元
ＩＳＢＮ　978-7-5032-7267-7